beck'sche reihe

AF186405

b sr

Die „Klassiker des politischen Denkens" haben sich mit sechs Auflagen über mehr als 30 Jahre hinweg erfolgreich verkauft und werden nun in neuer Ausstattung in der Beck'schen Reihe vorgelegt: Klassiker des politischen Denkens, Bd. 1: Von Plato bis Hobbes, bsr 1361; Bd. 2: von John Locke bis Max Weber, bsr 1362. Alle Beiträge sind überarbeitet worden, über die Hälfte wurde gänzlich neu geschrieben.

„Es gibt keine bessere Zusammenschau, die gleichermaßen für den Laien wie für den berufsmäßig mit der Politik Befaßten geeignet ist." Süddeutscher Rundfunk

Hans Maier, Prof. emeritus an der Ludwig-Maximilians-Universität München, von 1970 bis 1986 Bayerischer Staatsminister für Unterricht und Kultus.
Horst Denzer, Leitender Akademischer Direktor i. R. an der Akademie für politische Bildung in Tutzing.

Klassiker des politischen Denkens

Zweiter Band

Von John Locke bis Max Weber

Herausgegeben von
Hans Maier und Horst Denzer

Verlag C.H.Beck

1. Auflage. 2001
2. Auflage. 2004

3., überarbeitete Auflage. 2007
© Verlag C. H. Beck oHG, München 2001
Gesamtherstellung: Druckerei C. H. Beck, Nördlingen
Umschlagabbildungen: John Locke, Max Weber (Archiv für
Kunst und Geschichte, Berlin);
Immanuel Kant (Schiller Nationalmuseum und
Deutsches Literaturarchiv, Marbach)
Umschlagentwurf: +malsy, Willich
Printed in Germany
ISBN 978 3 406 56843 5

www.beck.de

Inhalt

Einleitung

*If we cease to believe in the future, the past
would cease to be fully our past: it would
become the past of a dead civilisation.*
T. S. Eliot, *What is a classic?* (1944)

Klassiker der Literatur – das ist ein altbewährter, alteingesessener
Begriff, und eine Sammlung solcher Klassiker dürfte dem einen
nützlich, dem andern vielleicht konventionell, keinem aber über-
raschend vorkommen. Aber Klassiker des politischen Denkens?
Wird der ehrwürdige Titel des Klassischen hier nicht über Gebühr
gedehnt und strapaziert – fast so, wie wenn man heute von ‚klassischen‘ Kochbüchern, Kriminalromanen, Liebespaaren spricht?
Läßt sich das Politische überhaupt in solche literarische Kategori-
en fassen? Trifft auf den, der über Politik schreibt – vorausgesetzt,
er schreibt gut – ebenso schlicht und klar wie für seinen poeti-
schen Zwillingsbruder die sainte-beuvesche Definition des Klassikers zu: „un écrivain de valeur et de marque, un écrivain qui
compte, qui a du bien au soleil, et qui n’est pas confondu dans la
foule des prolétaires" (*Causerie du lundi* III, 1850)?
In der Tat reihen sich die politischen Schriftsteller, die in diesem
Buch versammelt sind, nicht ohne weiteres zu einem Gedanken-
und Gestaltenzug zusammen. Viele von ihnen stehen zueinander –
denkt man sie etwa an einem Ort zur gleichen Zeit versammelt –
viel eher im Verhältnis des Streites, der Polemik, der Disputation.
Auch darin unterscheiden sie sich von den Klassikern der reinen
Literatur, daß sie nicht nur in der Sphäre der Empfindung und des
Gedankens gewirkt haben, sondern die politische Praxis, das Zu-
sammenleben der Menschen beeinflußt und verändert haben und
noch verändern bis zum heutigen Tag. Woher also bei diesen
Denkern der Anspruch des Klassischen, der sich doch in unseren
Vorstellungen meist mit der Idee des Zeitüberhobenen, Immer-
Gültigen, Allgemein-Menschlichen verbindet?
   Eine erste Antwort wäre die, daß es, wie im rein Literarischen,
so auch im Bereich des politischen Denkens jenes Phänomen gibt,
das wir Kanonbildung nennen. Aus einer Fülle von Schriften und
Autoren kristallisieren sich allmählich die mustergültigen, erst-
klassigen (*classici*) heraus. (Das Wort *classicus* bezeichnet im La-

teinischen ursprünglich die Angehörigen der ersten Steuerklasse!)
An diesem Vorgang haben literarische Kritik und Wertung ebenso
ihren Anteil wie Volksmund und Publikumsgeschmack; soziale
und kulturelle Verwandtschaften zwischen Autor und Gesellschaft, literarischem Werk und historischer Epoche spielen eine
Rolle, kurz, die Kriterien des Klassizismus bilden sich in einem
langwierigen und differenzierten Prozeß. So wenig man in der
Politik einem Staatsmann den Zusatz ‚der Große' autoritativ verleihen kann (wie man es bei uns mit Wilhelm I. versucht hat) oder
ihm diesen Titel nachträglich wieder entziehen kann (wie es
Friedrich dem Großen geschah), so wenig geben Gesichtspunkte
stilistischer und literarischer Autorität allein den Ausschlag, wo es
um die Investitur eines literarischen Klassikers der Politik geht.
Zu guter Letzt ist es immer, wie in der Literatur ganz allgemein,
die Probe der Zeit, die ein klassischer Autor bestehen muß; denn,
wie T. S. Eliot in seiner Studie über den Klassiker Vergil gesagt
hat, „it is only by hindsight, an in historical perspective, that a
classic can be known as such" (*What is a classic*, 1944).

Kein Zweifel nun, daß ein solcher Kanon des Klassisch-Poli-
tischen in unserer westlichen Tradition tatsächlich existiert – zumindest könnte man sich leicht auf einen Grundbestand von Werken und Autoren einigen, denen nach übereinstimmender Auffassung das Prädikat des Klassikers gebührt. Am leichtesten fällt das
für die Antike und das Mittelalter. Plato, Aristoteles, Cicero, Augustin und Dante gehören ohne Frage zu diesem Kreis, aber auch
Schriftsteller von geringerer Universalität und Wirkung wie Poly-
bius, Ambrosius, Johann von Salisbury, Marsilius von Padua.
Schwieriger wird die Auswahl in der Neuzeit, die politischen Äußerungen werden spezialistischer, die nationalen Unterschiede
treten schärfer hervor. Aber auch hier hat sich im Lauf der Zeit
ein ähnlicher Kanon herausgebildet wie für die Antike und das
Mittelalter: Machiavelli und Bodin, Vitoria und Grotius, Hobbes
und Pufendorf sind die Gründerfiguren, es folgen die Klassiker
des modernen Verfassungsstaates, Locke, Montesquieu, die Autoren des *Federalist* und Kant, dann die Theoretiker der modernen
Revolutionen von Rousseau über Hegel, Tocqueville und Marx
bis Nietzsche, mit denen eine neue, noch nicht abgeschlossene
Phase des politischen Denkens beginnt. Ungefähr diese Autoren
sind es, die man findet, wenn man ein beliebiges englisch-

amerikanisches Textbuch der politischen Theorie aufschlägt; auch die anspruchsvolleren Lehr- und Quellenbücher (Sabine, Strauss-Hobson, Touchard, Bergstraesser-Oberndörfer) gehen von diesem Kanon aus und ebenso die großen Klassiker-Reihen: Blackwell in England, die Pléjade in Frankreich und die ‚Klassiker der Politik' bei uns. Was wir hier vor uns haben, sind Musterautoren wie in jenen Schriftstellerverzeichnissen des Altertums und Mittelalters, die den Lesestoff für die Grammatikschulen enthielten: Klassizität im Sinne des Exemplarischen, der pädagogischen Stil- und Geschmacksbildung; die Rechtfertigung für die Aufnahme eines Autors liegt hier einfach in seiner literarischen Verwendbarkeit für diesen Zweck.

Indes, die Existenz eines literarischen Kanons ist ja nur ein formales, ein traditionalistisches Argument. Was berechtigt uns *sachlich* dazu, von Klassikern des politischen Denkens zu sprechen? Bloße Sprachrichtigkeit, literarische Exemplarität kann es nicht sein, obwohl beides gewiß auch bei politischen Autoren nicht unwichtig ist: ein Comte etwa vermag sich in Frankreich nur mühsam in der Rangliste der politischen Klassiker zu halten, weil er schlecht schrieb, und ähnliches gälte wohl, wenn wir in Deutschland strengere literarische Maßstäbe hätten, auch für Hegel, ja sogar Fichte, für Max Weber. Wohingegen ein so schimärischer Geist wie Hobbes, aller Ablehnung der Zeit und Nachwelt zum Trotz, vermöge der Klarheit und Kraft seines Stils bis heute fortlebt, und die formal anspruchslosen *Federalist Papers* sich wegen ihrer journalistischen Frische und ihrer einladend-unkomplizierten Art zu sprechen im Kreis stärkerer Zeitgenossen mühelos behauptet haben. Doch zum klassischen Rang gehört mehr. Das große politische Werk muß, über seine sprachlich-literarische Qualität hinaus, in einem besonderen Verhältnis zu der Gesellschaft stehen, in der es entworfen und für die es geschrieben wurde. Eine neue Erfahrung, eine für das politische Zusammenleben konstitutive Erkenntnis, ein Anspruch an die Gesellschaft muß in ihm formuliert sein – etwas, das Widerhall und Aufnahme findet, wenn nicht heute, so doch morgen, und was weiterwirkt über die Person des Autors und seine Lebenszeit hinaus. Es ist gewiß nicht nötig und kommt auch selten vor, daß politische Werke schon zu Lebzeiten ihrer Autoren den Zenit ihrer Wirksamkeit erreichen. Nur ganz selten ist in der politischen Literatur der Gedanke auch schon die Tat. Wichtige Schriftsteller bleiben unbekannt, treten erst postum in überraschenden Renaissancen wieder ans Tageslicht. Aber von einem Klassiker des politischen Denkens sprechen wir nur dann, wenn sein Werk *einmal,* und sei es nur für eine kurze Frist, im Mittelpunkt der politischen Ideen und Vorstellungen einer Epoche stand, wenn es repräsentativ wurde für eine Gesellschaft und wenn es – eine weitere, nicht unwichtige Bedingung – sowohl die Möglichkeit universeller Verbreitung wie auch die Kraft geschichtlichen Weiterwirkens in sich trägt.

Schon hier wird deutlich, daß das klassische politische Werk nicht in einem augenblicklichen Einfluß auf den Tag und die Tagespolitik aufgehen kann, daß seine Wirkungsphasen länger, und das heißt auch: langsamer sind als die der aktuellen Politik. Wo Theoretiker und Analytiker der politischen Welt das verkannten, wo sie, gelegentlich sogar in blindem Eifer, der öffentlichen Wirkung ihres Denkens künstlich nachzuhelfen versuchten, da sind sie meist an den Fallstricken und Fußangeln der Politik gescheitert. Zumindest ist ihre praktisch-politische Tätigkeit im Gegensatz zu ihren Schriften rasch verblaßt. Ein Plato ist als Schöpfer der *Politeia* und der *Nomoi* in die Geschichte der Politik eingegangen, nicht als Berater Dions, ein Aristoteles als Sammler und Systematiker der Staatsverfassungen seiner Zeit, nicht als Prinzenerzieher der Makedonen. Machiavellis *Principe* hat den Stürmen der Zeit weit besser standgehalten als seine florentinische Miliz, und Rousseaus *Contrat social* ist zum Grundbuch der modernen Revolution geworden, während seine Verfassungsentwürfe für Korsika und Polen die politischen Geschicke jener Länder kaum zu beeinflussen vermochten. Obwohl es unter den Klassikern des politischen Denkens auch Staatsmänner und Diplomaten gibt – Cicero, Thomas Morus, Grotius, Tocqueville sind nur einige der hervorragendsten Beispiele –, bilden sie doch die Ausnahme, nicht die Regel: ganz selten nur scheint sich ein analytisch-philosophisches Verhältnis zur Politik mit praktischer Wahrnehmung politischer Ämter zu vertragen. Das heißt nicht, daß diese Schriftsteller neutrale, leidenschaftslose Betrachter der politischen Szene gewesen wären: keiner, der je über Politik schrieb, ist der Verstrickung in die politischen Wirrungen seiner Zeit entgangen, und oft war Enttäuschung über ein politisches Regime der erste Anlaß, über Politik zu schreiben (Plato, Machiavelli), oft haben sich politische Schriftsteller einer Partei verschrieben (Sieyes, Burke) oder sich zu Herolden einer neuen politischen Ordnung aufgeworfen (Dante, Rousseau, Comte). Aber die meßbaren, greifbaren Wirkungen großer politischer Literatur liegen meist nicht in der Umwelt und im Kreis der Zeitgenossen. Veränderungen des Denkens brauchen lange, bis sie sich in Normen des praktischen Verhaltens umsetzen. Erst aus einiger Entfernung enthüllt sich die mächtige, sichtbestimmende und tatauslösende Wirkung einer „auf den Begriff gebrachten" philosophischen Politik – dann freilich so gewaltig, daß nur banausischer Zweifel noch die Wirkkraft von Ideen in der Geschichte unterschätzen kann: so bei Plato und Augustin, bei Rousseau und Hegel, bei Marx und Nietzsche.

Aber noch einmal: widersprechen sich die Stimmen der Denker, die hier versammelt sind, nicht unaufhörlich – so sehr, daß das Ergebnis kein Chor, sondern ein chaotisches Stimmengewirr ist? Gehört zum Klassischen nicht auch die Einheit, die Konkordanz, die Kontinuität, die Verwurzelung in Traditionen? Gewiß, die innere Einheit ist bei den politischen Klassikern sehr viel schwerer zu erkennen als bei den Klassikern der schönen Literatur. Dennoch fehlt sie nicht völlig. Denn sieht man genauer zu, so nehmen alle klassischen Autoren gegenüber dem Politischen eine spezifische Haltung ein, sie erfüllen eine spezifische Aufgabe. Einmal: sie erinnern. Sie sind bemüht, im Lärm des politischen Alltags (der damals wie heute das Wichtige und oft sogar das Politische selbst übertönt) die Erinnerung an die stets gestellten Aufgaben des Gemeinwesens wachzuhalten, sie den Regierenden dort, wo sie vergessen wurden, ins Gedächtnis zu rufen. Sodann: sie messen. Sie rücken das, was sich in der praktischen Politik tagtäglich abspielt, unter das Richtmaß der ursprünglich gesetzten Ordnung des Zusammenlebens, der Ur-Vereinbarung, der *première convention* (Rousseau) des Gemeinwesens. Und sie üben Kritik. Philosophische Kritik der Zustände als Verpflichtung zum Umdenken, als Ansatz der Reform: das ist der Ursprung aller wissenschaftlichen Politik seit der sokratisch-platonischen Frage nach der Polis; denn die Aufgabe des Philosophen ist es, in der Reflexion auf das Gute Ziele des politischen Handelns als richtig zu begründen oder als unrichtig zu verwerfen, und hierin stimmt er mit der wahren, auf das menschenwürdige Leben bezogenen Politik überein.

Versteht man den Zusammenhang der großen politischen Denker so, sieht man die Kontinuität ihres Denkens nicht in einer gleichförmigen Aussage, sondern in der Hartnäckigkeit der immer neu gestellten Frage, so wird auch deutlich, warum diese Denker einander widersprechen, warum ihr Wort zu verschiedenen Zeiten verschieden klingt. Da alle politische Ordnung sich in der Geschichte realisiert und realisieren muß, wechselt der konkrete Inhalt des immer Aufgegebenen mit den jeweiligen Situationen, und mit ihnen wechselt auch der Inhalt der politischen Aussagen. Die immer gleiche Frage nach der guten politischen Ordnung treibt zu verschiedenen Zeiten und in verschiedenen Gesellschaften unterschiedliche Antworten hervor. Und doch ist es, im Sinne der philosophischen Kritik der Zustände, stets der gleiche Vorgang, wenn die politische Theorie die praktische Politik auf besondere geschichtliche Aufgaben verweist, ob nun ein Bodin in einer Zeit der Glaubenskriege und der inneren Selbstzerfleischung auf die Souveränität des Fürsten als eines letzten Schiedsrichters hindeutet, oder ein Montesquieu in einer Zeit wachsender Entbindung des Königtums vom Recht in der *ratio scripta* der Gesetze eine Balance gegen die Willkür fürstlicher Gebote sucht; ob im liberalen 19. Jahrhundert die Kathedersozialisten an die Pflichten der Gesellschaft gegenüber dem Proletariat erinnern, oder ob Max Weber gegenüber einer ideologiebefangenen Gesinnungspolitik auf die Verantwortungsethik hinweist, da das Tun eines Politikers nicht nach seinen Gesinnungen, sondern nach den Folgen seines Handelns beurteilt werden muß.

An diese innere Einheit des Politischen darf uns ein Kanon klassischer politischer Schriftsteller wohl erinnern: doppelt heute, da sich die nationalen und kulturellen Sondertraditionen in Ost und West, Nord und Süd in einem „Weltalter des Ausgleichs" (Max Scheler) zu neuer, noch undeutlicher Gestalt verschränken. Freilich, die Betrachtung des politischen Denkens zeigt auch, daß die mögliche politische Einigung der Zukunft kein Ergebnis technischer Prozesse ist, daß eine neue politische Ordnung heute wie immer allein aus der aktiven Bemühung um Frieden und Gerechtigkeit, also um rechte Normen des Zusammenlebens entspringt. Technische Hilfen nehmen dem Politiker die Last der Frage nach dem Richtigen nicht ab. Die *res agendae*, die ihn angehen, sind nicht die *res futurae* einer sich als Politik ausgebenden Technokratie oder

Futurologie. Denn Politik ist nicht vorgegebener Zukunftshorizont, sondern stets neu gestellte Aufgabe ordnender Gestaltung – nichts anderes ist der Inhalt einer Geschichte der politischen Theorie, wie sie aus den Gestalten dieses Buches deutlich wird.

Die beiden Bände „Klassiker des politischen Denkens" haben sich mit 6 Auflagen über mehr als dreißig Jahre hinweg als Standardwerk bewährt. Zuletzt vergriffen, hat der C. H. Beck-Verlag die Überführung der Bände in schlankerer Form und an einen breiteren Leserkreis angepaßt in die Beck'sche Reihe gewünscht. Die dadurch notwendige völlige Neubearbeitung wurde dazu genutzt, für über die Hälfte der Beiträge neue jüngere, kompetentere Autoren zu gewinnen. Dadurch wird das Werk, so hoffen Herausgeber und Verlag – wieder über Jahrzehnte hin seinen beachteten Rang bewahren.

Ein kurzes Wort zum Gebrauch des Buches. Es kann und soll ebenso der unbefangenen Lektüre dienen wie dem Studium, der wissenschaftlichen Orientierung – daher ist versucht worden, jede einzelne Klassikermonographie zu einem Gesamtbild zu runden. Leben, Werk und Wirkungsgeschichte des Autors werden knapp, aber eingehend dargestellt. Am Anfang jeder Monographie steht eine biographische Zeittafel, nach dem Text folgen Literaturhinweise. Dem monographischen Charakter des Bandes entsprechend wurde auf ausführliche Quellenzitate und auf Anmerkungen verzichtet. Der Benutzer hat aber durch die Kurzzitierung mittels Sigeln im Text, die in der Zeittafel, in den Literaturhinweisen oder bei der ersten Textstelle erklärt werden, die Möglichkeit der eigenständigen Erarbeitung der Texte. Zur Erleichterung sei der Leser hier auf die Textsammlungen von Rudolf Weber-Fas (1977), Norbert Hoerster (1976, [2]1992), Klaus Adomeit (1992/95) und Theo Stammen u. a. (1997) hingewiesen. Erfreulicherweise ist bei den Textsammlungen das vergriffene Standardwerk von Bergstraesser/Oberndörfer (1962, [2]1975) völlig überarbeitet in der Beck'schen Reihe neu erschienen: Klassische Staatsphilosophie. Texte und Einführungen von Platon bis Rousseau, Hg. Dieter Oberndörfer/Beate Rosenzweig, München 2000.

Hans Maier

Walter Euchner

John Locke (1632–1704)

Zeittafel

1632	Geboren am 29. August in Wrington (Südengland). Sein Vater ist Anwalt.
1642	Beginn des Bürgerkriegs wegen religiöser Fragen. Cromwell siegt.
1652	Beginn des Studiums am Christ Church College in Oxford.
1658	Magister (Master of Arts), gehört zum Lehrkörper.
1660	Restauration der Monarchie, von Locke begrüßt. Charles II. König.
1660/61	Zwei Abhandlungen über die Rechte der Obrigkeit in Glaubenssachen. Naturwissenschaftliche und medizinische Studien. Bekanntschaft mit Robert Boyle (Korpuskulartheoretiker).
1664	Acht Essays über das Naturrecht.
1665/67	Sekretär des englischen Gesandten am brandenburgischen Hof in Kleve sowie Sekretär und Arzt des führenden Whig-Politikers Anthony Ashley, des späteren Grafen Shaftesbury. Beschäftigung mit Fragen der religiösen Toleranz.
1671	Erste Vorarbeiten zum *Essay Concerning Human Understanding* (*Essay über den menschlichen Verstand*).
1672/75	Frankreichreisen, Kontakte mit französischen Philosophen, Naturwissenschaftlern und Medizinern.
1679	Von Shaftesbury angeregt, Niederschrift des Hauptteils der *Treatises on Government* (*Zwei Abhandlungen über die Regierung*).
1681/83	Shaftesbury gerät unter den Druck der Krone, muss emigrieren; auch Locke emigriert nach Holland, wo er am Toleranzbrief und den Gedanken über Erziehung schreibt.
1688/89	Glorious Revolution. Wilhelm III. von Oranien gelangt auf den Thron. Locke kehrt nach London zurück. Es erscheinen die *Epistola de Tolerantia* (*Toleranzbrief*; anonym), die *Two Treatises of Government* (anonym), sowie der *Essay Concerning Human Understanding*. Er erhält Staatsämter, z.B. in dem wichtigen Rat für Außenhandel (*Board of Trade*). In den Jahren bis zu seinem Tod Beschäftigung mit Fragen der politischen Ökonomie (*Some Considerations of the Consequences of the Lowering of Interest and Raising the Value of Money*, 1692; Einige Betrachtungen über Zinssenkung und Geldwerterhöhung), der Toleranz, der Pädagogik (*Some Thoughts Concerning Education*, 1693; *Gedanken über Erziehung*) sowie der Theologie (*The Reasonableness of Christianity*, 1695; *Die Vernünftigkeit des Christentums*), die ihn in langwierige Kontroversen verwickeln. Arbeit an Neuauflagen seiner bedeutendsten Werke.
1704	Tod am 28. Oktober.

I. Intellektuelle Statur

Locke gehört zu den bedeutendsten neuzeitlichen Philosophen. Die Locke-Forschung bringt jedes Jahr unzählige Bücher und Aufsätze hervor. Vergleicht man ihn mit Denkern von ähnlicher Statur wie Hobbes, Rousseau oder Marx, so ist er der modernste, weil er das philosophische, politische und ökonomische Weltbild des bürgerlichen Zeitalters wie niemand sonst geprägt hat. Als Philosoph war er Sensualist und Utilitarist, d. h. er war der Überzeugung, dass an erster Stelle der Erkenntniskräfte die Sinne stünden und dass die Menschen von Natur aus ihren eigenen Nutzen anstrebten. Als politischer Theoretiker formulierte er die Prinzipien des modernen Verfassungsstaats. Seine ökonomischen Überlegungen rückten das Privateigentum ins Zentrum wirtschaftlichen Handelns, in währungspolitischen Fragen kritisierte er den Staatsinterventionismus.

Wie konnte sich im 17. Jahrhundert, das vom alten Weltbild noch tief geprägt war, ein derart zukunftsweisender Geist herausbilden? Locke stammte aus bürgerlichem Milieu. Er gelangte in der Cromwell-Ära an das angesehene Christ Church College in Oxford und tat sich dort als vielversprechender Nachwuchswissenschaftler mit umfassenden, nicht nur geistes-, sondern auch naturwissenschaftlichen Interessen hervor. Neben seinen humanistischen Studien betrieb er Physik und Medizin; er brachte es sogar zu einem renommierten Prominentenarzt. Das überkommene aristotelisch-scholastische Weltbild, das in Oxford immer noch gelehrt wurde, konnte er mit seinen Einsichten auf naturwissenschaftlichem und moralphilosophisch-politischem Gebiet nicht vereinbaren. Er wandte sich davon ab und suchte es in seinem erkenntnistheoretischen Hauptwerk, dem *Essay Concerning Human Understanding*, zu destruieren.

Locke kam früh mit der praktischen Politik in Berührung. Wichtig war seine Begegnung mit Lord Ashley, dem späteren Grafen Shaftesbury, der in den siebziger Jahren als Whig-Politiker und Gegner des Königshauses der Stuarts in höchste Regierungsämter gelangte. Dieser Kontakt weitete seinen Horizont, vor allem in praktischen Fragen, denn Ashley war ein Liberaler, in Wirtschafts-, vor allem Außenhandelsfragen versiert und an philosophischen Problemen interessiert. Er regte Locke dazu an, das Problem der Toleranz in Glaubenssachen zu durchdenken. Lockes Weltläufigkeit wuchs auf seinen Frankreichreisen. Er studierte die wirtschaftlichen, sozialen und religiösen Zustände – vor allem aber knüpfte er Kontakte mit Philosophen, Naturwissenschaftlern und Medizinern. So wurde er in der englisch-französischen „Gelehrtenrepublik" ein bekannter Mann, noch bevor er eine Zeile veröffentlicht hatte. Als nach der „Glorious Revolution" der Ertrag seines Philosophenlebens in rascher Folge publiziert wurde, gewann er die Statur einer europäischen Geistesgröße. Keiner seiner Zeitgenossen prägte den Fortgang der Aufklärungsphilosophie nachhaltiger.

II. Die Herausbildung der politischen Theorie

In Lockes politisches Denken wirkt wie in dem seines Antipoden Thomas Hobbes die Erfahrung des englischen Bürgerkrieges. Die Familientradition stellte ihn eher auf die Seite des antiroyalistischen Revolutionärs Oliver Cromwell, doch nach seiner Erfahrung mit dessen Herrschaft wollte er von einer Tugendrepublik religiöser Sektierer nichts mehr wissen. Da eine der Hauptursachen des Bürgerkriegs der Konflikt über die äußeren Formen des Gottesdienstes und die Verbindlichkeit von Gesangbüchern war, verfocht er die Ansicht, dass der Obrigkeit das Recht zustehen müsse, die äußeren Formen des Gottesdienstes festzulegen. Als Philosoph ließ er es aber nicht bei dieser Behauptung bewenden, sondern er ging den Gründen nach, die für dieses Recht der Obrigkeit sprechen. Zwei Begründungen waren damals im Schwange. Die erste lautete, die Staatsgewalt, vor allem das Recht der Könige, ließen sich aus der göttlichen Ordnung ableiten, während die zweite einen Zwischenschritt annahm: Herrschaft sei nur legitim, wenn sie den Herrschern auf Grund eines Vertrages zwischen den späteren Bürgern übertragen worden sei. Es handelt sich um die berühmte *Sozialvertragslehre*, die in dieser Zeit modern war.

Locke mochte sich damals noch nicht zwischen diesen beiden Auffassungen entscheiden, doch das Problem ließ ihn nicht los. Er beschäftigte sich deshalb mit dem *Naturrecht*. Diese alte Lehre, die bis in die Zeit der Antike zurückreicht und vor allem von der

Kirchenlehre (Scholastik) ausgearbeitet worden ist, galt zu seinen Zeiten als das wichtigste Instrument der Erkenntnis, wie eine gute und vernünftige Ordnung unter den Menschen aussehen müsse.

Locke kam in seinen Untersuchungen des Jahres 1664 über die alte Sichtweise nicht hinaus, dass der Mensch Teil der von Gott geschaffenen Ordnung sei, die bestimmten Regeln folge; dem Menschen aber habe er die Vernunft verliehen, diese Regeln, soweit sie ihn betreffen, d. h. die natürlichen Gesetze, zu erkennen. Die politische Ordnung dürfe niemals von diesen gottgegebenen natürlichen Gesetzen abweichen.

Er verlor jedoch im Verlauf seiner Untersuchung die politische Frage aus den Augen, weil ihn die erkenntnistheoretische Seite des Problems stärker interessierte. Als Sensualist war er nämlich der Auffassung, dass die natürlichen Gesetze dem Menschen keinesfalls „eingeschrieben" seien, wie damals überwiegend angenommen wurde. Bei Geburt des Menschen sei dessen Verstand einer „leeren Tafel" (*tabula rasa*) zu vergleichen. Das Denkvermögen entwickle sich erst auf Grund von Sinneseindrücken, die dann freilich mit Hilfe des Verstandes und der Sprache zu verarbeiten seien. Locke entfaltete diese Grundidee in seinem erkenntnistheoretischen Hauptwerk, dem *Versuch über den menschlichen Verstand*, in aller Breite.

Den Anstoß zu den *Abhandlungen über die Regierung* gab ein eher zufälliger Umstand. Die Stuarts hatten katholische Neigungen und bewunderten den französischen Absolutismus. Sie waren der Meinung, dass die Monarchie ein Abbild der göttlichen Macht sei und die Könige niemandem Rechenschaft schuldeten. Da der Thronfolger, ein Bruder des Königs Charles II., zum Katholizismus übergetreten war, griff die Furcht um sich, die Stuarts seien im Begriff, ein katholisch-absolutistisches Regime einzuführen. Zudem fanden sich Publizisten wie Robert Filmer, die die absolutistischen Auffassungen der Krone unterstützten. Es hat den Anschein, als habe Shaftesbury Locke dazu veranlasst, eine Streitschrift gegen Filmer zu schreiben, der unter den Anhängern der Krone Furore machte. Locke bewältigte diese Aufgabe mit der ihm eigenen Gründlichkeit. Wir verdanken ihr die erste ausführliche Formulierung eines modernen bürgerlichen Weltbildes, das freiheitliche Zustände in Politik, Gesellschaft und Wirtschaft einforderte.

III. Die *Zwei Abhandlungen über die Regierung*

Die *Erste Abhandlung*, die sich mit Filmer auseinandersetzt, ist hauptsächlich für Spezialisten von Interesse. Aber auch Laien können ihr allerhand Interessantes entnehmen: z.B. die damalige Bedeutung theologischer Argumente im politischen Diskurs. Filmer behauptete, die Monarchen könnten über ihre Untertanen unumschränkt herrschen, weil Gott Adam die absolute Gewalt über die gesamte Schöpfung verliehen habe und die heute lebenden Monarchen als Erben Adams anzusehen seien. Locke operierte gleichfalls mit Bibelzitaten. Gott habe die Schöpfung nicht Adam allein, sondern der gesamten Nachkommenschaft von Adam und Eva übergeben. Politische Herrschaftsverhältnisse könnten jedoch niemals aus Zeugung und Vaterschaft entstehen. Vielmehr sei die Familie dazu bestimmt, Kinder aufzuziehen, und daran seien Vater wie Mutter beteiligt. Kinder unterstünden zudem der elterlichen Gewalt nur bis zum Eintritt der Mündigkeit. Danach seien sie frei und könnten selbst bestimmen, welcher politischen Autorität sie sich unterwerfen wollten.

In der *Zweiten Abhandlung* möchte Locke zeigen, wie *Entstehung, Zweck und Institutionen eines Regierungssystems zu denken seien, die von freien Menschen als legitim anerkannt werden können.* In seiner Beweisführung ging er davon aus, dass die Menschen im *Naturzustand* frei und gleich seien. Er stellt dies zunächst als einen historischen Sachverhalt dar. Doch gleichzeitig lässt er durchblicken, dass er Freiheit und Gleichheit als Wesensmerkmale aller Menschen, nicht nur der im Naturzustand lebenden, verstehe. Trifft dies zu, so ist eine politische Herrschaft nur dann legitim, wenn sie von den Herrschaftsunterworfenen anerkannt wird. Für den Naturzustand, in dem es noch gar keine Herrschaft gibt, heißt dies: Die politische Herrschaft muss durch Vertrag begründet werden, dem alle, die sich ihr unterwerfen wollen, zugestimmt haben.

Mit diesen Darlegungen im zweiten Kapitel der *Zweiten Abhandlung* stellt sich Locke an die Seite jener Neuerer des politischen Denkens, die, wie vor ihm Hobbes und nach ihm Rousseau, die Auffassung verwerfen, die Menschen lebten von Natur aus in politischen Verbänden, deren Rangordnungen der menschlichen

Natur und der Schöpfungsordnung entsprächen. Dies hatten Aristoteles und später die Kirchenväter, an der Spitze Thomas von Aquin, gelehrt. Nunmehr wurde die politische Ordnung als durch *Sozialvertrag* begründetes Menschenwerk und die sozialen Ränge als Ergebnis individueller Tüchtigkeit begriffen. Es ist nicht leicht zu erklären, wie es zu dieser neuartigen Lehre kam. Sie hatte zur Voraussetzung, dass das Universum, einst als harmonischer Kosmos begriffen, in seine Elemente aufgelöst betrachtet wurde: die Natur als Ensemble von Korpuskeln, und die menschliche Gesellschaft als Komplex von Individuen mit konkurrierenden Einzelinteressen, deren Maßstab der persönliche Nutzen war. Die Ordnung unter den Kontrahenten muss durch Vertrag gestiftet werden. Ein anderes Instrument, das die natürlichen Rechte der Individuen wahren könnte, ist für diese Schule undenkbar.

Zurück zum Lockeschen System. Seine *Naturrechtslehre* besagt, dass die Menschen im *Naturzustand* eine Richtschnur zum gerechten Umgang miteinander besaßen. Doch ihre Eigensucht, die der Theologe Locke auf die Erbsünde zurückführte, verführte viele zur Übertretung des gottgeschaffenen natürlichen Gesetzes, so dass es sich als unmöglich erwies, weiterhin im Naturzustand zu verharren, in dem es keine objektive Gerichtsbarkeit und keine unparteiliche Exekutive zur Vollstreckung von Gerichtsurteilen geben konnte. Die Gefahr ständiger Rechtsbrüche war nur durch Errichtung einer sanktionsfähigen politischen Gewalt zu bannen.

Bis hierher betrachtet, enthält Lockes politische Theorie nicht mehr als Gemeinplätze der Sozialvertragslehre, die, für sich genommen, ihre enorme Geschichtswirksamkeit noch nicht begründet hätten. Diese beruht vielmehr auf theoretischen Neuerungen, die er in das Grundmuster dieser Lehre einbaute. Die erste galt der gesellschaftlichen Bedeutung des *Privateigentums*, die er in dem berühmten 5. Kap. der 2. Abh. darlegte. Die bisherige, in die Antike zurückreichende Diskussion lief darauf hinaus, dass dieses kein notwendiger Bestandteil der natürlichen Ordnung sei, sondern auf einer gerechtfertigten, weil dem menschlichen Zusammenleben förderlichen, Konvention beruhe. Daneben gab es allerdings die Auffassung Platons und einiger früher Kirchenlehrer, die das Eigentum als gesellschaftsschädigendes Produkt der Eigensucht kritisierten. Locke sah dagegen im Eigentum eine notwendige Voraussetzung der menschlichen Existenz. Leben hieß für ihn Bearbeiten der Natur, um die materiellen Voraussetzungen des Überlebens zu schaffen. Wer auf diese Weise Gebrauchsgegenstände erzeugte, erwarb nach seiner Auffassung auch Eigentum daran, denn im Arbeitsprozess vermischten sich seine körperlichen und geistigen Kräfte – ganz ohne Zweifel sein Eigentum – mit dem Rohstoff. Die Vorstellung, dass dieser Aneignungsakt erst der Zustimmung aller anderen Gesellschaftsmitglieder bedurft hätte, war für ihn absurd.

Das natürliche Aneignungsrecht sah von vorne herein Aneignungsschranken vor. Unbegrenzte Aneignung auf Kosten anderer Menschen war damit nicht zu rechtfertigen, denn dies hätte das von Locke stets betonte naturrechtliche Gebot, andere nicht zu schädigen, verletzt. Von verderblichen Dingen dürfe sich deshalb niemand mehr aneignen, als er und die Mitglieder seines Haushaltes verbrauchen könnten. Zudem müsse darauf geachtet werden, dass für andere Menschen genügend von gleicher Qualität übrig bleibe. Diese Prinzipien gälten auch für die Aneignung des Bodens. Nur soviel dürfe davon angeeignet werden, wie eine Familie von den darauf erzeugten verderblichen Produkten benötige, und anderen Menschen müsse ausreichend gleichwertiger Boden überlassen werden.

Locke zeichnet hier zunächst das Bild einer Subsistenzwirtschaft, die mit der aufkommenden bürgerlichen Gesellschaft nichts gemein hatte. Zugleich möchte er zeigen, auf welche Weise sie überwunden worden ist – nämlich durch die Einführung des *Geldes*. Es ist die Voraussetzung für die Entstehung einer florierenden, auf Ausweitung der Produktion beruhenden Tauschwirtschaft. Er stellt sich dies so vor: In der Natur finden sich seltene und unverderbliche Dinge, die von den Menschen geschätzt werden, wie Gold oder Diamanten. Sie messen ihnen einen Wert zu, der sich z.B mit dem einer bestimmten Getreidemenge, aber auch jedem anderen Arbeitsprodukt vergleichen lässt. Deshalb seien sie geeignet, die Funktion des Geldes zu übernehmen. Ihr Vorteil liege auch darin, dass sie, weil nicht verderblich, gehortet werden können. Aufgehäuft oder akkumuliert wird Geld zum *Kapital* (um moderne nationalökonomische Begriffe zu gebrauchen) – es kann z.B. zum Erwerb von Grund und Boden eingesetzt werden. Die unterschiedlichen Grade des Fleißes der Menschen können sich jetzt auswirken. So ensteht ein neues, produktiveres Wirtschaftssystem. Wird das Mehrprodukt auch konsumiert, d.h. verdirbt nichts, so werden auch die naturrechtlichen Aneignungsschranken nicht verletzt. Zwar sei die unvermeidliche Konsequenz der Geldwirtschaft, dass ungleiche Eigentumsverhältnisse, sogar Lohnarbeit derer, die in der Konkurrenz um ökonomische Vorteile unterliegen, entstünden. Doch die Produktivität der Gesamtwirtschaft steige; jedermann, ob arm oder reich, profitiere davon. Zudem hätten alle der „Erfindung des Geldes" zugestimmt (2. Abh., § 36). Die soziale Ungleichheit einer Gesellschaft von Eigentümern, die in einer arbeitsteiligen Wirtschaft Waren produzieren, um ihr Eigentum zu vermehren, ist gerade deshalb legitim. Seine ökonomischen Auffassungen gehören zu den Wurzeln der späteren englischen *Politischen Ökonomie* mit Adam Smith als ihrem bedeutendsten Vertreter.

Zu den neuen Sichtweisen, womit Locke die Sozialvertragstheorie angereichert hat, gehört ferner, dass er diese am ökonomischen Nutzen orientierte Eigentümergesellschaft, eine bürgerliche Gesellschaft im Sinne der modernen Gesellschaftstheorie, bereits im *Naturzustand* ansiedelt. Diese Neuerung beeinflusst nämlich die Bestimmung des Zwecks, dem das sozialvertraglich geschaffene Gemeinwesen genügen muss. Entwickelt wird sie aus den Gefahren, die im Naturzustand den Menschen drohen. Nach Einführung des Geldes hätten die Konfliktursachen zugenommen, denn dessen Folge war neben der erwünschten Zunahme des Reichtums das charakterschädigende „Verlangen, mehr zu haben, als der Mensch benötigte" (2. Abh. §§ 37, 111). Die Einrichtung des Gemeinwesens dient dem gegenseitigen Schutz des Lebens, der Freiheiten und des Vermögens seiner Bürger. Diese Rechte fasst er unter der allgemeinen Bezeichnung *Eigentum* zusammen (2. Abh. § 213). Es handelt sich um eine Vorwegnahme der liberalen Lehre vom Staatszweck.

Die Konstruktion der *politischen Institutionen* stellt sich Locke so vor: Zuerst geben die Vertragsschließenden das Recht auf, das sie im Naturzustand besaßen, nämlich sich selbst und andere gegen naturrechtswidrige Angriffe zu schützen. Es fällt der Gemeinschaft und letztlich der *Legislative* zu, die naturrechtlichen Regeln durch Gesetze zu präzisieren und Verfahrensregeln zu entwickeln, die richterliche Urteile und deren Vollzug ermöglichen (2. Abh. §§ 128ff.). Die Legislative besitzt die oberste politische Gewalt.

(*supreme power*), weil sie von den Vertragsschließenden selbst eingesetzt worden ist (2. Abh. § 89, 134). Diese haben ihr die oberste Gewalt nur „zu treuen Händen" anvertraut. Mißbraucht sie dieses *Vertrauen* (*trust*), so fällt das Recht zur Errichtung der Legislative wieder dem Volke zu. Locke ist, obwohl er diesen Begriff nicht gebraucht, ein Pionier des Prinzips der *Volkssouveränität*.

Als Autor des 17. Jahrhunderts konnte er sich das System einer modernen parlamentarischen Demokratie noch nicht vorstellen. Er orientiert sich an der aus der Antike stammenden *Staatsformenlehre*, die *Monarchie*, *Aristokratie* (Locke sagt *Oligarchie*, womit man üblicherweise die Herrschaft der Reichen meint) und *Demokratie* unterschied. Dabei hielt er den Sitz der Legislative für den wichtigste Gesichtspunkt dafür, wie ein Staat in diese Typologie einzuordnen war (2. Abh. § 132). Sein eigentliches Verfassungsideal war jedoch eine „gemischte Regierungsform", d. h. ein Gemeinwesen, das von allen Staatsformen die beste Weise, politische Herrschaft auszuüben, übernimmt. Ein solches Gemeinwesen ist am besten dazu in der Lage, die bürgerlichen Freiheitsrechte zu schützen. Die englische „gemäßigte Monarchie" mit einem Ober- und Unterhaus, wobei das letztgenannte die besitzenden Bürger repräsentierte, war in seinen Augen ein derartiges Regime (2. Abh. §§ 132, 159, 213).

Die größte Gefahr, die einem Gemeinwesen drohen kann, ist der Machtmissbrauch. Um ihn zu verhindern, soll die politische Gewalt zwischen *Legislative* und *Exekutive* aufgeteilt werden. Diese Auffassung wurde bereits früher vertreten, doch das Verdienst, der *Gewaltenteilungslehre* eine zwingende und damit geschichtswirksame Fassung gegeben zu haben, kommt Locke und Montesquieu (der ihr die heute bekannte Form verlieh) zu.

Locke argumentierte so: „Bei der Schwäche der menschlichen Natur, die stets bereit ist, nach der Macht zu greifen, würde es […] eine zu große Versuchung sein, wenn dieselben Personen, die die Macht haben, Gesetze zu geben, auch noch die Macht in die Hände bekämen, diese Gesetze zu vollstrecken. Dadurch könnten sie sich selbst von dem Gehorsam gegen die Gesetze, die sie geben, ausschließen und das Gesetz in seiner Gestaltung wie auch in seiner Vollstreckung ihrem eigenen persönlichen Vorteil anpassen. […] Deshalb wird in wohlgeordneten Staaten […] die legislative

Gewalt in die Hände mehrerer Personen gelegt, die nach einer ordnungsgemäßen Versammlung selbst oder mit anderen gemeinsam die Macht haben, Gesetze zu geben, die sich aber, sobald dieses geschehen ist, wieder trennen und selbst jenen Gesetzen unterworfen sind, die sie geschaffen haben. [...] Da aber die Gesetze, die auf einmal und in kurzer Zeit geschaffen werden, eine immerwährende und dauernde Kraft haben und *beständig vollstreckt* und befolgt werden, ist es notwendig, daß eine *ständige Gewalt* vorhanden sei, die auf Vollziehung der erlassenen und in Kraft bleibenden Gesetze achten soll. Und so geschieht es, daß die *legislative* und die *exekutive* Gewalt oftmals getrennt sind (2. Abh. §§ 143 f.).

Locke stellt neben *Legislative* und *Exekutive* noch eine *föderative Gewalt*, deren Aufgabe es ist, die zwischenstaatlichen Beziehungen (z. B. Entscheidungen über Bündnisse oder über Krieg und Frieden) zu regeln. Es handelt sich dabei nur um eine funktionale Unterscheidung, denn er weist die Föderative der Exekutive zu, weil sie in solchen Fragen die meisten Erfahrungen habe (2. Abh. §§ 145 ff.). Montesquieu ersetzte sie später durch die *Judikative*.

Die *Zwei Abhandlungen* sind ein antiabsolutistisches Pamphlet. Ihre Botschaft ist, dass die Regierung keine wichtigere Aufgabe als den Schutz der bürgerlichen Freiheitsrechte habe, und dass dieses Ziel unter bestimmten institutionellen Voraussetzungen am besten zu erreichen sei. Allerdings rechnet Locke mit der Schwäche der Menschen, zu der vor allem der Macht- und Besitztrieb gehört. Werde ein *absoluter Monarch* davon beherrscht, so hätten die Untertanen kaum eine Chance, sich der Übergriffe gegen Leib, Leben und Eigentum zu erwehren. Deshalb kommt er zu dem Ergebnis, dass eine absolute Monarchie „in Wahrheit *mit bürgerlicher Gesellschaft unverträglich* ist und überhaupt keine Form der bürgerlichen Gesellschaft sein kann" (2. Abh. § 90). Genau genommen ist sie eine *Tyrannis* (vgl. 2. Abh. 18. Kap.).

Die Anfälligkeit der Herrschenden für Machtmissbrauch gefährdet auch die gemäßigten *gemischten Regierungen*. Auch dort kann es vorkommen, dass sie nicht nach stehenden Gesetzen, sondern „nach willkürlichen Beschlüssen des Augenblicks" regieren, ja dass sie ihre Bürger „unterjochen oder mit Vorbedacht aussaugen", d. h. Teile ihres Eigentums ohne deren Zustimmung wegnehmen (2. Abh. §§ 135 ff.). Ob es sich um eine absolute Monarchie oder um eine gemischte Regierung mit manifesten Tendenzen zur Willkürherrschaft handelt – in jedem dieser Fälle wird das Vertrauen, das die Vertragsschließenden in die verfassungsmäßige Legislative und Exekutive setzen, gebrochen. Deshalb ist deren sozialvertraglich begründete Legitimation entfallen; die Einzelnen erhalten ihr natürliches Recht zurück, ihre Freiheit und ihr Eigentum durch Schaffung neuer politischer Institutionen zu schützen (2. Abh. §§ 149, 168, 221 f.).

Konkret meinen diese abstrakten Überlegungen *Widerstandsrecht* (*right of resisting*) und *Revolution* (*revolution*). Lockes Ausführungen, die von der damaligen Obrigkeit und den gelehrten Verfechtern des „göttlichen Rechts der Könige" als Freibrief zum Aufruhr verstanden werden konnten, spielen deutlich auf die politischen Praktiken der Stuarts und die englischen Zustände in der Zeit vor der „Glorious Revolution" an und sind zugleich als Warnung an die Krone sowie die machtgierigen Politiker aller Zeiten zu verstehen. Das Volk sei im Grunde langmütig. Es hänge an seinen überkommenen Institutionen und nehme deshalb einzelne Übergriffe der Obrigkeit hin. „Wenn aber alle Welt sieht, wie [...] List gebraucht wird, das Gesetz zu umgehen, und die dem Fürsten anvertraute [...] Prärogative im Gegensatz zu jenem Zweck angewandt wird, zu dem sie verliehen wurde, wenn das Volk erkennen muss, daß die Minister und die ihnen untergebenen Beamten solchen Zielen entsprechend gewählt, begünstigt oder beseitigt werden, je nachdem sie ihnen Vorschub leisten oder Widerstand, wenn es sieht, daß wiederholte Versuche willkürlicher Gewalt vorgenommen werden, [...] wenn eine lange Reihe von Handlungen zeigt, daß alle Absichten in diese Richtung tendieren, – wie könnte ein Mensch sich länger gehindert fühlen, sich selbst zu überzeugen, welchen Weg die Dinge nehmen?" (2. Abh. § 210). Die Revolution wird unvermeidlich. Die Schuld daran, so hielt Locke potentiellen Kritikern entgegen, trage nicht das Volk, auch nicht der Autor, der es über seine Rechte aufkläre, sondern die Obrigkeit, die sich zu Übergriffen auf Freiheit und Eigentum der Bürger habe hinreißen lassen (2. Abh. § 228). Im Übergang vom 20. zum 21. Jahrhundert wissen wir, dass diese Analyse habituellen Machtmissbrauchs keine bloße Reminiszenz an finstere Zustände des 17. Jahrhunderts darstellt, sondern ihre Aktualität bis in unsere Gegenwart bewahrt hat. Dies gilt auch für die folgende Darstellung der Einforderung religiöser Toleranz im *Toleranzbrief*.

IV. Ein Brief über Toleranz (Epistola de tolerantia)

Der *Toleranzbrief* beschäftigt sich mit dem Problem der Toleranz in Glaubenssachen. Die Bedeutung dieser Schrift liegt aber viel stärker auf politischem als auf theologischem Gebiet. Denn religiöse Intoleranz war damals nicht nur in England, sondern auch in anderen europäischen Staaten ein eminent politisches Problem, weil sie immer wieder Anlass zu Krieg und Bürgerkrieg gab. Locke war übrigens – obwohl er in seinen großen Schriften darauf nicht eingeht – durchaus bereit, das Toleranzprinzip auch auf den politischen Bereich zu übertragen, d. h. Rede- und Pressefreiheit zu fordern. Hinzu kommt, dass er, methodologisch gesehen, im *Toleranzbrief* wie in seinen politischen Schriften argumentierte, d. h. er entwickelte das Erfordernis der Toleranz aus seiner Sozialvertragslehre.

Der Toleranzbrief ist in seiner lateinischen Version im holländischen Exil, wo Locke die Vorteile toleranten Verhaltens gegenüber christlichen Sekten studieren konnte, entstanden und dort 1689 herausgekommen. Noch im selben Jahr erschienen eine holländische, französische und englische Übersetzung (wobei die letztgenannte Lockes knappe Formulierungen häufig in übertreibenden Wendungen wiedergibt).

Der Sozialvertrag habe den alleinigen Zweck, den Vertragsschließenden einen besseren Schutz ihrer im Naturzustand bedrohten Rechte auf Freiheit, Gesundheit und Eigentum zu ermöglichen. Deshalb erstrecke sich die Macht der Obrigkeit nur auf die Regelung dieser bürgerlichen Anliegen. Die Sorge für das Seelenheil falle nicht darunter, denn diese sei die höchst private Angelegenheit eines jeden. Welcher Weg dazu führe, wisse die Obrigkeit auch nicht besser als jeder Einzelne, und in diesen Dingen sei jeder selbst sein bester Anwalt. (Letter, S. 13, 15, 49, 87 ff.). Der Staat interessiere sich ja auch nicht dafür, ob jemand seine Güter gut bewirtschafte, gesund lebe und geeignete Medizin einnehme (Letter, S. 43 ff.).

Die Einzelnen haben also das Recht, ihren Glauben frei zu wählen und sich der Kirche anzuschließen, deren Riten sie für ihrem Seelenheil besonders förderlich halten. Eine Kirche sei ein freiwilliger Zusammenschluss; niemand dürfe zu einer bestimmten Kirchenangehörigkeit gezwungen werden (Letter, S. 19). Man müsse allerdings einräumen, dass es bestimmte religiöse Praktiken geben könne, die die öffentliche Wohlfahrt und damit die Obrigkeit beträfen. Locke präzisiert dieses Problem wie folgt. Es gebe rein spekulative theologische Auffassungen sowie kirchenpraktische Fragen, die weder Regierung und Gesellschaft noch „gut" und „böse" beträfen – daneben allerdings auch Meinungen oder Handlungen, die Moral und Gesellschaft berührten, nämlich dann, wenn sie naturrechtswidrige Praktiken zum Gegenstand des Gottesdienstes machten. Beeinträchtigten diese die Erfüllung des Staatszweckes, so fielen sie in den Bereich der staatlichen Gesetzgebung. Alle anderen Dogmen und Praktiken seien zu tolerieren.

Locke beklagt, dass sich die meisten christlichen Staaten intolerant verhielten. Sie forderten ein Bekenntnis zu ihrer Staatskirche und unterdrückten Sekten „mit Galeeren, Einkerkerungen, Konfiskationen und Tod" (Letter, S. 99ff.). Nicht selten beraubten sie Sektenangehörige im Widerspruch zu allen göttlichen und menschlichen Gesetzen der Früchte ihrer ehrlichen Arbeit. In einer Vorstudie zum Toleranzbrief nannte er einen Grund, weshalb sich diese Staaten damit selbst schadeten: Sie zwängen Sekten, unter denen – wie in England – der Gewerbefleiß besonders entwickelt sei, zur Auswanderung und verzichteten so auf einen wirtschaftlichen Vorteil. Schlimmer sei, dass den unterdrückten religiösen Minderheiten oft kein anderer Ausweg bleibe als der gewaltsame Widerstand gegen eine absolutistische Obrigkeit, den er in solchen Fällen für legitim hielt (Letter, S. 89, 111). – Auf Lockes Plädoyer für Toleranz fällt ein Schatten, weil er sie für Katholiken und Atheisten nicht gelten lassen wollte. Er konnte sich nicht vorstellen, dass auch sie die Prinzipien von Treu und Glauben in ihrer Lebensführung beherzigen könnten (Letter, S. 91ff.).

V. Die Diskussion um den politischen Locke

Locke begründete das liberale Weltbild und hat damit das Entstehen der revolutionären Verfassungen Frankreichs und der USA beeinflusst: die bürgerliche Gesellschaft ist geprägt von produktiver Arbeit und Handel; die politischen Institutionen dienen dem Schutz der individuellen Freiheitsrechte; ein politisches Regime, das diesen Staatszweck verfehlt, ist illegitim. Dies ist die Interpretation Lockes, die lange vorherrschte. Zwar gab es skeptische Einwände sozialistischer Autoren, die in ihm einen Wegbereiter des Kapitalismus sahen. Doch in erster Linie galt er als Stichwortgeber des freiheitlichen politischen Denkens.

Neuere Locke-Kritiken kamen von konservativer und marxistischer Seite. Für den deutsch-amerikanischen Philosophen Leo Strauss zerstörte sein utilitaristischer Individualismus die überkommenen Vorstellungen von einer menschenwürdigen Ordnung. Der Marxist C. B. Macpherson radikalisierte die ältere Locke-Kritik, indem er ihn als wichtigsten Vertreter des „possessive individualism" bezeichnete, der die Interessen der Unterschichten missachte.

Diesen in den 50er und 60er Jahren aufgekommenen Lesarten wurde von einer Interpretenschule widersprochen, für die das Bild Lockes als Zerstörer des traditionellen Ordnungsdenkens oder als Ideologe des Besitzbürgertums selbst ideologisch war. Ihr wichtigster Vertreter ist John Dunn. Er stellt den Betrachtungsweisen, die Locke durch die Brille späterer Erfahrungen wie der des Kapitalismus betrachten, ein strikt historisch orientiertes Interpretationsprogramm entgegen. Locke habe kein Gesellschaftsmodell entworfen, das die spätere bürgerlich-kapitalistische Gesellschaft vorweggenommen hätte. Im Grunde hätten Locke theologische Fragen umgetrieben.

J. G. A. Pocock überprüfte mit Hilfe der historisierenden Methode die Wirkung des Lockeschen Denkens. Die Ergebnisse seiner Forschungen erschütterten die zum vorherrschenden Geschichtsbild geronnene Überzeugung, Locke habe das politische Denken der Whigs (der englischen Liberalen) wie auch der amerikanischen Kolonialisten tief beeinflusst. Er habe in den einschlägigen zeitgenössischen Diskussionen kaum eine Rolle gespielt.

Die Whigs hätten die abstrakt deduzierende Methode nicht geschätzt; zudem hätten sie die wachsende Kommerzialisierung der englischen Gesellschaft missbilligt, was der Argumentationsrichtung Lockes gleichfalls widersprochen habe. Für die Kritiker dieser Erscheinung sei James Harrington wesentlich interessanter gewesen, der in seinem Hauptwerk „Oceana" (1656) ein ideales Gesellschaftsmodell entwarf, dessen soziale Basis eine Schicht von freien Grundbesitzern sein sollte. In ihr könnten sich republikanische Bürgertugenden am ehesten entwickeln. Dieses Modell, so Pocock, habe wiederum der Sichtweise der amerikanischen Siedler entsprochen, weshalb bei ihnen Harrington weit populärer gewesen sei als Locke.

Inzwischen haben sich Gegenstimmen erhoben, die mit der gleichen akribisch-historischen Methode den Nachweis führen wollen, dass die nordamerikanische Gesellschaft durchaus lockeanisch dachte und die amerikanische Verfassung ohne diesen Einfluss nicht gedacht werden könne. In der Tat klingt die von Thomas Jefferson stammende Unabhängigkeitserklärung (1776) so, als habe Locke sie selbst verfasst. Zudem ist die Frage einer angemessenen Locke-Interpretation auch eine nach den Relevanzkriterien. In der Geschichte des ökonomischen und politischen Denkens, das das bürgerliche Zeitalter und die sozialistische Kritik daran geprägt hat, hat Locke Karriere gemacht, nicht Harrington. Der Frühsozialismus entstand nicht zuletzt in Auseinandersetzung mit Lockes Eigentumstheorie. Für Marx war er die Verkörperung des „bürgerlichen Normalverstandes", dem er seine geschichtsphilosophische Konstruktion des „naturnotwendigen" Übergangs zu einer kommunistischen Gesellschaft entgegenhielt. Und nach der Erfahrung mit den Totalitarismen des 20. Jahrhunderts ist Lockes den Bürgerfreiheiten verpflichtete politische Theorie neu entdeckt worden.

Auch heute beeinflusst sein kontraktualistischer Ansatz einen wichtigen Strang des politischen Denkens. John Rawls' „Theorie der Gerechtigkeit", die zu den wichtigsten Beiträgen zur politischen Philosophie im 20. Jahrhundert gezählt wird, argumentiert kontraktualistisch (wenngleich sie sich mehr auf Kant als auf Locke beruft). Eindeutig lockeanisch ist dagegen Robert Nozicks „libertärer" Neokontraktualismus, der einen auf dem „property right" beruhenden „Minimalstaat" entwickelt. Kommunitaristen wie Charles Taylor und Michael Sandel kritisieren wiederum den von Locke und Kant beeinflussten Radikalliberalismus, weil er nach ihrer Auffassung die Bürgertugenden als Voraussetzung eines freiheitlichen Gemeinwesens vernachlässigt.

Der in der 2. Aufl. (2004) geschilderte Stand der Diskussion um den politischen Locke ist unverändert geblieben. Nach der einschneidenden politischen Erfahrung des 20. Jhs., nämlich dem Aufkommen totalitärer Herrschaftsformen, rückte das Interesse an dem politischen Locke, dem Vorkämpfer für die bürgerlichen Freiheitsrechte wie Recht auf Leben und Freiheit, Eigentum und Toleranz, in den Vordergrund der Diskussion. Diese Forschungsperspektive verknüpfte das politische Denken Lockes mit der Entstehungsgeschichte der großen ökonomischen und politischen Strömungen der Neuzeit, Marktwirtschaft, Liberalismus und die sozialistische Kritik daran. Die von John Dunn begründete Gegenbewegung wies diese Interpretation unter Verwendung von Begriffen, die erst nach der Durchsetzung der bürgerlichen Gesellschaft entstanden waren, strikt zurück und wollte nur Fragestellungen zulassen, die Locke selbst beschäftigt hatten. In dieser Betrachtungsweise erschien Locke vorwiegend als Theologe. Allerdings behandelt die neueste politische Locke-Literatur nach wie vor vorrangig die klassischen Locke-Themen Eigentum, Liberalismus und Toleranz im Zusammenhang mit modernen Sichtweisen. Dabei ist allerdings zu konstatieren, dass das Interesse an dem Erkenntnistheoretiker gegenüber dem politischen Locke im Verhältnis von zwei zu drei überwiegt (Artikel und Monografien).

Detlef Döring

Samuel Pufendorf (1632–1694)

Zeittafel

8. 1. 1632	Geburt in Dorfchemnitz (südlich von Chemnitz) als Sohn eines Pfarrers
1633	Umzug der Familie nach Flöha
1645–1650	Besuch der Fürstenschule in Grimma
1650–56 u. 1658	Studium in Leipzig
1656	Erlangung der Magisterwürde in Jena
1657	Studium in Jena
1658	Hauslehrer in Kopenhagen
1658–1659	Inhaftierung durch die Dänen (zusammen mit anderen Mitgliedern der schwedischen Gesandtschaft), schwere Erkrankung
1660–1661	Aufenthalt in Holland, Studium in Leiden
1660	*Elementa Jurisprudentiae Universalis* (E)
1661–1668	Professor für Völkerrecht und Klassische Philologie in Heidelberg
1665	Heirat mit der Witwe Katharina Elisabeth Palthen
1667	*De statu imperii germanici* (M)
1668–1676	Professor für Natur- und Völkerrecht in Lund
1672	*De jure naturae et gentium* (J)
1673	*De officio hominis et civis* (O)
1686	*Commentarii de rebus Sueciis ab expeditione Gustavi Adolphi… ad abdicationem usque Christinae*
1687	*De habitu religionis christianae ad vitam civilem* (Hab.)
1677–1688	Hofhistoriograph in Stockholm
1688– 1694	Hofhistoriograph in Berlin
1694	Reise nach Schweden, Aufenthalt in Stockholm, Erhebung zum Baron
26. 10. 1694	Tod in Berlin
1695	Postumes Erscheinen von *Jus feciale divinum* (J. fec.) und *Commentarii de rebus gestis Friderici Wilhelmi*
1696	Postumes Erscheinen von *Commentarii de rebus a Carolo Gustavo Sueciae rege gestis*

I

Pufendorf ist der einzige aus Deutschland stammende politische Denker des 17. Jahrhunderts, dessen Ideen in einem erheblichen Grade historisch wirksam werden konnten. Seine Bedeutung für die europäische Geistesgeschichte ist zweifellos zuerst in der von ihm kodifizierten Fassung des modernen Naturrechtes zu sehen, das eines der Grundelemente der Aufklärungsepoche bildete und durch seine Schriften weltweite Verbreitung und Rezeption fand. Mit der Abwendung vom Naturrecht am Ende des 18. Jahrhunderts ist auch Pufendorfs Name weithin in Vergessenheit geraten. Erst in den letzten Jahrzehnten ist ein wieder wachsendes Interesse an seiner Person zu beobachten. Dabei spielt sicher die Erkenntnis eine Rolle, daß die Bedeutung eines Gedankensystems nicht allein in dessen Originalität begründet liegt, sondern auch in der Breite seiner zeitgenössischen Wirksamkeit.

Die Beschäftigung mit Pufendorfs Werk hat von jeher mit zwei Problemen zu ringen: Es ist von einem ausgesprochen vielseitigen Charakter, was freilich für eine Zeit der Polyhistoren nicht ungewöhnlich war, und es wird bestimmt von einem engen Ineinander traditioneller und moderner Elemente. Pufendorf wirkte als Rechtswissenschaftler, Historiker, Theologe, Philologe und politischer Schriftsteller. Alle diese Tätigkeiten sind in ihrer Besonderheit zu sehen und zugleich in ihrer gegenseitigen Verflechtung. Diese Aufgabe bildet eine Schwierigkeit für den modernen Betrachter. Die Diskussion, ob er ein Mann der Moderne war und somit ganz der Aufklärung zuzuordnen ist, oder ob er doch stärker durch Traditionen, vor allem der aristotelisch-scholastischen Philosophie, bestimmt war, hält bis heute an. In diesem Zusammenhang ließe sich auch die Frage stellen, wieweit sein Denken tatsächlich so säkularisiert war, wie es die Nachwelt oft gesehen hat, oder ob seine Beschäftigung mit der Theologie mehr als eine marginale Rolle spielte. Eine notwendige Hilfe bei der Auseinandersetzung mit diesen Themen bietet ein Blick auf die vielfältigen Einflüsse, die Pufendorf während seines Lebens konkret erfahren hat.

II

Die Kindheit in der Kleinstadt Flöha im Erzgebirgsvorland war von den Drangsalen des Dreißigjährigen Krieges geprägt, der in jenen Jahren in seine furchtbarste Phase trat. Die Familie des Pfarrers Esaias Pufendorf mußte „viel Angst, Furcht und Schrecken" ausstehen; mehr als einmal stand das Leben auf dem Spiel. Ähnlich wie bei anderen politischen Denkern der Zeit wird dieses Erleben auch bei Pufendorf das Verlangen nach Garantien gefördert haben, die eine Wiederkehr jenes Chaos verhindern können. Wenn er später betont, daß er in der „lutherischen Religion" erzogen worden ist, so dürfte der Grundstein dafür im Elternhaus gelegt worden sein. Auf der Grimmaer Fürstenschule erfährt er eine gediegene Ausbildung, besonders in der Kenntnis der antiken Literatur. Sein Hauptwerk zur Naturrechtslehre hätte er ohne diesen bildungsmäßigen Hintergrund so nicht schreiben können. Das Altertum beschäftigt ihn auch in Leipzig, seinem ersten Studienort. Im übrigen erlebt er die Universität noch ganz im Zeichen der als „Doctrina publica" verstandenen aristotelisch-scholastischen Philosophie. Wahrscheinlich kommt er schon in Leipzig in Kontakt mit dem Mathematiker Erhard Weigel, der mit vielen Aspekten seines Wirkens, das sich keineswegs auf die Mathematik beschränkt, bereits auf die Frühaufklärung hinweist. Auf Weigels Betreiben erwirbt er in Jena den Magistergrad. Ein folgendes Studienjahr an der Salana könnte ihn mit neuen Strömungen innerhalb der Philosophie und der Wissenschaften bekannt gemacht haben. Auf Vermittlung seines älteren Bruder Esaias erhält Pufendorf eine Stelle beim schwedischen Gesandten in Kopenhagen. Sein Schicksal ist fortan mehr oder weniger von der für kurze Zeit zur Großmacht aufsteigenden schwedischen Krone abhängig geblieben. Nach einem plötzlichen Angriff Schwedens auf Dänemark muß er wiederum die Schrecken eines Krieges ertragen. In der dänischen Gefangenschaft kommt er jedoch dazu, sein erstes großes Werk zum Naturrecht abzufassen (E). 1660 gelangt Pufendorf in das damals vielleicht modernste Land Europas, nach Holland; in Leiden, an der angesehensten Universität der damaligen Welt läßt er sich immatrikulieren. Man kann vermuten, daß ihn hier philologische Studien beschäftigten, daß er jedoch gleichzeitig die Möglichkeiten nutzte, mit den neusten geistigen Strömungen der Zeit bekannt zu werden. Von den Niederlanden führt ihn der Weg in die Kurpfalz, als Professor der Universität Heidelberg. Die völlig verwüstete Pfalz, insofern das Gegenteil zu dem blühenden Holland, erlebt unter der tatkräftigen Regierung des Kurfürsten Karl Ludwig einen bemerkenswerten Aufschwung in allen Lebensbereichen, und Pufendorf nimmt aktiv Anteil an den politischen Projekten seines Landesherrn; bis zu seinem Lebensende wird er mehrfach den Mächtigen seine Feder für den politischen Tageskampf zur Verfügung stellen. Die Veröffentlichung seiner Reichsverfassungsschrift (M) macht ihn endgültig berühmt; 1667 erhält er die Berufung an die gerade erst gegründete Universität Lund in Schweden. Die Jahre an dieser Hochschule sind für Pufendorf die entscheidenden seines Lebens. Hier erscheinen seine Hauptwerke zum Naturrecht (J und O), und hier gerät er in die schwersten Auseinandersetzungen mit den verschiedensten Gegnern seines Systems, die vor allem von der lutherischen Orthodoxie in Deutschland kommen. Indem er alle Versuche abschlagen kann, ihn in beruflicher und moralischer Hinsicht zu vernichten, und seine Rechtslehre glänzend zu verteidigen vermag (Streitschriften in *Eris Scandica* [1668] gesammelt), ermöglicht er den nun einsetzenden Siegeszug des modernen Naturrechts inner- und außerhalb Deutschlands. Der letzte Lebensabschnitt Pufendorfs ist von seiner Tätigkeit als Hofhistoriograph geprägt, zuerst in schwedischen, dann in brandenburgischen Diensten. An beiden Höfen beschäftigt er sich allein mit Untersuchungen zur Zeitgeschichte, die zugleich immer den aktuellen Interessen des Auftraggebers dienen sollen. Es sind in mancher Hinsicht zwar nicht unähnliche, im wesentlichen aber doch verschiedene Mächte, in deren Diensten Pufendorf trat: das betont lutherische, die zweite Machtstellung in Europa beanspruchende, in Wirklichkeit jedoch schon im Niedergang begriffene Schweden und das von einem reformierten Herrscherhaus regierte, aber von einer lutherischen Bevölkerung bewohnte Brandenburg, dessen großer Aufstieg damals bestenfalls erahnt werden konnte. Daß beide Mächte in traditioneller Feindschaft gegenüberstanden, war für Pufendorf sowohl beim Abfassen seiner politischen und historischen Schriften ein Problem, als auch in der Gestaltung seiner persönlichen Karriere. Zu einem geradezu persönliches Anliegen wird ihm ab Mitte der achtziger Jahre der Kampf gegen die französischen Hegemonialbestrebungen. Damit in Verbindung steht ein sich verstärkendes Engagement für Fragen der Theologie und Kirche, sieht er doch im Vorgehen Ludwigs XIV. die größten Gefahren für den Protestantismus drohen. In seiner letzten Lebenszeit findet Pufendorf über die Freundschaft mit den Leipzigern Adam Rechenberg und Christian Thomasius wieder engeren Anschluß an seine Heimat und damit Rückhalt gegenüber der ihn immer weniger befriedigenden Berliner Situation. Eine Reise nach Schweden untergräbt seine wohl schon zuvor labile Gesundheit; nach der Rückkehr nach Berlin ereilt ihn alsbald der Tod.

III

Pufendorf entwickelt die Prinzipien seines Naturrechts im engen Anschluß an Hugo Grotius und Thomas Hobbes, aber auch in Abgrenzung zu diesen Denkern, besonders gegenüber Hobbes' System. Den Ausgangspunkt seiner Überlegungen bildet die Suche nach festen und unwandelbaren Prinzipien des Rechts. Diese können weder im geltenden Römischen Recht gefunden werden, noch im Vergleich der Rechte aller Völker, noch gar in einer transzendenten, auf einer Offenbarung beruhenden Begründung. Den allein gangbaren Weg bildet die Ermittlung eines Grundprinzipes, aus dem mit strenger Folgerichtigkeit die Grundzüge eines universalen Rechts entwickelt werden können. Dieses Prinzip kann allein aus der Beobachtung der Natur des Menschen, wie er sich uns hier und heute zeigt, gewonnen werden. Pufendorf stellt fest, daß der einzelne Mensch auf die Hilfe seiner Mitmenschen angewiesen ist, allein schon um zu überleben, noch mehr aber um seine Existenz möglichst angenehm gestalten zu können, im Rahmen einer „cultura vitae". Äußerer Zwang und eingeborene Neigung führen die Menschen gleichermaßen zueinander. Der Mensch im (fiktiven) Naturzustand, den wir uns in historischer Hinsicht als ein voneinander isoliertes Existieren von Familienclans vorzustellen haben, kann nur ein elendes, gefahrvolles Leben führen; erst der Zusammenschluß vieler Menschen ermöglicht den Schutz des einzelnen und führt darüber hinaus zur „perfectio vitae humanae" als des Endzweckes allen Strebens des menschlichen

Geschlechts. Aus der Tatsache, ein Leben in der Gemeinschaft führen zu müssen und zu wollen (socialitas), resultiert die Notwendigkeit, entsprechenden Regeln dieses Zusammenlebens zu folgen. Diese Regeln bilden das Naturrecht und sind mit Hilfe der Vernunft klar zu erkennen. Das Naturrecht ist von universaler Gültigkeit und betrifft nur die äußeren Handlungen des Menschen. Andererseits entspricht es im Grunde den Geboten der Offenbarung: „Liebe Gott und liebe den Nächsten". Jedoch hat der Mensch vor dem Sündenfall diesen Geboten selbstverständlich und natürlich Folge geleistet. Für die Erkenntnis des Naturrechts in der gegenwärtigen Welt ist jedoch allein der gefallene Mensch in seiner jetzigen Verdorbenheit von Relevanz. Die Moraltheologie sieht dagegen auf die innere, religiöse Einstellung, die den einzelnen jedoch wiederum zur Einhaltung der Normen des Naturrechts motiviert. In der konkreten Ausführung des Naturrechtssystems steht bei Pufendorf immer der Nutzen der Gemeinschaft im Mittelpunkt. Jeder einzelne hat nach seinen Kräften zum Wohl der Gemeinschaft beizutragen und alle ihr schadenden Handlungen zu vermeiden. Grundlegend für das Zusammenleben ist die Erkenntnis vom besonderen Wert der göttlich gestifteten menschlichen Würde, d.h. das Wissen um die natürliche Gleichheit der Menschen. Dieser Grundsatz steht jedoch nicht im Gegensatz zur Anerkennung bestehender sozialer und politischer Ungleichheiten, deren Entstehung von ihm meistens auf Verträge zurückgeführt wird.

Den wirksamsten Schutz vor allen Gefahren und die wirksamste Förderung der „cultura vitae" bietet die staatlich organisierte Gemeinschaft. Diese entsteht aus einer Folge von Verträgen, die eine Anzahl von Menschen miteinander und dann mit dem gewählten Leiter des Staates schließen, der als Monarchie, Aristokratie oder Demokratie denkbar ist. Entscheidend ist, daß dem Staatsoberhaupt die Souveränität zukommt. Handelt jedoch die Staatsleitung so, daß die Existenz des Gemeinwesens substantiell bedroht ist, steht den Bürgern ein Widerstandsrecht zu, das Pufendorf an die Vertragslehre bindet (Bruch des Vertrages durch den Herrscher). Die Gesetzgebung des Staates hat sich am Naturrecht zu orientieren, das wiederum erst über das positive Recht zur vollen Wirksamkeit gelangt. Im Verhältnis zwischen den Staaten existieren die Verhältnisse des Naturstandes fort, d.h. mit der Möglichkeit eines Krieges ist jederzeit zu rechnen. Legitim ist jedoch nur ein aus gerechten Gründen eröffneter Kampf.

IV

Nach Pufendorf besitzt die Vernunft gegenüber dem Willen hinreichende Kraft, diesen zur Befolgung der Gebote des Naturrechts anzuhalten. An anderen Stellen kennt er jedoch auch die durch den Sündenfall gegebene Schwäche des Menschen, jenen Geboten zu folgen. Das Nebeneinander beider Positionen ist ein Beleg für die oft zu treffende Beobachtung, daß sein Werk auf die Aufklärung hinzielt, ihr aber noch nicht angehört. Darauf deutet auch die Rolle, die Gott und die Religion in seinem System immer noch spielen. Der Glaube an den Weltschöpfer und dessen fortdauerndes Regiment gehört zu den ersten Pflichten des Menschen; die Existenz des Naturrechtes beruht letztendlich auf einem Befehl Gottes. Ohne Wissen um das göttliche Strafgericht, also ohne Gewissen, ist bei den Menschen nicht sicher damit zu rechnen, daß sie die Regeln des Naturrechts und die darauf beruhenden positiven Gesetze befolgen werden. Pufendorfs Naturrechtslehre besitzt jedoch noch einen anderen theologischen Hintergrund, der erst in seiner letzten Lebenszeit deutlich sichtbar wird. Um diese religiös-theologische Komponente zu verstehen, ist die Feststellung wichtig, daß das 17. Jahrhundert noch stark von interkonfessionellen Streitigkeiten und theologischen Auseinandersetzungen geprägt war. Der Pfarrersohn Pufendorf studierte zeitweise Theologie, verstand sich immer als erklärter Lutheraner und hat sich bis zu seinem Ende ein lebhaftes Interesse für die Bereiche Theologie und Kirche bewahrt. Das belegen u. a. mehrere Publikationen (Hab. und J. fec.). Ihm selbst war das postum erschienene Alterswerk *Jus feciale* am wichtigsten. Es ist eines der markantesten Beispiele für das Auftreten der Laientheologie, die um 1700 weite Verbreitung findet. Im *Jus feciale* geht es nicht nur um die Möglichkeiten einer Annäherung der protestantischen Konfessionen, sondern Pufendorf entwickelt hier eine Art Fundamentaltheologie, die allein auf der Bibel und auf Vernunfterkenntnissen beruht. Zugleich bietet das Buch wenigstens im Ansatz die versprochene „theologia moralis", in der es in Ergänzung zu den

Pflichten des Menschen und Bürgers um die Pflichten des Christen gehen sollte. Ein wahrer Christ ist ein wiedergeborener Mensch, der sein Handeln an der zentralen Intention des Naturrechts orientiert, an der Liebe zu Gott und den Nächsten, aber nicht vermittelst der vernünftigen Einsicht, sondern aus innerstem Antrieb. Dann wird an die Stelle der „cultura vitae" des vernunftbegründeten Naturrechts die sie überbietende „cultura christianae pietatis" treten, in der ewiger Friede und allgemeiner Überfluß herrschen werden. Es geht Pufendorf hier nicht um die Aufhebung der von ihm postulierten Herrschaft des rationalen Naturrechts, die solange als notwendig erscheint, als Gott nicht „große Revolutionen" veranlaßt. Ereignen sich diese, dann wird freilich eine andere Welt „in supremum et perfectissimum gradum" entstehen, die anderen Gesetzen gehorcht. Sein Streben nach einer Verchristlichung der Welt und seine vom Chiliasmus beeinflußten Zukunftserwartungen bringen ihn in eine allerdings nicht unkritische Verbindung zu dem damals aufkommenden Pietismus, insbesondere zu Philipp Jakob Spener.

V

Ist mit dem Niedergang des Naturrechts Pufendorfs Ruhm als Rechtsdenker verblaßt, so ist er doch immer als Verfasser der unter dem Pseudonym Severinus de Monzambano erschienenen Schrift *De statu imperii germanici* (1667) bekannt geblieben. Dieses Buch beschreibt in einem brillanten Stil die Verfassung des Deutschen Reiches nach Beendigung des Dreißigjährigen Krieges. Das Problem dieses Themas bestand vor allem in der Bewältigung des Gegensatzes zwischen der von Pufendorf entschieden vertretenen Souveränitätslehre als konstituierendes Element eines Staates und der damit im Kontrast stehenden Wirklichkeit des Reiches. Mit seiner berühmt-berüchtigt gewordenen Definition, Deutschland sei „irregulare aliquod corpus et monstro simile" soll der Schwebezustand des Reiches zwischen Monarchie und loser Verbindung von de jure selbständigen Territorien begrifflich umschrieben werden. Positiv versucht er die deutsche Verfassungswirklichkeit als ein „System ungleicher Bundesgenossen" zu charakterisieren. Die Stände des Reiches sind demnach keine Untertanen des Kaisers, sondern dessen Verbündete, jedoch im Vergleich zum Oberhaupt des Bundes mit geminderten Rechten. Betont Pufendorf innerhalb dieses Systems anfangs mehr die Freiheit der Stände, so wertet er mit der wachsenden Bedrohung Deutschlands durch Frankreich die Rolle des Kaisers auf (vgl. die postum veröffentlichte Bearbeitung von M). In Verbindung zur Staatslehre stehen seine Darlegungen zum Verhältnis zwischen Staat und Kirche. Den Mittelpunkt bildet der Kampf gegen die katholische Kirche, die mit ihrem Bestreben, einen Staat im Staate zu bilden, eine extreme Gefahr für alle souveränen politischen Gemeinwesen darstelle. Um die Funktionstüchtigkeit des Staates zu erhalten und dessen inneren Frieden zu sichern, ist es notwendig, Kirche und Politik zu trennen. Nur eine solche von der Politik geschiedene Kirche könne wiederum eine „religio solida" vertreten, der es allein um die Verbreitung und Festigung der christlichen Lehren geht. Damit aber stützt die Kirche wiederum den Staat in seinem auf die Wohlfahrt der Menschen gerichteten Wirken.

VI

Wenn sich Pufendorfs Intentionen als Rechtstheoretiker auch auf die Schaffung eines universalen Rechts bleibender Gültigkeit richteten, so greift er bei der konkreten Ausgestaltung seines Naturrechtssystems ständig auf historische Beispiele zurück, die er in einem bemerkenswerten Umfang den Schriften antiker Autoren entnimmt. Auch sonst läßt sich sein bis in die Jugendzeit zurückreichendes großes Interesse an der Geschichte nachdrücklich belegen. Die umfangreichen Werke zur schwedischen und brandenburgischen Geschichte, die in seinen letzten beiden Lebensjahrzehnten entstehen, sind in enger Verbindung zu seinem Wirken im Interesse seiner jeweiligen Landesherrn zu sehen (eine bedingte Ausnahme bildet die oft verlegte, für die studierende Jugend gedachte *Einleitung zu der Historie der vornehmsten Reiche und Staaten*). Diese Werke sollen die Politik der erwähnten Länder rechtfertigen, damit die aktuelle Meinungsbildung beeinflußen und die Erkenntnis von Lehren aus der Geschichte ermöglichen. Der Leitbegriff der so orientierten Darlegungen bildet die „ratio status" des jeweiligen Gemeinwesens, die ein bestimmtes Agieren erfordert. Mißachtet die politische Führung diese unabhängig von ihr bestehende Interessenlage, wirkt sich dies zum Nachteil des Staates aus. Pufendorf gründet seine Darstellungen auf eine extensive Benutzung der ihm zur Verfügung stehenden Archivalien, greift aber auch auf Elemente antiker Geschichtsschreibung zurück (fiktive Reden). Das außenpolitische Geschehen steht immer im Vordergrund des Berichtes; innenpolitische oder kultur- und wirtschaftgeschichtliche Themen werden bestenfalls am Rande erwähnt.

VII

Die Rezeption der naturrechtlichen Schriften Pufendorfs war erheblich und wurde von verschiedenen Richtungen des politischen Denkens vollzogen. Allein von *De officio hominis et civis* erschienen weit über 100 Ausgaben; in acht Sprachen wurde der Text übersetzt; zahlreiche Kommentare entstanden. Die größte Bedeutung kommt den französischen Übertragungen der beiden naturrechtlichen Hauptwerke durch den Hugenotten Jean Barbeyrac zu, die dem Leser jene Schriften in der Sprache zugänglich machten, die im Aufklärungszeitalter das Latein als Verständigungsmittel der Gelehrten ablöste. In Deutschland entstanden an fast allen Universitäten Lehrstühle für Naturrecht. Als wichtigste Rezipienten und Fortsetzer der Naturrechtslehre sind in Deutschland Christian Thomasius, Christian Wolff und Johann Gottlieb Heineccius anzusehen. Das 1794 in Preußen erlassene „Allgemeine Landrecht" gründet sich auf das Naturrecht. Im englischsprachigen Raum hat Pufendorf vor allem innerhalb der schottischen Philosophie (Francis Hutcheson) fortgewirkt. Auch hat seine Lehre von der Menschenwürde und der Gleichheit der Menschen wenigstens indirekt zur Herausbildung der Grundsätze der amerikanischen Verfassung beigetragen.

Berthold Falk

Montesquieu (1689–1755)

Zeittafel

1689	18. Januar. Charles-Louis de Secondat, Baron de la Brède et de Montesquieu wird auf dem Schloß La Brède, südlich Bordeaux, geboren.
1696	Nach der Mutter Tod erhält der Knabe den Titel Baron de la Brède.
1700–1705	Schüler im Oratorianerkolleg Juilly, nordöstlich von Paris.
1705–1708	Jurastudium
1708	Juristisches Lizentiat. Advokat am Parlament in Bordeaux.
1709–1713	Aufenthalt in Paris.
1714–1726	Rat, später président à mortier am Parlament in Bordeaux.
1715	Heirat mit der Hugenottin Jeanne de Lartigue.
1716	Wahl in die Akademie von Bordeaux. Der Schloßherr von La Brède erbt den Titel Baron de Montesquieu.
1721	*Lettres persanes* erscheinen.
1726	Montesquieu verkauft das Präsidentenamt.
1728	Wahl in die Académie française.
1728–1729	Reise nach Wien, Ungarn, Venedig, Mailand, Rom, Neapel, Weiterreise über den Brenner nach München, Köln, Hannover, Harz. Über Holland nach England.
1729–1731	In England. Montesquieu wird Mitglied der Royal Society und der Freimaurer.
1734	*Considérations sur les causes de la grandeur des Romains et de leur décadence* erscheinen. In den Jahren bis 1748 arbeitet Montesquieu am *Geist der Gesetze*.
1745	Lesung von Auszügen aus *De l'Esprit des lois*.
1748	Das Hauptwerk erscheint in Genf.
1750	*Défense de L'Esprit des lois*.
1751	Indizierung des *Esprit des lois*.
1755	10. Februar. Montesquieu, seit Jahren erblindet, stirbt in Paris.

I

Montesquieus Vorfahren gehörten dem Schwertadel (noblesse
d'épée) und dem Amtsadel (noblesse de robe) an. Der junge Mann
studiert Jura und wird Advokat am Parlament in Bordeaux. Auf
den Kauf des Richteramtes und die Heirat folgt die Wahl in die
Akadamie von Bordeaux. Zwischen Parlament und Akademie in
der Provinzstadt Bordeaux bestand ein personeller, sozialer Zusammenhang: das waren neugierige, gebildete, gelehrte Leute, die
sich ihrer Würde als Amtsträger und ihrer Stellung als Adlige bewusst waren. Als Schlossherr und als Akademiemitglied bleibt
Montesquieu im Südwesten Frankreichs verwurzelt, aber – fra-
gend, wissensdurstig – will er auch anderes. Er will als Schriftsteller hervortreten.

Zwischen 1716 und 1720 schreibt der würdevolle Richter im
Geheimen die *Persischen Briefe*, einen frechen, unterhaltsamen
Roman; zugleich legt er aber auch seine *Collectio juris* an. In der
Akademie befasst man sich in einem ganz und gar modernen Sinn
mit den Naturwissenschaften: Primat der Erfahrung, weg mit über-
lieferten Meinungen, mit Vorurteilen, mit den Autoritätsbeweisen
(B, 17). Montesquieus naturwissenschaftliche Arbeiten sind unbe-
deutend. Interessant ist seine *Dissertation sur la politique des Romains dans la religion*, die er am 18. April 1716 in der Akademie
vorliest. Die Religion als Erscheinung des sozialen Lebens ist jetzt
und später sein Thema: „Weder Furcht noch Mitleid begründeten
die Religion bei den Römern, sondern die Notwendigkeit, überhaupt eine zu haben, vor die sich alle Gesellschaften gestellt sehen"
(Pl I, 81). Das Religiöse wird nüchtern als ein soziales Faktum gesehen, ein Gegenstand des politischen und historischen Interesses.

Nach dem Tod Ludwigs XIV., nachdem Herzog Philipp von
Orléans die Regentschaft übernommen hat, weichen die Bedrük-
kung und die Enge; die staatliche Gängelung und die kirchliche
Bevormundung lassen nach. Der Regent und seine Untertanen
genießen das Leben. Drei Mal in der Woche lädt Philipp von Orléans zum Ball ins Palais Royal ein. Die Geister können sich freier
regen und bewegen.

Montesquieus *Persische Briefe* werden in Holland gedruckt.
Der Verfasser des Romans bleibt anonym. Buchhändlerisch wur-

den die *Persischen Briefe* ein großer Erfolg; mit diesem Roman erhielt die frühe Aufklärung ihr erstes literarisches Meisterwerk (E. Mass). Die reichen Perser Usbek und Rica reisen von Isfahan nach Europa, um die christlichen Länder und die abendländische Weisheit kennen zu lernen, und berichten darüber.

Inhalt der Briefe sind Eindrücke vom Leben in Europa. Vor allem Frankreich wird naiv-erstaunt wahrgenommen und dargestellt. Montesquieus Kritik an der Herrschaft Ludwig XIV., an der Widerrufung des Edikts von Nantes, an der Hugenottenverfolgung ist im 85. Brief – in persischer Verkleidung – zu finden. Usbek schreibt an Mirza: „Einige Minister Schah Solimans hatten, wie Du weißt, Mirza, den Plan gefasst, alle Armenier Persiens dazu zu zwingen, das Land zu verlassen oder Mohammedaner zu werden. Sie meinten, unser Land wäre auf ewig befleckt, wenn sich diese Ungläubigen darin befänden. Es wäre um die Größe Persien geschehen gewesen, wenn das blinde Eiferertum in dieser Angelegenheit Gehör gefunden hätte." Der Plan sei fehlgeschlagen. „Der Zufall spielte die Rolle der Vernunft und der Politik und rettete das Reich vor einer größeren Gefahr, als es der Verlust einer Schlacht und die Einnahme zweier Städte gewesen wären. Wenn man die Armenier verbannt hätte, hätte man auf einen Schlag alle Kaufleute und fast alle Handwerker des Landes verwiesen". Ähnlich sei es mit den Verfolgungen, „die unsere eifernden Mohammedaner den Parsen haben zuteil werden lassen …". Es sei durchaus nützlich, mehrere Religionen in einem Staat zu haben. Es habe Religionskriege gegeben. „Aber bei Licht besehen, ist es nicht die Vielzahl der Religionen, die diese Kriege verursacht, sondern der Geist der Unduldsamkeit, der die erfüllt, die sich für die Anhänger der Staatsreligion halten, dieser Geist der Proselyten-macherei, die die Juden von den Ägyptern übernommen haben und der von ihnen wie eine ansteckende Massenkrankheit zu den Mohammedanern und Christen übergegangen ist, dieser Wahnwitz, dessen Fortschreiten nur als eine gänzliche Verblendung der menschlichen Vernunft angesehen werden kann."

Was Montesquieu durch seinen Perser Usbek zum Ausdruck bringt, ist nicht nur der Widerwille gegen Intoleranz und unmenschliche Gewalt, sondern auch die Kritik am unklugen despotischen Herrscher: der schadet sich und seinem Staat, indem er den religiösen Fanatikern nachgibt. Wozu sinnlose Strenge, unnötiger Zwang? Im 80. Brief schreibt Usbek: Er habe sich immer wieder gefragt, „welche Regierungsform die vernünftigste ist. Mir scheint, die vollkommenste ist die, die ihr Ziel mit dem geringsten Aufwand erreicht; demnach wäre der beste Staatsmann der, der die Menschen so regiert, wie es ihren natürlichen Neigungen entspricht. Ist das Volk unter einer milden Regierung genauso gehorsam wie unter einer strengen, so ist die erstere vorzuziehen, weil sie vernünftiger ist, während Strenge unvernünftig wäre. Du musst nicht meinen, lieber Rhedi, dass es an den strengeren Strafen liegt, wenn man den Gesetzen gehorcht. In Ländern, wo die Strafen milder sind, fürchtet man sie genauso wie in den Ländern, wo sie tyrannisch und grausam sind." Die Natur weist den Weg der Vernunft.

Tyrannis, Grausamkeit, Verstümmelung und Beleidigung der menschlichen Natur – die Eunuchen-Sklaven selbst sind es, die die tyrannische Herrschaft über die im Serail gefangenen Frauen aufrecht erhalten. Es geht in Persien um die Gunst des Herrn Usbek, wie es in Versailles den Höflingen um die Gunst Ludwig XIV. gegangen ist. Neid, Eifersucht, Ehrgeiz, Habgier sind bei den Frauen im Serail und bei den Höflingen des Sonnenkönigs die hässliche Kehrseite der Unterwerfung. „Für den Eunuchen, die Kurtisane und den Höfling ist die Gunst der Preis für die sklavische Unterwerfung" (C. Spector). Saint-Simon berichtet aus Versailles, wie alles, was vom König kam, wertvoll war, weil es auszeichnend war. Ein Blick des Königs oder die Tatsache, dass er sich einer Person zuwandte – man sprach darüber.

Im 96. Brief berichtet der Obereunuch seinem in Paris weilenden Herrn: „Wir wissen: je mehr Frauen uns unterstehen, desto weniger Schwierigkeiten machen sie uns. Sie müssen umso mehr Gefallen erregen, haben umso weniger Möglichkeiten, sich zusammen zu tun, tragen mehr Unterordnung zur Schau und all das schafft ihnen Fesseln. Die einen passen beständig auf die anderen auf, es ist, als ob sie mit uns im Bunde, sich in noch größere Abhängigkeit begäben …". In der Unfreiheit versklaven die Menschen sich selbst, es kann weder Tugend noch würdiges menschliches Dasein geben.

Nach den *Persischen Briefen* will der Präsident sich in der Gesellschaft der Hauptstadt bekannt machen. Der mächtige, hochadlige Duc de Berwick ebnet ihm den Weg zum Hof. Durch Berwick und seinen Sohn, den Duc de Liria, lernt er den alten Schwertadel kennen. Andererseits macht er Bekanntschaft mit den Berthelot, Parvenüs, die skandalös reich sind und ein skandalöses Leben führen. Von ganz anderer Art ist Madame de Lambert, die dienstags und mittwochs in ihrem Salon empfängt. Hier trifft der Präsident Fontenelle, den Sekretär der Académie des Sciences, das Mitglied der Académie française und der Académie des Inscriptions. Was in dem geistig hoch stehenden Kreis um Madame de Lambert lebt, ist eine gewisse Auffassung von Ruhm, der aus der Stoa stammt. Madame de Lambert ist eine gelehrte Schriftstellerin, die über Pflicht, Geschmack, Liebe und Freundschaft schreibt. Montesquieu schreibt einen *Traité des devoirs*. Im Mai 1725 liest er diese Arbeit in der Bordelaiser Akadamie vor. Der Text ist heute größtenteils verloren oder verschollen. Man weiß aber, dass der Autor im Hinblick auf diese Arbeit die Stoiker und vor allem Mark Aurels *Selbstbetrachtungen* gelesen hat.

Respektvoll und bewundernd schreibt Montesquieu im *Traité*: Die Gemeinschaft des Zenon habe nur „die Verachtung der Vergnügungen und des Schmerzes" übertrieben, und das sei ja ehrenhaft. Die Stoiker glaubten alle, es sei ihre Bestimmung, für die Gesellschaft zu arbeiten. „Allein durch ihre Philosophie" schon glücklich, „schien es, dass sie glaubten, dass nur das Glück der anderen ihr eigenes vermehren könne" (Pl I, 109 f.). Montesquieu wollte mit seiner Abhandlung den Ideen Spinozas und des Hobbes entgegentreten. Spinoza wirft er vor, den freien Willen des Menschen zu leugnen, was aller Moralphilosophie den Boden entziehe. Hobbes sei noch gefährlicher, weil er weniger extrem sei. Der Naturzustand des Menschen sei kein Kriegszustand. Die Menschen mögen sich, sie suchen die Nähe zueinander.

Montesquieu ist sich seiner sozialen Stellung und seiner geistigen Orientierung nicht sicher. An der Jahreswende 1727/28 gelingt es ihm nach einigen Schwierigkeiten, in die Académie française aufgenommen zu werden. Die große Europareise schließt sich an. Ins Jahr 1728 fallen Montesquieus Bemühungen, im diplomatischen Dienst Frankreichs Verwendung zu finden. Kardinal Fleury, der Minister Ludwigs XV. zeigt kein Interesse an dieser Bewerbung. Der versuchte Einstieg in die politische Praxis missglückt.

Im Jahr 1734 erscheinen die *Considérations sur les causes de la grandeur des Romains et de leur décadence*. Montesquieu macht auf den kriegerischen Geist, auf die Tugend und die Armut der republikanischen Römer aufmerksam: „Niemals hat eine Nation den Krieg mit so viel Klugheit vorbereitet und mit so viel entschlossener Kühnheit geführt" (C, II). „Nichts ist mächtiger als eine Republik, in der man die Gesetze nicht aus Furcht und nicht aus Vernunftgründen, sondern aus Leidenschaft befolgt, so wie es in Rom und Sparta geschah" (C, IV). „Die Römer waren ehrgeizig aus Stolz, die Karthager aus Geiz." „Die Karthager verwendeten fremdländische Truppen und die Römer gebrauchten ihre eigenen." „Die alten Sitten und eine gewisse Gewöhnung an Armut hielten in Rom die Vermögen ungefähr gleich groß." Die Römer setzten sich leidenschaftlich für das Gemeinwohl ihres Staates ein. Sie wollten über andere Völker „gebieten". Anders die Karthager, sie „führten den Krieg, ohne ihn zu lieben". „Rom war ein Wunder an Standhaftigkeit" (C, IV).

Nie habe Rom einen ehrlichen und aufrichtigen Frieden geschlossen. Es gab nur Unterbrechungen des Kriegszustandes. „Diese Gewohnheiten der Römer waren keine Zufälligkeiten, sie waren feststehende Grundsätze. Und das ist leicht zu erkennen, denn die Grundsätze, die sie gegenüber den größten Mächten anwandten, waren genau dieselben, die sie in ihren Anfängen gegen die kleineren benachbarten Städte angewandt hatten" (C, VI). Dem äußeren Erfolg Roms entsprach die Freiheit im Innern: „Die Regierungsform Roms war deshalb bewundernswürdig, weil die Verfassung seit der Entstehung Roms entweder durch die Gesinnung des Volkes, durch das Übergewicht des Senats oder durch die Autoriät bestimmter Magistrate so beschaffen war, dass jeder Missbrauch der Macht immer korrigiert werden konnte" (C, VIII).

In der Verfassung Roms gab es ein Gleichgewicht. Montesquieu verweist hier auf die Reformfähigkeit der englischen Monarchie. Rom verlor seine Reformfähigkeit unter Cäsar und seinen Nachfolgern. Die Eigenart der römischen Republik war Bedingung für den Aufstieg zur Weltmacht. Unter den Kaisern fanden die notwendigen Reformen nicht statt. Das Militärwesen, die monarchische Verfassung und die äußeren Aufgaben entsprachen einander nicht mehr. „Nicht der Zufall regiert die Welt. Man möge nur die Römer befragen, die ununterbrochen Erfolge gehabt hatten, solange sie nach einem bestimmten Plane vorgingen und dauernd

Rückschläge erlitten, als sie nach einem anderen Plane verfuhren. Es gibt allgemeine Ursachen, die teils moralischer, teils physischer Natur sind und die in jeder Monarchie wirken, die sie emporheben, erhalten oder stürzen. Alle Geschehnisse stehen unter dem Gesetz dieser Ursachen. Und wenn der Zufall einer Schlacht, und das heißt: eine besondere Ursache einen Staat zugrunde gerichtet hat, so gab es doch eine allgemeine Ursache, die bewirkte, dass dieser Staat durch eine einzige Schlacht zugrunde gehen musste. Mit einem Wort: die grundsätzliche Wendung zieht alle weiteren Ereignisse nach sich" (C, XVIII).

Die Betrachtungen über die Ursachen von Größe und Niedergang der Römer sind das Zeugnis eines politisch leidenschaftlich Interessierten. Die Kernfrage nach Aufstieg und Fall eines Reiches soll beantwortet werden. Montesquieu sieht in der Ausdehnung Roms über Italien hinaus den Keim des Scheiterns: „Als … die Legionen die Alpen und das Meer überschritten, verloren die Soldaten, die man notgedrungen für die Dauer mehrerer Feldzüge in den Ländern lassen musste, die man unterwarf, allmählich den Bürgersinn. Und die Heerführer, die über Armeen und Königreiche verfügten, waren sich ihrer Macht bewusst und konnten nicht mehr gehorchen" (C, IX). Das kraftvoll-antagonistische politische Leben entartet zu Bürgerkriegen. Die Gesetze, die gemischte Verfassung, waren gut für die kleine Republik. Für das große Kaiserreich taugten sie nicht. „Denn es waren eben Gesetze, deren natürliche Wirkung sein musste, ein großes Volk zu schaffen, jedoch nicht, ein solches zu regieren" (C, IX).

Die Republik war mit diesen Gesetzen glücklich. Es sei falsch, zu behaupten, dass die Uneinigkeiten Rom zugrunde gerichtet haben. „Es musste sehr wohl in Rom Uneinigkeiten geben, und die draußen so stolzen, so wagemutigen und so furchtbaren Krieger konnten nicht in der Stadt mäßig und gelassen sein." Die wahre Einheit ist die harmonische Einheit. Die Teile, „so entgegengesetzt sie auch immer erscheinen mögen", tragen zum allgemeinen Wohl der Gesellschaft bei. „Es ist damit wie mit den Teilen dieses Weltganzen, die durch actio und reactio in Ewigkeit verbunden sind" (C, IX). Der Nationalgeist (esprit général) hatte im Rom der Kaiserzeit nicht mehr die Gesetze, nicht mehr die Verfassung, die ihm entsprechen. Rom „verlor seine Freiheit" (C, IX). Augustus brachte die Knechtschaft (servitude). Tyrannis im Gewande der

Legalität, Bespitzelung der Bürger, das ist Tiberius. Ermordung des Bruders als erste Tat, so Caracalla. Das Bild der Kaiserzeit, das Montesquieu zeichnet, könnte düsterer nicht sein (C, XIII; C, XIV; C, XVI).

In den *Persischen Briefen* und auch hier studiert und analysiert Montesquieu die Schrecken der Gewaltherrschaft. „Diese furchtbare Tyrannei der Kaiser entstammte der allgemeinen Wesensart (esprit général) der Römer." Der Übergang von der freiheitlichen Republik zum autoritären Kaiserstaat war zu plötzlich. „Mildere Sitten", die diesen Übergang vermittelt hätten, gab es nicht. „Der ständige Anblick der Gladiatorenkämpfe machte die Römer grausam und roh". Sie, „die daran gewöhnt waren, sich bei ihren Kindern und Sklaven über die menschliche Natur hinweg zu setzen, konnten schwerlich jene Tugend kennen, die wir Menschlichkeit nennen" (C, XV). „Das Volk Roms, besser der Teil, den man ‚plebs' nannte, hasste die schlechtesten Kaiser keineswegs." Es war das „verächtlichste unter allen Völkern geworden." Alle großen Familien wurden ausgeplündert. Charaktervolle Männer wurden von den Principes gehasst.

Ende 1734 fasst Montesquieu den Entschluss, ein großes Werk über Recht und Staat, Sitten, Wirtschaft und Geographie zu schreiben. „Es gab viel zu lesen, und man durfte nur wenig von dem, was man gelesen hatte, verwenden" (Pl II, 1038). 1748 erscheint *De l'Esprit des lois* in Genf. Während Diderot 1749 in Vincennes eingesperrt wird wegen seiner *Lettre sur les aveugles*, muss Montesquieu nur die Indizierung durch die römische Kurie hinnehmen. Er trägt schwer an dieser Verurteilung seines Werkes. 1755 stirbt Charles-Louis de Secondat, Baron de La Brède et de Montesquieu, in Paris. In der Kirche Saint-Sulpice wird er begraben.

II

Was Montesquieu in seinem *Geist der Gesetze* versucht, ist eine Gesamtschau der politisch-sozialen Welt. Was er ausführen will, sind „umfangreiche Gesamtheiten" (vastes totalités, B, 8). Hegel hat in seiner Rechtsphilosophie diese Betrachtung der „Totalität" bei Montesquieu hervorgehoben. Die Ganzheiten werden verglichen, zueinander in Beziehung gesetzt. Das einzelne Moment wird in Bezug auf die Gesamtordnung, auf die je verschiedene Zeit gesehen. In den *Romains* ist das zu erkennen, im *Esprit des lois* noch viel mehr. Es geht um das, was ist, und um das, was sein soll. Montesquieu gelangt zu „relativen Gewissheiten" (B, 7), d. h. was in einem Zusammenhang, in einer Staatsform gut ist, kann in einem anderen Ganzen falsch sein. Typisch für den Stil des Baron de La Brède sind das Diskontinierliche, die Brüche, das Fragmentarische. J. Ehrard warnt den Leser vor den „Klippen", die das Verständnis erschweren können. Montesquieu hat seinen Stil erläutert in seinen *Pensées*: „Um gut zu schreiben, muss man Gedanken, die auf dem Weg liegen, genügend überspringen, damit man nicht langweilig wird; nicht zu sehr, es könnte sonst sein, dass man nicht verstanden wird" (Pl I, 1220).

Im Denken der ersten Hälfte des 18. Jahrhunderts ist die Natur der Maßstab, die leitende Idee. Die Natur des Menschen ist eingebunden in die Natur der Dinge. Im Vorwort des *Esprit des lois* schreibt Montesquieu: „Meine Grundsätze habe ich nicht meinen Vorurteilen, sondern der Natur der Dinge entnommen." Eine „ursprüngliche Vernunft" hat die Natur und ihre Gesetze geschaffen. Gott ist der Schöpfer und Erhalter des Weltalls, so das Bekenntnis des Deisten Montesquieu. Die Bezüge in der Natur sind ihre Gesetze. Diese sind – im Verständnis der Zeit – deskriptiv und normativ (Edl I, 1). Der *Geist der Gesetze* gliedert sich in 31 Bücher. Diese 31 Bücher sind zu verschiedenen Zeiten entstanden, d. h. der Verfassser hat die Bücher nicht in einem Zug vom ersten bis letzten geschrieben. Die Unordnung im *Esprit des lois* ist einerseits Stilwille und andererseits bedingt durch die Art der Genesis.

Nach den Definitionen des Gesetzes im I. Buch werden die Regierungsformen und ihre Prinzipien vorgestellt (Bücher II und III). Darauf werden auf die Regierungsformen bezogen verschiedene Bereiche des sozialen Lebens behandelt: Erziehung, Zivil- und Strafgesetze, Festsetzung der Strafen, Luxus, Stellung der Frauen, Verfall der Regierungsformen, Verteidigung, Angriffstärke, politische Freiheit und Bürger, Steuern. Das sind die Bücher IV bis XIII. Die Bücher XIV bis XVIII behandeln Naturfaktoren, vor allem das Klima (causes physiques). Im XIX. Buch wird der Zusammenhang zwischen den Gesetzen einerseits und der Geisteshaltung (esprit général), den Sitten und der Lebensweise eines

Volkes andererseits erörtert. In den Büchern XX bis XXV werden Kulturfaktoren abgehandelt, Handel, Geld und Religion. Die Bücher XXVI und XXX behandeln eher grundsätzliche Fragen. Sie wirken falsch eingereiht in der Folge der Bücher. Den Abschluss bilden vier Bücher, die in die Geschichte zurückgehen: Nr. XXVII behandelt die römischen Erbgesetze, die Bücher XXVIII, XXX und XXI sind dem Ursprung der französischen Rechtsordnung, dem fränkischen Lehnsrecht und dem Ursprung der fränkisch-französischen Monarchie und ihres Adels gewidmet.

Der Rahmen des sozialen Lebens ist für Montesquieu wie für die klassische Philosophie der Staat. Die drei Staatsformen Republik, Monarchie und Despotie stehen gleichgeordnet in der Theorie des *Geistes der Gesetze* nebeneinander. Die Despotie ist Grundform, nicht entartete Form. Das ist neu. In der Republik hat das ganze Volk die oberste Gewalt inne, oder ein Teil des Volkes. Das erste ist die Demokratie, das zweite die Aristokratie. In der Monarchie und in der Despotie herrscht einer. Die Monarchie wird „nach fest bestimmten Gesetzen" regiert, der Despot dagegen herrscht willkürlich „nach seinen Launen". Das ist die „Natur der Staatsformen" (Edl II, 1).

Zu jeder Regierungsform gehört ein Prinzip, das sie mit Leben erfüllt. „Das Prinzip liegt in den menschlichen Leidenschaften (passions)" (Edl III, 1). Die Demokratie, in der das ganze Volk sich selbst regiert, bedarf der Tugend (vertu) (Edl III, 3). In der Aristokratie, wo die Adligen regieren, ist die Mäßigung (modération) nötig, „und zwar die Mäßigung, die auf der Tugend beruht und nicht etwa aus der Gleichgültigkeit und Trägheit der Seele entspringt" (Edl III, 4). Die Monarchie hat als Prinzip, als Triebfeder, die Ehre (honneur). Das Verlangen, sich auszuzeichnen, der Stolz „jeder Person und jedes Standes tritt an die Stelle der politischen Tugend." Der Adlige will sich als Soldat, Richter, Verwaltungsmann im Dienst des Königs auszeichnen (Edl III, 6). In der Despotie bedarf es der Furcht (crainte). Die Tugend der Republik ist hier unnötig und die Ehre der Monarchie gefährlich (Edl III, 9).

Republiken hat es in der griechischen und römischen Antike gegeben. Venedig und Genua sind aristokratische Republiken, die Montesquieu auf der Italienreise kennen gelernt hat. Monarchien gibt es in Europa: England, Frankreich, Spanien. Die politische

Wirklichkeit des 18. Jahrhunderts wird durch Monarchien bestimmt. Despotien gibt es im Orient. Der türkische Sultan, der Mogul in Indien, die Kaiser in China und Japan sind Despoten. Die Despotie ist erstens schlecht und zweitens im Normalfall außerhalb Europas. Montesquieu hat sich durch die Reiseberichte informiert: *Histoire de l'état présent de l'Empire ottoman* (1670) von P. Ricaut, *Les six voyages en Turquie, en Perse et aux Indes* (1679) von J.-B. Tavernier, *Voyages de M. le Chevalier Chardin en Perse et aux autres lieux de l'Orient* (1686–1711). Die Despotie ist das von Montesquieu entworfene Schreckgespenst. Das Material der Reiseberichte ist keineswegs objektiv und sachlich verwertet. Im Falle der Despotie gibt es auch keine Entartung der Regierungsform, die Despotie ist eo ipso schlecht.

Republiken und Monarchien können entarten. Sie können aber auch ihr Gleichgewicht bewahren und dem Bürger Sicherheit und Freiheit gewähren. Die Despotie – das wird angedeutet – ist die mögliche Entartung der europäischen Monarchie. „Die meisten Völker Europas werden noch von den Sitten beherrscht. Sollte aber infolge langen Missbrauchs der Macht oder einer großen Eroberung sich einmal der Despotismus durchsetzen können, so würden ihn weder die Sitten noch das Klima aufhalten können, und die Menschheit müsste in diesem schönen Erdteil, zum mindesten eine Zeit lang, dieselbe Schmach erdulden, die man ihr in den drei anderen zufügt." (Edl, VIII 8) Die Tatsache, dass Richelieu verlangt, „man müsse die Widerspenstigkeit von Kollegialbehörden vermeiden", zeigt, wie dieser Staatsmann das Gift des Despotismus in sich aufgenommen hat. Der Präsident erinnert an die Parlamente: „Die Körperschaften, welche die Hüter der Gesetze sein sollen, erfüllen ihre Pflicht nie besser, als wenn sie langsam vorgehen und in die Geschäfte des Fürsten die Überlegung hineintragen, die man von der mangelnden Einsicht des Hofes in die Staatsgesetze und von seinen überstürzten Beschlüssen kaum erwarten kann" (Edl V, 10).

Die Parlamente, die Gerichtshöfe, sind nützlich Mittelinstanzen. Welcher Fehler Ludwigs XIV., dass er diesen Stützen des Staates, diesen Körperschaften, Rechte genommen hat! Von den *Lettres persanes* bis zum *Esprit des lois* wird Montesquieu nicht müde, die Entmachtung und Degradierung des französischen Adels zu beklagen. So betont er: „Das Vorhandensein untergeordneter und abhängiger Zwischengewalten (pouvoirs intermédiaires) macht das Wesen der monarchischen Regierungsform aus, d.h. der, in welcher ein einzelner nach Grundgesetzen regiert." Der Adel ist „die natürlichste untergeordnete Zwischengewalt", er gehört „zum Wesen der Monarchie" (Edl II, 4).

1729–1731 weilt Montesquieu in England; hier lernt er eine freiheitliche Monarchie kennen. Vor dem England-Aufenthalt hat sich der Präsident durchaus auch kritisch über die Freiheit geäußert. Aus England zurückgekehrt, erklärt er die Freiheit zu dem „Gut, das die anderen Güter zu genießen erlaubt" (Pl I, 1430). Die „Verfassung Englands" (Edl XI, 6) umfasst die drei Gewalten: die gesetzgebende (puissance législative), die vollziehende (puissance exécutrice) und die richterliche (puissance de juger). „Wenn in derselben Person oder der gleichen obrigkeitlichen Körperschaft die gesetzgebende Gewalt mit der vollziehenden vereinigt ist, gibt es keine Freiheit; denn es steht zu befürchten, dass derselbe Monarch oder derselbe Senat tyrannische Gesetze macht, um sie tyrannisch zu vollziehen. Es gibt ferner keine Freiheit, wenn die richterliche Gewalt nicht von der gesetzgebenden und vollziehenden getrennt ist ... Alles wäre verloren, wenn der selbe Mensch oder die gleiche Körperschaft der Großen, des Adels oder des Volkes diese drei Gewalten ausüben würde ...".

Die Gerichtshöfe sollten nicht dauernd tagen. Die „Urteilssprüche" sollten nie etwas anderes sein „als eine genaue Formulierung des Gesetzes". „Wären sie nur eine besondere Meinung des Richters, so würde man in der Gesellschaft leben, ohne genau die Verbindlichkeiten zu kennen, die man in ihr eingeht". Das Volk als Ganzes, durch Repräsentanten vertreten, soll die gesetzgebende Gewalt innehaben. Die direkte Demokratie ist abzulehnen. Das Volk ist nicht geeignet, die Staatsangelegenheiten zu verhandeln. Das imperative Mandat für die Repräsentanten ist abzulehnen. Der deutsche Reichstag in Regensburg ist für Montesquieu das abschreckende Beispiel. Die Legislative soll aus zwei Kammern bestehen, denn die „gemeine Freiheit" wäre für den Adel „Sklaverei" (Edl XI, 6).

Die englische Verfassung wurde von Montesquieu ungefähr richtig beschrieben. Diese Beschreibung repräsentiert gleichzeitig ein Ideal. Die Unabhängigkeit der Richter und die repräsentative Demokratie sind heute wichtige Elemente des Rechts- und Verfassungsstaates. Montesquieu ging es mehr um Gleichgewicht und Gewaltenverteilung als um Gewaltentrennung im strikten Sinne.

Im Vorwort des *Geistes der Gesetze* schreibt der Verfasser: „Ich schreibe nicht, um zu tadeln, was in welchem Lande auch immer geordnet ist." Im Buch XV, das vom Klima handelt, heißt es dann, es gebe Länder, „wo die Hitze den Körper so entnervt und den Willen so schwächt, dass die Menschen nur durch die Furcht vor Strafe zur Erfüllung einer lästigen Pflicht getrieben werden können: hier verstößt die Sklaverei also nicht so sehr gegen die Vernunft …" (Edl XV, 7). Endpunkt von Fragen und Suchen Montesquieus in der Sklavereifrage ist dann doch das Diktum: „Da aber alle Menschen von Geburt aus gleich sind, so muss man sagen, dass die Sklaverei gegen die Natur verstößt."

Weder Locke noch Pufendorf sind in der Verteidigung der natürlichen Freiheit des Menschen so weit gegangen wie der Präsident. Diese gedankliche Klarheit und dieser Mut sind umso bemerkenswerter, als in Bordeaux, Nantes und La Rochelle die wirtschaftlichen Interessen der Reeder und Sklavenhändler tangiert wurden. Die Schiffe fuhren von der französischen Westküste nach Westafrika, transportierten Neger auf die Antillen und kehrten mit Importwaren ins Mutterland zurück. Jean-François Melon war mit Montesquieu bekannt. Er war der Sprecher des großen Kolonialhandels. Von ihm stammte der Vorschlag, asiatische Sklaven nach Europa einzuführen.

Montesquieu kommt bei seinem Nachdenken über die sozialen Institutionen nicht darum herum zu „tadeln". In der „unendlichen Mannigfaltigkeit" der menschlichen „Gesetze und Sitten" (Edl, Vorwort) gibt es nicht nur sinnvolle, zweckmäßige Elemente, die beim Studium des politischen oder kulturellen Ganzen erkennbar werden. Es gibt auch das, was der menschlichen Natur völlig widerstreitet und verworfen werden muss. Aus der Fülle der Tatsachen und Einzelstudien, die den *Geist der Gesetze* ausmachen, ist nur ein kleiner Teil beleuchtet worden. Dieser Erörterung einiger Ausschnitte sei die Behauptung angefügt, dass das ganze Werk in all seinen Verzweigungen als ein „Nachdenken über die Freiheit" (J. Ehrard) anzusehen ist.

III

Montesquieus Werk wird in der zweiten Hälfte des 18. Jahrhunderts in der ganzen abendländischen Welt gelesen und diskutiert, bewundert und kritisiert. Voltaire, ungeliebter Rivale Montesquieus, aber natürlich auch Mitstreiter im Kampf gegen Intoleranz und religiösen Fanatismus, kritisiert 1756 im *Essai sur les moeurs* die verzerrte Darstellung der asiatischen Reiche im *Esprit des lois*. C. Dupin verfasst 3 Bände *Observations sur un livre intitulé De l'esprit des lois*, in denen er erklärt, dass man sich sehr wohl eine Monarchie ohne Adel vorstellen könne.

Für Publius (Madison), im 47. Artikel des *Föderalist*, ist Montesquieu „das Orakel, das bei jeder Diskussion über dieses Thema (scil. Gewaltenteilung) befragt und zitiert zu werden pflegt." „Wenn er auch nicht der Urheber dieses unschätzbaren Lehrsatzes der politischen Wissenschaft ist, so gebührt ihm doch zumindest das Verdienst, ihn am wirksamsten dargelegt und der allgemeinen Aufmerksamkeit empfohlen zu haben." Die Verfassung der Vereinigten Staaten von Amerika ist ein ziemlich genaues Abbild des Montesquieuschen Modells der gewaltenteiligen Mischverfassung. Die französische Verfassung von 1791 enthält das Prinzip der Gewaltenteilung, nicht aber das Zweikammersystem. Auch Edmund Burke, der die Französische Revolution scharf kritisiert, stützt sich auf Montesquieu, den er als Genie verehrt.

Kant und Hegel nehmen Gedanken des *Esprit des lois* auf und bearbeiten sie weiter in ihrer politischen Philosophie. 1802–03 schreibt Hegel, von der „Individualität des Ganzen aus" sei „zu erkennen, wie alle Teile der Verfassung und der Gesetzgebung, alle Bestimmungen der sittlichen Verhältnisse schlechthin durch das Ganze bestimmt sind und ein Gebäude bilden, in welchem keine Verbindung und keine Zierde für sich a priori vorhanden gewesen." In diesem Sinne habe Montesquieu „sein unsterbliches Werk auf die Anschauung der Individualität und des Charakters der Völker gegründet …."

Das staatstheoretische Modell des England-Kapitels wird Grundlage des Rechts- und Verfassungsstaates im 19. und 20. Jahrhundert. Man muss anfügen, dass es in den parlamentarischen Demokratien England, Italien, Deutschland eine politisch-reale

Gewaltenteilung zwischen Legislative und Exekutive nicht gibt. Nach dem zweiten Weltkrieg werden Mäßigung und Freiheit, die Leitgedanken des *Esprit des lois*, Ausgangspunkte politischer und ethischer Besinnung und Orientierung. Der Jurist Ernst Forsthoff, der vor 1945 die nationalsozialistische Staatslehre mit begründet hat, übersetzt Montesquieus Hauptwerk neu ins Deutsche. Bei der Ausarbeitung des Grundgesetzes der Bundesrepublik Deutschland berufen sich die Verfassungsväter – mit bezeichnender Ausnahme der Kommunisten – auf den Schlossherrn von La Brède als Autorität. Hannah Arendts Analyse und Begriff des Totalitarismus (1951) ist mit Elementen der Staatsformenlehre des *Geistes der Gesetze* erarbeitet.

Hans Maier

Jean-Jacques Rousseau (1712–1778)

Zeittafel

1712	28. Juni geb. in Genf, Vater Uhrmacher
1724–25	Lehrling bei einem Amtsschreiber, dann bei einem Graveur
1728–31	Flucht aus Genf, Wanderleben, Arbeit als Bedienter, Sekretär, Musiklehrer, Konversion zum Katholizismus in Turin, erster Aufenthalt in Paris
1731–37	Lebt bei Madame de Warens in Chambéry und in Les Charmettes
1742–43	In Paris; Freundschaft mit Diderot, Verbindung zu den Enzyklopädisten
1743–44	Tätigkeit als Sekretär des französischen Botschafters in Venedig
1745	Beginn der Verbindung mit Thérèse Levasseur
1749–50	Musikredakteur der *Encyclopédie;* „Erleuchtung" auf dem Weg zu dem in Vincennes im Gefängnis sitzenden Diderot. Der erste *Discours* erscheint.
1752–53	*Le devin de village* wird aufgeführt. In seiner *Lettre sur la musique française* nimmt Rousseau Partei für die italienische Musik
1754	Reise nach Genf. Rousseau schwört dem Katholizismus ab und erwirbt neuerlich das Genfer Bürgerrecht
1755–56	Zweiter *Discours*. Gast bei Madame d'Épinay in der Ermitage, Beginn der Arbeit an *Julie ou la Nouvelle Héloïse*
1757–58	Gast des Marschall von Luxemburg in Montmorency. Bruch mit Diderot und den Enzyklopädisten
1762	*Émile* und *Contrat social* erscheinen und werden sogleich verboten. Dem Haftbefehl entzieht sich Rousseau durch Flucht nach Môtiers-Travers (Schweiz)
1765	Vertreibung aus Môtiers. Rousseau zieht sich auf die Petersinsel im Bieler See zurück
1766	Reise nach England auf Einladung von David Hume. Zerwürfnis mit Hume und Rückkehr nach Frankreich
1767–70	Unruhiges Wanderleben, vorwiegend in der französischen Provinz. Der *Dictionnaire de musique* erscheint. Redaktion der *Confessions*
1770	Rückkehr nach Paris. Lebensunterhalt als Notenschreiber
1771–72	Öffentliche Lesungen aus den *Confessions*. Freundschaft mit Bernardin de Saint-Pierre. Abschluß der *Considérations sur le gouvernement de Pologne* (veröffentlicht postum 1782)
1776–78	Arbeit an den *Rêveries du promeneur solitaire*
1778	Auf Einladung des Marquis de Girardin läßt sich Rousseau in Ermenonville nieder. Er stirbt dort am 2. Juli.
1782, 1789	Veröffentlichung des ersten und des zweiten Teils der *Confessions*
1794	Die sterblichen Reste Rousseaus werden ins Panthéon überführt.

I. Lebensbild

Mit dem Genfer und Wahlfranzosen Jean-Jacques Rousseau sind wir mitten im 18. Jahrhundert und in der Welt des europäischen Rationalismus. Der *esprit classique* (Taine), der logisch-ordnende, schematisierende Geist der Aufklärung beherrscht das Feld. Freilich, dieser Rationalismus beginnt in der zweiten Hälfte des 18. Jahrhunderts an sich zu zweifeln. Es ist die Zeit, in der die Akademie von Dijon jene Frage stellt, die Rousseau so sehr erregt hat: ob nämlich die Künste und Wissenschaften zum Fortschritt des Menschengeschlechts beigetragen haben oder nicht vielmehr gerade den Verlust der Naturunschuld verursacht haben. Diese Frage tritt jetzt, in der Spätaufklärung – jener Zeit also, die wir im Deutschen als Geniezeit, Sturm und Drang, Deutsche Bewegung bezeichnen – immer stärker in den Vordergrund, und die Epoche gibt ihr ein vielfältiges, vielstimmiges Echo.

Die neue Bewegung ist auf allen Gebieten des Lebens spürbar. Es ist die Zeit, in der die abgezirkelten Gärten des französischen klassischen Stils der unbeschwerten Regellosigkeit einer natürlichen Landschaft weichen. (Der Englische Garten in München gibt einen Begriff dieser mit Kunst geschaffenen und gehegten Natur, die aus dem England des 18. Jahrhunderts kommt.) Aus den repräsentativen großen Schlössern werden die kleinen schlichten und eleganten Schlößchen des Rokoko, von kühl resignierter Vornehmheit wie Sanssouci oder das im Park verborgene Petit Trianon, in das Ludwig XVI. aus dem riesigen Zentralbau in Versailles umzieht, oder von überreicher strahlender Zierlichkeit wie die Amalienburg im Nymphenburger Park. Es sind diese im Halblicht liegenden Gärten und Schlösser „in reizendem Verwildern" (Eichendorff), in denen die höfisch verfeinerte und gesellschaftlich funktionslos gewordene Adelskultur sich im Ende des *ancien régime* nochmals ein Stelldichein gibt. Aber hinter der galanten Schäferei, dem Spiel von Einfachheit und Natürlichkeit, der Koketterie und Frivolität des Rokoko taucht schon ein neuer Ernst auf, ein Wille zur persönlichen Konfession, ja zur leidenschaftlichen Entblößung der Seele. So ist auch Rousseau ein Mensch zweier Zeiten: er trägt noch das Kleid und spricht noch die Sprache des 18. Jahrhunderts, die kühle und geschliffene Diktion des klassischen Geistes – aber er sagt in dieser Sprache Dinge, die nichts mehr mit der alten Kultur des Rationalismus zu tun haben und deren abrupte Kühnheit so groß ist, daß sie von den Zeitgenossen nur langsam begriffen werden.

Das Genf Rousseaus, in dem Jean-Jacques seine Jugendjahre verbrachte, war eine aristokratisch geprägte Republik. Wohl herrschte in diesem kleinen Staat das Prinzip der Volkssouveränität, aber es war, gemessen an der Gesamtbevölkerung, nur ein relativ kleiner Teil, der an den politischen Geschäften Anteil hatte. Rousseau gehörte zu den Bourgeois, der zweithöchsten Gruppe, die politische Rechte ausübte (Wahl), aber nicht selbst regierte – daraus erklärt sich ein kritischer Abstand und zugleich ein patriotisches Interesse für die Stadt. „Ich bin geboren", sagt er in den *Confessions*, „als Bürger einer Republik und Sohn eines Vaters, dessen stärkste Leidenschaft die Vaterlandsliebe war"; hier in Genf habe sich in ihm „jener freie und republikanische Sinn gebildet, jener unbeugsame stolze Charakter, der kein Joch und keine Knechtschaft erträgt" (OC I, 9).

Aber neben dieser – in der Erinnerung sicher stilisierten – römisch-republikanischen Erziehung treten andere Züge hervor. Zunächst ein ungestümer Wandertrieb: Rousseau flieht sechzehnjährig aus Genf, um eine lebenslange Wanderschaft zu beginnen. Dann eine halb schwärmerische, halb kindhafte Anhänglichkeit an ältere matronenhafte Frauen – vielleicht eine Folge davon, daß er mutterlos aufgewachsen war. Und schließlich ein unbändiges Freiheitsverlangen, das ihn zu immer neuen Revolten gegen seine Umwelt, zu immer neuen Ausbrüchen treibt. Ganz plötzlich entschließt er sich zur Flucht, als er von einem Spaziergang zurückkommt und die Stadttore geschlossen findet. Ziellos wandernd gelangt er nach Savoyen, lernt in Annecy eine vornehme katholische Dame, Madame de Warens, kennen, konvertiert in Turin zum katholischen Glauben (dem er später wieder abschwört) und findet nach einigen Jahren des Vagabundierens Ruhe bei seiner mütterlichen Freundin im ländlichen Idyll von Les Charmettes vor den Toren von Chambéry. Fast ein Jahrzehnt, von 1733–1740, hat Rousseau im geselligen Haus der Madame de Warens verbracht, ohne daß ein Lebensthema in seinen Äußerungen hervortritt. Seine Liebe in dieser Zeit gehört der Literatur und der Musik – er spielt mehrere Instrumente, komponiert, auch Verse und erste

Prosa entstehen in dieser Zeit. Daneben Erfindungen wie die einer vereinfachten Notenschrift und ein zeitweiliges Wanderleben als Musiklehrer.

Aber wieder flieht Rousseau eines Tages aus dem Haus der Madame de Warens – sein Ehrgeiz treibt ihn in die Stadt aller Städte, nach Paris. Dort gewinnt er rasch Freunde, vor allem im Kreis der Enzyklopädisten, so Diderot und d'Alembert, die sich des immer noch schüchternen und schwierigen Schweizers hilfreich annehmen. Aber die Linie des gesellschaftlichen Erfolgs, des munteren und unbeschwerten Eingehens in die Welt, setzt sich in Paris nicht fort. In der großen Stadt, ihrem wirbelnden und leeren gesellschaftlichen Treiben fühlt sich Rousseaus Ehrgeiz zwar noch einmal zur Anspannung aller seiner Kräfte herausgefordert; aber bald zerbricht er wie eine zu straff gespannte Saite unter dem Zwang zur Verstellung und Heuchelei. Noch eine Weile spielt Rousseau das Spiel mit: im Kreis des Hochadels als Musikant und Gelegenheitsschriftsteller sein Leben fristend und im Kreis seiner Freunde sich erholend – aber seine geheime Existenz bleibt vor der Welt verborgen: seine düstere und frivole Ehe mit einem Proletariermädchen aus der Vorstadt, das er betrügt, wo er als falscher Onkel haust und die Kinder ins Findelhaus steckt. Nach einem fehlgeschlagenen Abenteuer als Gesandtschaftssekretär in Venedig (Rousseau bekommt Streit mit dem Botschafter, wird herausgeworfen, mißhandelt, beleidigt) versucht er sich als Komponist in Paris, doch mit nur bescheidenem Erfolg. Nur Ehre und Schulden, wie er sagt, halten ihn dort noch fest. Innerlich beginnt er sich von der Stadt zu lösen. Die alte langverdrängte Liebe zu Genf gewinnt Macht über ihn. Paris erscheint ihm hassenswert.

Im Jahr 1749 schreibt die Akademie in Dijon einen Preis aus für eine Abhandlung über die Frage: Ob der Fortschritt der Künste und Wissenschaften dazu beigetragen hat, die Sitten zu reinigen. Rousseau erfährt von dieser Preisaufgabe, als er – zu Fuß auf dem Weg von Paris nach Vincennes zu dem verhafteten Diderot – den *Mercure de France* liest. Und nun ereignet sich das, was Rousseau in den *Confessions* seine Konversion genannt hat: „In diesem Augenblick, da ich dies las, sah ich eine andere Welt und wurde ein anderer Mensch ... Diderot ... redete mir zu, ... mich um den Preis zu bewerben. Ich tat es, und seit diesem Augenblick war ich verloren. Mein ganzes weiteres Leben und Unglück war die unausbleibliche Folge dieses Augenblicks der Verwirrung" (OC I, 351). Die Schrift wird eingereicht und gewinnt den Preis. Der unbekannte Autor wird von einem Tag auf den andern berühmt. Freilich bricht er mit dieser Schrift, die der Aufklärung, der Vernunft und Wissenschaft der Zeit den Fehdehandschuh hinwirft, auch alle Brücken hinter sich ab: von hier an beginnt sein ruheloses, angefochtenes Leben, das schließlich in Verfolgungswahn und Wahnsinn endet. Noch einmal feiert Rousseau einen Triumph in der Pariser Gesellschaft, als seine Oper *Le devin de village* (Der Dorfzauberer) mit großem Erfolg aufgeführt wird. Doch die königliche Pension, die ihm daraufhin angeboten wird, lehnt er ab. Er will nicht mehr abhängig sein; er zieht bürgerliche Kleider an, verdient seinen Lebensunterhalt mit Notenschreiben, opfert seinen Degen. Jetzt, da er alles besitzen könnte, da er berühmt ist, am Ziel seiner Wünsche, lehnt er brüsk den Ruhm und die mit ihm verbundene Abhängigkeit ab.

Rousseau bleibt zunächst in Paris, er legalisiert seine Ehe (ohne daß die Kinder angenommen werden); eine ernste, fast tödliche Krankheit führt zu einer inneren Vertiefung seiner „Reform" – in dieser Zeit entstehen die *Fragments sur Dieu et sur la Révélation* (OC IV, 1033–1055), in denen sich – wie später in der *Profession de foi du vicaire savoyard* – Rousseaus eigentümliche, völlig gefühlshafte Religiosität spiegelt. Ein Besuch in Genf (1754) legt ihm die Übersiedlung nahe, aber sie erfolgt nie. In Paris vollzieht sich der Bruch mit den alten Freunden und Weggenossen der Enzyklopädie. Mit dem Zerbrechen der Pariser Freundschaften wird Paris für Rousseau uninteressant. Von 1756 an finden wir ihn in der Provinz, zunächst in der Nähe von Paris, in Montmorency. Hier schreibt er seinen ersten Roman und Welterfolg *La nouvelle Héloïse* (1759) – romantische Gefühlsliteratur mit dem Hintergrund der Alpen und des Genfer Sees, ein Durchbruch der modernen „sentimentalischen" Naturbetrachtung. Rousseau erfreut sich in dieser Zeit der Freundschaft einiger einflußreichen Personen am Hof, die ihn stillschweigend decken, so daß er mit der Zensur nicht in Schwierigkeiten kommt; sein *Zurück zur Natur* (er hat den Satz nie geschrieben, wenngleich er die Quintessenz seines Werkes darstellt) findet gerade in Hofkreisen ein lebhaftes Echo. Aber auch diesem modus vivendi mit der Zeit und der Gesellschaft macht Rousseau ein Ende. 1762 erscheinen seine beiden

Hauptwerke, die die Summe seiner Pädagogik und seiner Politik enthalten: der *Émile* und der *Contrat social*. Sie wurden als Aufruf zur gesellschaftlichen Revolution empfunden, hielten mit deutlichen Angriffen gegen Hof, Staat und Kirche nicht zurück. Rousseaus Existenz in der Nähe des Hofes ist jetzt unmöglich geworden. Als das Pariser Parlament die Verbrennung des *Émile* anordnet und die Verhaftung unmittelbar bevorsteht – Freunde haben ihn gewarnt –, flieht Rousseau in die Schweiz.

Aber in Genf findet er keine Zufluchtsstätte; die calvinistische Orthodoxie läßt den *Émile* und den *Contrat social* verbrennen und verfolgt ihren Autor. Rousseau erlangt vorübergehend Asyl in dem zu den preußischen Staaten gehörigen Fürstentum Neuenburg, wird nach zwei Jahren erneut vertrieben und nach einem kurzen Zwischenspiel auf der Petersinsel im Bieler See auch aus Bern ausgewiesen, versucht nach Berlin zu fahren, erkrankt aber in Straßburg, wo ihn eine Einladung David Humes nach England erreicht. In Wootton in Derby schreibt Rousseau die ersten Bücher seiner *Confessions*, doch kommt es rasch zum Bruch mit seinem Gastgeber Hume. Rousseau kehrt nach Frankreich zurück, durchirrt jahrelang die Provinz. Erst 1770 kann er wieder nach Paris zurückkehren. Er lebt dort völlig zurückgezogen. 1778 endlich zieht er sich in ein Landgut in Ermenonville (Oise), zurück, wohin ihn ein Verehrer eingeladen hatte. Nur wenige Wochen lebt Rousseau dort: am 2. Juli 1778 macht ein Gehirnschlag seinem Leben ein Ende.

II. Das Werk

Das Werk Rousseaus geht nicht im Politischen, nicht einmal im Staatsphilosophischen auf. Rousseau war ein Poet, ein künstlerischer Mensch; ein Lyriker und Romancier; ein nicht unbedeutender Komponist. Aber auch sein wissenschaftliches Werk ist weit umfassender und vielseitiger, als man gemeinhin annimmt: politische und pädagogische Traktate bilden nur einen Teil seines Schrifttums, daneben stehen theologische Abhandlungen, ein umfangreicher Lexikonartikel über die politische Ökonomie, mehrere Bände Musiktheorie, Arbeiten über Theater, Sprachwissenschaft, Literatur. Für unsere Betrachtungen haben die staatsphilosophischen und die pädagogischen Schriften den Vorrang, die bei Rousseau wie Brennpunkte einer Ellipse beieinanderliegen:

1. der *Discours sur les sciences et les arts* von 1750;

2. der *Discours sur l'inégalité* von 1755;

3. der *Émile* und

4. der *Contrat social*, beide von 1762.

1. Rousseau hat den *Discours sur les sciences et les arts* eine schwache Leistung genannt – und in der Tat wirken die Argumente, der Aufbau des Ganzen, die innere Logik noch recht mangelhaft, vergleicht man sie mit der späteren Präzision und Schärfe seiner Texte. Allein der logische Aufbau ist für den Erfolg der Schrift gar nicht entscheidend gewesen. Die Schrift lebt ganz aus der polemischen Heftigkeit ihres Angriffs auf Vernunft und Wissenschaft der Zeit, und sie lebt aus der scharfen, immer wieder erneuerten Antithese: hier die Welt der Künste und Wissenschaft mit ihrer Tendenz zur Entartung in Luxus und spitzfindige Sophisterei – dort die einfache republikanische Tugend, die ungeschminkt und wahr ist. *Vertu* und *vérité* sind die Kampfrufe Rousseaus gegenüber den Künsten und Wissenschaften; um seine These von der verderblichen Wirkung beider auf die Moral nachzuweisen, rafft er ohne sonderliche Diskretion und historische Vorsicht alles zusammen, was die Geschichte an Exempeln für diese Behauptung bereithält. Immer wieder bringt er diesen einen Gedanken vor und illustriert ihn mit neuen Kunstmitteln. Im ganzen ist Rousseaus Position noch schwankend. Er kritisiert einerseits die Künste und Wissenschaften und macht sie für den Kulturverfall verantwortlich, weil sie, spezialisiert und nicht mehr aufs Ganze bezogen, die Verbindung zum Menschen verloren haben. Aber er nimmt die Philosophie von seinem Verdammungsurteil aus. Freilich, gibt es überhaupt noch wahre Philosophie in dieser Zeit? Rousseau sieht den Menschen seiner Epoche dazu verdammt, über dem Brunnen, in den sich die Wahrheit zurückzog, zu verdursten; was sollen die vielen kleinen und lächerlichen Spezialuntersuchungen, die nur Eitelkeit und Zeitverschwendung sind, wenn sie den Menschen von der Bemühung um das Ganze abhalten oder ihn mit der Illusion erfüllen, er habe dieses Ganze gefunden? Aber Rousseaus Appell bleibt ganz im Oratorischen. Es gelingt ihm nicht, seiner Kritik eine philosophische Basis zu geben. Dies gelingt ihm erst im zweiten *Discours*. Dieser bildet

daher die unmittelbare Voraussetzung für die späteren staatsphilosophischen Schriften.

2. Anlaß dieses zweiten *Discours* (1755) war wiederum eine Preisfrage der Dijoner Akademie: Was ist der Ursprung der Ungleichheit unter den Menschen, und ist diese Ungleichheit im Naturgesetz begründet? Rousseau läßt den zweiten Teil der Frage fort; er handelt nur über den Ursprung und die Gründe der Ungleichheit unter den Menschen. Dahinter steht ein Gedanke, der von jetzt an immer deutlicher hervortritt und schließlich auf den Anfangsseiten des *Contrat social* systematisch behandelt wird: Es gibt kein natürliches Recht, kein Naturgesetz, das dem gesellschaftlichen Zustand vorausgeht – Recht entsteht vielmehr erst mit der politischen Gesellschaft, daher kann es auch kein vorstaatliches Recht geben, das den Status des Menschen als eines freien oder unfreien Wesens vorab festlegt. Rousseau leugnet nicht die faktische Ungleichheit unter Menschen. Es kann durchaus vorkommen, daß einer, der stärker ist als die anderen, Herr wird; die Frage bleibt aber: ist es recht? Der Ton liegt auf der *liaison essentielle*, der wesensnotwendigen Verbindung von natürlicher und politischer Ungleichheit; eine solche wesensnotwendige Verbindung aber – das ist Rousseaus revolutionäre These – gibt es nicht.

Hypothetisch mit der Geschichte experimentierend, stößt Rousseau über die historische Faktizität zur Wesensfrage vor, zur Frage, *was aus den Menschen hätte werden können* – was in präsentischer Umkehrung nichts anderes bedeutet als die Frage: was der Mensch sei, wozu er geschaffen und bestimmt, wozu er in seinem Wesen fähig sei. Mit anderen Worten: wir haben es bei der ganzen Schrift mit einer Untersuchung über den Menschen, nicht über Kulturgeschichte zu tun. „Vom Menschen will ich reden", so beginnt Rousseaus *Discours* (OC III, 131). Was ist, oder besser: was wäre dieser Mensch im Urzustand gewesen? Rousseau schildert ihn als ein Lebewesen, weniger stark als die anderen, weniger beweglich, aber im ganzen am vorteilhaftesten von allen ausgerüstet. Als Wilder lebt er unter den Tieren verstreut, gegen die er sich allmählich durchsetzt; schlimme Gebrechen sind Alter und Krankheit, allein sie plagen den Menschen im Urzustand weniger als in übersättigten Kulturen, wo durchwachte Nächte, Ausschweifungen, Ermattungen und Erschöpfungen des Geistes die Seelen zermürben.

Wesentlich für das Problem der Ungleichheit ist nun aber die Frage, welcher Art die Sozialbeziehungen des Menschen in diesem Naturzustand gewesen sind. Rousseau bedient sich zu ihrer Beschreibung zweier Begriffe, die von nun an die ganze Untersuchung durchziehen und auch später in den politischen und pädagogischen Schriften vorkommen: *indépendance* auf der einen Seite und *amour de soi* bzw. *amour-propre* auf der anderen Seite. Was der Mensch im Urzustand besaß, war *indépendance*, Unabhängigkeit, natürliche Freiheit, man kann aber auch sagen: Gleichgültigkeit gegenüber allen anderen Menschen. Mit dem Begriff der Indifferenz, der in dem der Independenz steckt, wendet sich die Urzustandstheorie von zwei Richtungen der Tradition ab: der aristotelischen Auffassung von der natürlichen Sozialität des Menschen und der Hobbes'schen Gegenthese von der Natur-Bosheit des Menschen. Entscheidend ist, daß die Menschen im Urzustand noch keinerlei moralische Beziehungen und Pflichten gekannt haben. Sie waren daher weder gut noch schlecht und besaßen weder Tugenden noch Laster. Rousseaus präzise Formel lautet: Der Mensch ist schwach, wenn er abhängig ist, und frei, bevor er kräftig sein kann. „Hobbes hat nicht gesehen, daß dieselbe Ursache, welche die Wilden am Gebrauch ihres Verstandes hindert ..., sie zu gleicher Zeit am Mißbrauch ihrer Fähigkeit hindert, den er selbst annimmt. Auf diese Weise kann man sagen, daß sie gerade deswegen nicht böse sind, weil sie nicht wissen, was gut sein heißt. Denn weder der Fortschritt ihrer Erkenntnisse noch der Zwang des Gesetzes, vielmehr die Unberührtheit von den Leidenschaften und die Unkenntnis des Lasters verhindern sie, böse zu sein" (OC III, 153 f.). Und noch ein anderes Prinzip habe Hobbes nicht bemerkt: das natürliche Mitgefühl des Menschen. Rousseau scheidet dabei scharf die Selbstsucht *(amour-propre)* von der Eigenliebe *(amour de soi)*. Die Eigenliebe ist ein natürliches Gefühl. Es gehört zum Menschen. Die Selbstsucht ist ein künstliches, in der Gesellschaft entsprungenes Gefühl. Im Naturzustand kommt sie nicht vor; wir begegnen ihr erst später auf der Schwelle von der natürlichen Gleichheit zur Ungleichheit des Menschen.

Rousseaus Gedanke zielt nicht auf eine historische, wiederhergestellte, wohl aber auf eine in die Zukunft projektierte neue Natürlichkeit des Menschen – auf die Wiederherstellung seiner gestörten Natur nicht *gegen* den geschichtlichen Prozeß, sondern *in* ihm. Charakteristisch sind die Anfänge der beiden großen Werke des Jahres 1762. Der *Émile* beginnt: „Alles ist gut, wenn es aus den Händen des Schöpfers hervorgeht, alles entartet unter den Händen des Menschen". Nicht minder bekannt ist der Anfang des *Contrat social*: „Der Mensch ist frei geboren und überall ist er in Ketten". Noch klingt die Resignation eines Menschen nach, der die Ursachen dieses paradoxen Sachverhalts vergeblich zu entschleiern versucht hat: „Wie ist es zu dieser Veränderung gekommen? Ich weiß es nicht". Die Erklärung aus dem Eigentum hat Rousseau später wieder aufgegeben, und die Künste und Wissenschaften hat er nur in einem Augenblick der Verwirrung für den Verderb des Menschengeschlechts verantwortlich gemacht. Die Veränderung des Menschen – am stärksten hervortretend in seiner Tendenz zur natürlichen Ungleichheit – interessiert ihn als historisches Problem in den späteren Schriften nicht mehr; er rechnet mit ihr als einer vorfindbaren sozialen Tatsache. Alle seine Gedanken aber kreisen um die Frage: Was kann diese Veränderung rechtmäßig machen? Denn als bloße Tatsache, als *factum brutum* hat sie ja keine im Wesen des Menschen begründete Legitimation.

3. Nach dem zweiten *Discours* verzweigt sich die Gedanken- und Arbeitsrichtung Rousseaus nach zwei Seiten hin. Auf der einen steht das Bild des neuentdeckten natürlichen Menschen. *Émile* ist nichts anderes als der experimentell in die moderne Zivilisation versetzte natürliche Mensch, der hier jene neue Natürlichkeit erreichen soll. „Was aus dem Menschen hätte werden können, wäre er ganz für sich geblieben" – diese Formel wird an Émile, der wie ein pädagogischer Homunkulus sorgfältig von der Zivilisation abgeschirmt wird und stellvertretend für die Menschheit noch einmal die Phasen von der natürlichen Unabhängigkeit und sittlichen Indifferenz bis zum *amour de soi*, den Leidenschaften und der Geburt der sittlichen Person durchmacht, hypothetisch veranschaulicht. Die Grundtendenz des *Émile* ist keineswegs, man solle überhaupt nicht erziehen, das Kind einfach gewähren lassen. Vielmehr: nimm das Kind ganz als Kind, den jungen Menschen ganz als jungen Menschen; presse ihn nicht zu früh in die Schemata der Gesellschaft und die Schablone seiner Eltern, lasse ihm seine Natur; erziehe ihn durch Selbsterziehung; befiehl und verbiete nicht, sondern hindere, nimm den Willen ge-

fangen, nicht die Glieder und die Triebe. Rousseaus Erziehung ist neu darin, daß der Mensch völlig seinem eigenen Willen zu folgen erzogen wird, nicht fremdem Willen. Die freie Persönlichkeit soll sich von innen entwickeln und wird daher nur sparsamsten Außenwirkungen und Außenreizen der Gesellschaft ausgesetzt.

Wie aber – und das Problem der beiden *Discours* stellt sich hier nur um so schärfer und eindringlicher – kann die Gesellschaft existieren, wie kann der sittliche Wille die Gesellschaft durchformen, wenn jeder Mensch seinem je eigenen Willen folgt, der nur für sich allein Geltung und Wahrheit hat? Wir sahen ja, daß Rousseau sich mit Émile auf einen individuellen Modellfall beschränkt hatte; allgemeine Folgerungen zu ziehen vermeidet er. Das Problem natürlicher Mensch – Gesellschaft wird weniger gelöst als einfach ausgeklammert. Der tugendhafte Mensch im Stand der natürlichen Freiheit bleibt, sozial und moralisch betrachtet, ein Ereignis ohne Folgen – nur eine leichte Distanzierung von der Gesellschaft hebt ihn aus der Unzahl seiner Mitmenschen heraus.

Deshalb drängt die alte Frage Rousseaus über das pädagogische Experiment Émiles hinaus. Sie lautet: Gibt es eine Form der Gesellschaft, in der jene Wieder-Holung des natürlichen (wesentlichen) Menschen nicht individueller Sonderfall, isolierter Protest, sondern allgemein-sozialer Vorgang, bedeutsam für die Gesamtheit, ist? Gelingt es vielleicht bei schärferem Nachdenken und radikalerer Formulierung des Problems jenen Wieder-Holungsvorgang nicht nur einfach abstrakt der Gesellschaft gegenüberstellen, sondern ihr innerlich einzubilden – so, daß sie selbst sich als Ganze auf den Weg der „neuen Natürlichkeit" macht? Die Frage klingt im *Émile* mehrfach an, und in den *Confessions* heißt es an einer Stelle (OC I, 404): „Ich sah ein, daß alles radikal von der Politik abhängt. Wie man es auch anfangen mag, jedes Volk wird immer nur das sein, was die Natur seiner Regierung es sein lassen wird." Aber ist die Natur der Regierung nicht selbst bildbar? Läßt sich die Verfassung nicht so einrichten, daß der Zwiespalt von innen und außen verschwindet, weil der Staat selbst zur Innerlichkeit des natürlichen Menschen geworden ist?

4. So wird verständlich, weshalb neben dem *Émile* im gleichen Jahr der scheinbar so verschiedene, in Wahrheit jenes Buch ergänzende *Contrat social* erscheint: beide Schriften sind die eng zusammengehörigen Hälften der gleichen Sache. Denn im *Contrat*

social wird die Anthropologie des natürlichen Menschen generell vorausgesetzt – damit aber unausweichlich mit der Problematik der Gesellschaft in Beziehung gebracht. Ist Émile nicht ein Einzelfall, sondern ein Prototyp einer nur verschütteten, nicht aber verlorenen Menschlichkeit, so kann es bei der Entgegensetzung von Mensch und Gesellschaft, beim bloßen Distanzverhältnis nicht bleiben: Der wiedergewonnene Mensch hat dann die entscheidende Frage an die Gesellschaft zu stellen. So wird der Mensch der neuen Natürlichkeit zum Richter über die institutionelle Verfassung der bisherigen Gesellschaft, deren Rechtscharakter nur fiktiv war, da er auf einer irrtümlichen Gleichsetzung von physischer Natur und Wesen des Menschen beruhte.

Rousseau ist in der Geschichte der politischen Wissenschaft der erste, der der Verbindung der Herrschaftsqualität mit physischen Eigenschaften des Menschen prinzipiell – und zwar von seinem Axiom der natürlichen Freiheit her – widersprochen hat. Prinzipielle Freiheitsveräußerung oder -einschränkung ist ihm nur durch vertragliche Übereinkunft möglich. Nur so kann faktische Herrschaft „legitim" werden. Aber da der Mensch im Besitz seiner natürlichen Freiheit ist und diese Freiheit zu seinem Wesen gehört, kann er die natürliche Freiheit nicht veräußern. Wie kann dann Herrschaft und Gesellschaft überhaupt bestehen? So, erwidert Rousseau, daß der allgemeine Wille der Gesellschaft kein anderer ist als der des natürlich-freien, also des menschlichen Menschen. Das Problem, das Rousseau im Gesellschaftsvertrag lösen will, ist die Identität von Einzelwillen und Gesamtwillen. Dem einzelnen wird nichts genommen, wenn er in den Staat – in *diesen* Staat – eintritt; denn der Staat gehorcht ja wie der einzelne nur der neuen Natürlichkeit des Menschen.

Der neue Staat ist bei Rousseau genauso allmächtig, noch totaler, als der des Hobbes: kein Bürger reserviert Rechte aus dem Naturzustand, wenn er den Gesellschaftsvertrag geschlossen hat; ganz und ohne Rest geht er in den Staat ein in einer totalen Selbstentäußerung (*abaliénation totale*). Rechtliche Gleichstellung aller Untertanen vor dem Gesetz, allgemeine Wehrpflicht, Verantwortung der Bürger für alle Staatshandlungen sind erst auf dieser Basis möglich. Auf den Einwand, dies sei Totalitarismus, würde Rousseau antworten: gewiß, aber ein Totalitarismus des totalen Menschen. Es ist eben die Konsequenz der absoluten Freiheit, die der einzelne in den Staat einbringt, daß dieser Staat befähigt ist, in absoluter Freiheit alles zu tun.

Rousseau zielt in seinem *Contrat social* auf den schwachen Punkt der bisherigen Vertragslehre, in der seit Grotius und Hobbes der Herrschaftsvertrag ganz in den Vordergrund getreten oder sogar zur alleinigen Rechtsgrundlage des Staates geworden war. Der Staat erschien so als institutioneller Gegenpol einer natürlichen Urfreiheit des einzelnen. Demgegenüber erkennt Rousseau, daß, wenn eine Gruppe von Menschen sich einem Herrscher unterwirft, sie schon eine soziale Einheit, ein Rechtsgebilde darstellt; wie anders könnte sie sonst Beschlüsse fassen und einen Willen äußern? Der Gesellschaftsvertrag muß also dem Herrschaftsvertrag vorausgehen. Aber Rousseau kehrt nicht zur mittelalterlichen Zweiheit von Gesellschafts- und Herrschaftsvertrag zurück, sondern kennt einen einzigen Urvertrag, eine *première convention*, die als Gesellschaftsvertrag allein maßgebend ist und die den Staat konstituiert.

Eine ähnliche Übertragung absolutistischer Vorstellungen auf Ideen der demokratischen Tradition findet sich in Rousseaus Volkssouveränitätslehre. Volkssouveränität ist ihm prinzipiell unbeschränkt und unbeschränkbar – sie kann nicht durch Verfassungen, Grundrechte, korporative Freiheiten von Gruppen begrenzt werden. Rousseaus Ablehnung von Repräsentativversammlungen, von standesmäßigen Vereinigungen, von Parteien ist bekannt; sie gründet in der wesenhaften Unvertretbarkeit (*irréprésentabilité*) der Souveränität. Die Staatsgewalt kann auch nicht geteilt werden – Rousseau lehnt daher auch den Gedanken der Gewaltenteilung ab.

Da Rousseau den Gedanken der Repräsentation ablehnt, ist das Hauptproblem des *Contrat social* dies, wie die Identität von Einzel- und Gesamtwohl hergestellt werden kann. Hier setzt die berühmte Lehre vom Gemeinwillen, der *volonté générale* ein. Staatliches Zusammenleben verlangt, daß die Interessen aller Bürger wenigstens in einem Punkt zusammentreffen. Inhalt der Regierungstätigkeit ist es daher vor allem, diese Zusammenstimmung der Interessen – nicht zu erreichen (sie muß ja schon dasein, damit Regierung sein kann), sondern zu artikulieren und zu stärken. Indes ist diese *volonté générale* bei Rousseau nicht einfach objektive Gegebenheit, sondern Produkt der Vergesellschaftung.

Auszugehen ist dabei zunächst von einem Gegenbegriff der *volonté générale*, der *volonté particulière*. Dies ist – nach Hans Welzels präziser Umschreibung (Naturrecht und materiale Gerechtigkeit, ³1960, 124) – „das Sonderinteresse, das der einzelne ohne Rücksicht auf das Gesamtwohl verfolgt". Rousseau behauptet nun – seine erste Prämisse –, daß eine extreme, das Gemeinwohl völlig ausschließende Ausprägung der *volonté particulière* nur in Zeiten staatlichen Niedergangs existiert. Bei normalen staatlichen Verhältnissen kann man davon ausgehen, daß in jeder *volonté particulière* zwei Bestandteile stecken: 1. ein individuelles und nur-individuelles Interesse, 2. ein Stück Allgemeininteresse. Addiert man einfach die einzelnen *volontés particulières*, so erhält man noch nicht eine *volonté générale*, einen Gemeinwillen, sondern nur eine *volonté de tous*, einen Willen aller, der für die staatliche Willensbildung ohne Belang ist. Um zur *volonté générale* zu gelangen, ist es nötig, nicht einfach die *volontés particulières* zu addieren, sondern in einem dialektischen Klärungsvorgang das Allgemeine aus ihnen herauszufiltern und sie solchermaßen zur *volonté générale* zu integrieren. Dies geschieht im Wege der Abstimmung. Bei der Abstimmung nämlich heben sich die Sonderinteressen – weil untereinander widersprüchlich und unvereinbar – gegenseitig auf; übrig bleibt das Allgemeine, mit dem Ganzen Übereinstimmende der *volontés particulières*, oder wie Rousseau sagt: die gleichmäßige Gemeinsamkeit des Interesses. Dabei dürften sich allerdings – die zweite Prämisse Rousseaus – keine Gruppen gleicher Interessen bilden. Von daher muß Rousseau Parteien, Verbände, ja Gewerkschaften – wenn es sie zu jener Zeit gegeben hätte – radikal ablehnen.

Prinzipiell kann man der ersten Prämisse zustimmen: gibt es in der Flut individueller Interessen überhaupt kein Stückchen Allgemeininteresse, Gemeinwohl mehr, so ist der Staat in der Tat verloren. Diese Voraussetzung zu machen war Rousseau also sehr wohl berechtigt. Problematischer ist das Argument, daß die Teilnahme aller an der Gesetzgebung es ausschließe, daß die Gesetze besonders drückend werden, da jeder ein Interesse daran habe, sie auch für sich selbst akzeptabel zu machen. Das mag in der Tat in kleinen, sozial egalisierten Gemeinschaften gelten; für einen großen Staat dagegen gilt, daß die wenigsten Gesetze für die Interessen aller Bürger von gleicher Tragweite sind: sobald aber ein Gesetz konkrete Verhältnisse regelt, trifft es notwendigerweise auch gewisse Bevölkerungsgruppen stärker als andere.

Im Mechanismus der *volonté générale* steckt aber noch eine andere Prämisse, nämlich die, daß das Volk aufgeklärt, informiert ist und bei seinen Entscheidungen stets das Ganze im Blick behält. Gerade diese Voraussetzung wird aber im *Contrat social* in pessimistischen Wendungen mehrfach bestritten, so daß Rousseau in dem sehr erhellenden und merkwürdigen Kapitel über den Gesetzgeber an seiner Aufgabe verzweifelnd, schließlich ausruft: Man müßte Götter haben, um den Menschen Gesetze zu geben (OC III, 381–384)! Bei aller mathematischen Genauigkeit, mit der Rousseau seine Gedanken expliziert, scheint ihn ein Zweifel an den zum Gelingen erforderlichen Voraussetzungen nie ganz zu verlassen. So entdecken wir an mehreren Stellen des *Contrat social* Gedankenreihen, die in offenem Widerspruch zur Konstruktion der *volonté générale* stehen, da hier versucht wird, bestimmte Prämissen, die zu deren Bildung nötig sind und die Rousseau sonst einfach voraussetzt, nunmehr im politischen Prozeß selbst künstlich hervorzubringen.

Die eine Linie dieser Gedanken ist allgemein bekannt: es handelt sich um Rousseaus Bemühungen, durch Besteuerung, Luxusgesetze, Schaffung mittlerer Vermögen und Verhältnisse die sozialen Grundlagen für eine egalisierte Republik des Gemeinwillens zu schaffen. Sie steht noch in der Tradition klassischer (besonders aristotelischer) ‚Mittelstands‘-Politik, wenn auch ihr moderner, bürgerlicher Einschlag nicht zu übersehen ist. Moderner ist eine zweite Linie, die von psychologischen Überlegungen über die nötige Aufklärung des Volkes ausgeht und zum Aufbau politischer Institutionen führt, die den Zweck haben, den Willen zum Gemeinsinn zu fördern, zu befestigen, ja notfalls zu erzeugen: Mittel der Volksaufklärung und Propaganda, die um so überraschender wirken, als Rousseaus Staat ja schon beansprucht, auf der Basis eines aufgeklärten Volkes zu ruhen. Am schärfsten schlägt der Grundgedanke des *Contrat social*, die freie Verwillkürung aller, in sein Gegenteil zurück auf einer dritten Linie: der vom Staat verordneten, mit Sanktionen bis zur Todesstrafe geschützten ‚Zivilreligion‘ (*religion civile*), die Rousseau auf den letzten Seiten des *Contrat social* abrupt einführt (OC III, 460–469): nirgends wird deutlicher als hier, daß Rousseau das freischwebende, voluntaristische Gebäude seines Staates letztlich nicht am freien Einspruch des Individuums (am unaufgeklärten Partikularwillen, wie er sagen würde) scheitern zu lassen bereit ist, sondern nötigenfalls Zwangsmittel bereithält, um den Gemeinwillen sozialverbindlich durchzusetzen.

In allen drei Stabilisierungsversuchen, die Rousseau unternimmt, steckt ohne Zweifel ein gewaltsames, ein ,totalitäres' Element, und insofern ist die moderne Rousseaukritik im Recht, wenn sie Rousseau als einen – vielleicht unfreiwilligen – Vorläufer des modernen Totalitarismus ansieht. Aber es muß betont werden, daß dieser Totalitarismus nicht, wie bei Hobbes, schon in den Fundamenten der Konstruktion des Sozialvertrages steckt: er ergibt sich erst sekundär aus dem Bemühen, den an den absolutgesetzten freien Willen der Beteiligten möglicherweise scheiternden Entwurf des Gesellschaftsvertrages nachträglich mit psychologischen und politischen Mitteln (zu denen im Sinne Rousseaus auch eine ,aufgeklärte' Diktatur gehören kann) zu retten.

Warum aber ist die Konstruktion des Sozialvertrags in dieser Form nicht möglich? Warum hat Rousseau selbst kein bedingungsloses Vertrauen zu seinem Entwurf? Der Grund liegt offenbar darin, daß die *volonté générale* ein rein formales Prinzip ist, in das viele und unterschiedliche Interessen eingehen können. Welches die objektiv *richtigen* Interessen sind, geht aus der formalen Übereinstimmung der Einzelwillen nicht hervor. Diesen Fehler des Rousseauschen Systems hat Hegel in seiner Rechtsphilosophie (1821, § 258) scharf angemerkt. Er erkennt Rousseau zwar das Verdienst zu, „den Willen als Prinzip des Staates aufgestellt zu haben". „Allein indem er den Willen nur in bestimmter Form des *einzelnen* Willens ... und den allgemeinen Willen nicht als das an und für sich Vernünftige des Willens, sondern nur als das *Gemeinschaftliche*, das aus diesem einzelnen Willen als *bewußtem* hervorgehe, faßte: so wird die Vereinigung der Einzelnen im Staat zu einem *Vertrag*, der somit ihre Willkür, Meinung und beliebige, ausdrückliche Einwilligung zur Grundlage hat."

Jürgen Gebhardt

„The Federalist" (1787/88)

Zeittafel

Alexander Hamilton

1755 (o. '57)	in Nevis (Leeward Islands) geboren
1772	Umzug nach New York: Studium am King's College
1774	*A Full Vindication of the Measure of Congress*
1775	*The Farmer Refuted* (Replik of Samuel Seabury)
1776–80	Artilleriekom./Adjutant General Washingtons im Unabhängig-keitskrieg
1780	Anregung eines Verfassungskonvents, Rechtsanwaltsausbildung
1783–88	Mitglied des Continental Congress
1787	Mitglied des New Yorker Staatsparlaments und des Philadel-phia-Verfassungskonvents
1789–95	US-Secretary of the Treasury
1790–92	Beteiligung an der Niederschlagung der „Whisky Rebellion"
1796–1800	Führer der „Arch Federalists", Konflikt mit Präsident John Adams in Sachen Außenpolitik
1800	Für Thomas Jefferson und gegen Aaron Burr bei Präsidenten-stichwahl
1804	Nach Verhinderung der Wahl von Burr zum New Yorker Gou-verneur Tod in Weehawken, N.J. als Folge des Duells mit Burr

James Madison

1750 (o. '51)	in Port Conway, Va. geboren
1771	Graduierung am College of New Jersey
1776	Mitglied des Virginia Convents, Mitarbeit am Entwurf einer Verfassung und Bill of Rights für Virginia (Religionsfreiheit)
1778	Mitglied des Governor's Council of Virginia
1780–83	Delegierter für Virginia auf dem Continental Congress
1784	Rechtanwaltsausbildung, Wahl ins Parlament von Virginia
1787	Mit-Initiator des Philadelphia-Verfassungskonvents (Delegierter Virginias, inoffizieller Protokollant), Mit-Autor des „Virginia Plans", Wahl in den US-Kongress (faktischer Fraktionsführer der Opposition)
1797	Niederlegung des Kongress-Mandats
1798	Verfaßt zusammen mit Jefferson die „Virginia & Kentucky Re-solutions" aus Protest gegen die „Alien & Sedition Acts"
1801	Von Präsident Jefferson zum Secretary of State ernannt
1807	Mit-Initiator des Embargo-Gesetzes

1809–17	Auf Vorschlag Jeffersons 4. Präsident der USA
1826	Rektor der Universität von Virginia
1829	Teilnehmer am Verfassungskonvent von Virginia
1836	Tod am Orange County, Virginia

John Jay

1745	geb. in New York, Studium am Kings College in New York
1776	Oberster Richter von New York
1784–89	Secretary of State
1795–1801	Gouverneur von New York
1829	Tod in Bedford, N.Y.

I. Entstehung und Kontext

Ihrer Entstehung nach war die 1788 veröffentlichte zweibändige Sammlung von Essays *The Federalist* ein *livre de circumstance,* denn die Autoren wollten die Entscheidung über die in Philadelphia 1787 formulierte Bundesverfassung beeinflussen. Deshalb veröffentlichten die drei Autoren Hamilton, Madison und Jay vom Oktober 1787 bis August 1788 in New Yorker Zeitungen (The Independent Journal, The New York Packet und The Daily Advertizer) 85 Essays über den Verfassungsentwurf unter dem Pseudonym Publius (auf Publius Valerius Publicola anspielend, nach Plutarch ein Retter der Römischen Republik). Die Mehrheit der Beiträge stammen von Hamilton (51) und Madison (29), da Jay nach fünf Beiträgen erkrankt war. Der Titel *The Federalist* weist die Autoren als Vertreter der Mehrheit im Verfassungskonvent von Philadelphia aus, die – von der inhärenten Schwäche der 1781 geschaffenen Konföderation der 13 vormaligen Kolonien überzeugt – den bestehenden Staatenbund durch eine politische Union unter einer nationalen Verfassung ersetzen wollten. Der Verfassungsentwurf sah vor, dass die Ratifizierung durch eigens zu diesem Zweck vom Volk gewählte Konvente der Einzelstaaten vorgenommen und mit der Zustimmung von 9 Staaten in Kraft treten sollte. Die als *Federalists* agierenden Verfassungsanhänger erwiesen sich der Opposition der *Anti-Federalists* in den meisten Staaten als überlegen, so dass es zur Annahme der Verfassung kam, freilich mit dem Zugeständnis eines Grundrechtkatalogs an die Gegner. Der antifederalistisch beherrschte Konvent in New York beugte sich weniger den Einsichten des *Federalist* als schlicht der Mehrheit der Staaten. Die Bedeutung der *Federalist Papers* lag weniger in deren tagespolitischem Erfolg als in der ideenpolitischen Langzeitwirkung auf das politische Selbstverständnis der amerikanischen Republik.

II. Die politische Wissenschaft

Es lag nicht in der Absicht des Publius, ein Werk der politischen Theorie vorzulegen. Aber er verfügte über Prinzipien, die sich aus den frühneuzeitlich neoklassischen Traditionen und aus der angelsächsischen Aufklärung des 18. Jahrhunderts speisten und die politisch-kulturelle Erfahrung Amerikas berücksichtigten. Politische Erkenntnis begründet Publius deduktiv: „In Abhandlungen jeder Art finden sich gewisse Grundwahrheiten und erste Prinzipien, auf denen alle folgenden Überlegungen beruhen. Sie besitzen eine innere Beweiskraft, die schon vor jeder Reflexion oder Folgerung die geistige Zustimmung erzwingt." So gibt es für Publius entsprechend der vorherrschenden Meinung in der Wissenschaft von der Ethik und Politik unmittelbar einsichtige Maximen *more geometrico*, und weiterhin Wahrheiten, „die, wenn sie auch nicht den Rang von Axiomen beanspruchen können, doch in so direkter Weise von ihnen abgeleitet und an sich so einleuchtend sind, und die dem einfachen und natürlichen Diktat des Common Sense so sehr entsprechen, dass sie sich dem unverdorbenen und vorurteilsfreien Geist mit fast ebenso unwiderstehlicher Überzeugungskraft aufdrängen." Doch wenn die Prinzipien der Politischen Wissenschaft auch die Evidenz mathematischer Axiome haben, so weisen sie doch im allgemeinen nicht denselben Grad an Bestimmtheit und Präzision auf. Jedoch haben sie „mehr Anspruch auf Glaubwürdigkeit, als man nach dem Verhalten der Menschen in gewisser Hinsicht annehmen sollte." Als „Störungsquelle für die Verdunkelung des Common Sense" identifiziert Publius die Triebe und Vorurteile, die den Menschen daran hindern, seinen Intellekt wirksam werden zu lassen (*Federalist* Nr. 31, 175).

Einsichten in die Ordnung des Menschen und der Gesellschaft sind für Publius Maximen der Politischen Wissenschaft, die er als Diktat des Common Sense akzeptiert, wobei ihm deren Rationalität selbstevident ist. Diese für eine ‚republikanische' Denkungsart einleuchtende Erkenntnistheorie verdankte Publius der schottischen Philosophie des Common Sense, deren wichtigster Vertreter Thomas Reid war. Die Common Sense-Einsichten bezüglich der Existenz des Menschen in Gesellschaft teilt Publius weitgehend mit seinen Zeitgenossen.

In diesem erkenntnistheoretischen Kontext stehen auch die Reflexionen des Publius über die „menschlichen Institutionen". Eine gewisse Unklarheit ergibt sich nicht nur aus dem Gegenstand, sondern auch aus den Unvollkommenheiten der menschlichen Perzeption und der Unzulänglichkeit der Sprache. Phänomene wie die gesetzgebende, ausführende und richterliche Gewalt seien nicht adäquat definiert worden, weniger noch die Grenzziehung zwischen Kompetenzen der Bundesregierung und der Einzelstaaten (*Federalist* Nr. 37, 211).

Die politischen Institutionen haben nach Publius ihren Ursprung in der Natur des Menschen, womit er ein Leitmotiv der Politik der Alten aufgreift: „Aber was ist politische Ordnung selbst, wenn nicht der größte Vorwurf gegen und zugleich die großartigste Reflexion über die menschliche Natur? Wenn die Menschen Engel wären, so bedürften sie keiner Regierung. Wenn Engel über die Menschen herrschten, dann wäre weder eine äußere noch eine innere Kontrolle der Regierung notwendig" (*Federalist* Nr. 51, 314). „Warum werden überhaupt Regierungen eingesetzt? … Weil die Leidenschaften der Menschen sich nicht ohne Zwang den Geboten der Vernunft und der Gerechtigkeit fügen wollen" (*Federalist* Nr. 15, 86). Solche Überlegungen wären hinfällig in einer Nation von Philosophen. Sie ist aber „ebensowenig zu erwarten wie jene Rasse königlicher Philosophen, die Plato ersehnt hat" (*Federalist* Nr. 49, 307). Die im Common Sense präsente gemeinsame Vernunftnatur des Menschen ist die Quelle der Ordnung, aus ihr formt sich der habituell weise und gerechte Mensch. Wer aber die menschliche Natur so sieht, wie sie ist, muß nach Publius zugeben, dass „die Menschen ihr Verhalten viel eher von Leidenschaften und unmittelbaren Interessen beeinflussen lassen als von allgemeinen und ferner liegenden Erwägungen rationaler Politik, Utilität oder Gerechtigkeit" (*Federalist* Nr. 6, 27). Die Kräfte der menschlichen Selbstliebe sind die wichtigste Ursache für alle Ordnungsstörung in der menschlichen Gesellschaft. Macht- und Besitzgier, Ehrgeiz, Ruhmsucht, Neid und Habgier lassen andere Dimensionen des Menschen oft in den Hintergrund treten. So ist die Anthropologie des Publius ein provinzialisierter Hobbes und Locke, aber keine konsequente Anthropologie des *amour propre*. Machtstreben sieht er unter dem parochialen Horizont der englischen und amerikanischen Tagespolitik des 18. Jahrhunderts und ihrer Korruptionsphänomene. Die überragende Rolle des Besitztriebes liegt auf der Hand: für ihn war das nichtständische Amerika, in dem Land relativ erschwinglich war und der Handel gute Aufstiegsmöglichkeiten bot, ein ausgezeichneter Nährboden. Nach dem *Federalist* Nr. 10 – oft als Dokument der

Pluralismustheorie mißverstanden – entspringen die Gruppenantagonismen in Gestalt religiös, politisch oder ökonomisch motivierter Parteibildungen letztlich der menschlichen Leidenschaftsnatur. Ehrgeizige und machtbesessene Demagogen bedienen sich ihrer zum Schaden des Gemeinwohls. „Die Regulierung dieser verschiedenen und sich gegenseitig beeinflussenden Interessen bildet die Hauptaufgabe der modernen Gesetzgebung und schließt den Geist von Parteien und internen Parteigruppen in die notwendigen und üblichen Handlungen der Regierung mit ein" (*Federalist* Nr. 10, 53). Die Ordnung beruht aber nicht ausschließlich auf dem Pluralismus sich gegenseitig balancierender Interessen, sondern bedarf auch moralischer und rationaler Qualitäten des Menschen. „Kein anderes Regime hat einen so hohen Grad dieses Vertrauens zur Voraussetzung wie das republikanische" (*Federalist* Nr. 55, 370 f.). Der Machttrieb konstituiert nicht den Menschen wie bei Hobbes. Die Fähigkeit, Eigentum zu erwerben, verführt anders als bei Locke nicht dazu, die Regierung ausschließlich zum Herrschaftsinstrument der Besitzenden zu erniedrigen. Denn „Gerechtigkeit ist das Ziel der Herrschaft, sie ist das Ziel der zivilen Gesellschaft" (*Federalist* Nr. 51, 317). Die Gerechtigkeit aber realisiert sich in dem Modell der ‚Republik', deren Institutionen der menschlichen Natur insgesamt entsprechen müssen. Publius nennt sein Modell das ‚republikanische Regime', es hat die Attribute ‚freiheitlich' und ‚gut' und leitet seine Autorität vom Volke her, ist also ‚popular' oder, wie Mitautor Hamilton 1777 sagt, eine ‚repräsentative Demokratie'. Die Republik will die Verwirklichung der besten menschlichen Fähigkeiten durch genau umschriebene staatsbürgerliche und religiöse Rechte, die Leben, Freiheit und Eigentum sichern. Die Republik ist ein öffentlicher Raum bürgerlicher Sittlichkeit, der durch die Begriffe ‚öffentliches Glück', ‚öffentliche Freiheit', ‚öffentliche Gerechtigkeit' und ‚öffentliche Rechte' umschrieben wird. Erst unter dieser sozialmoralischen Voraussetzung kann das amerikanische Experiment eines republikanischen Regimes auf „der Fähigkeit der Menschheit zur Selbstregierung" aufbauen (*Federalist* Nr. 39, 225).

Publius überprüft in seiner Abhandlung den Verfassungsentwurf nicht nur auf seine Vereinbarkeit mit den republikanischen Prinzipien, sondern auch, ob er die traditionellen Ziele und Aufgaben der Herrschaft – Sicherheit nach außen, Ruhe im Inneren und Gerechtigkeit unter den Gesellschaftsmitgliedern – gewährleisten kann. Dem entspricht die Gliederung:

1. „Die Union nützt unserer politischen Prosperität" (14 Essays),
2. „Die bestehende Konföderation ist untauglich zur Bewahrung der Union" (8 Essays),
3. „Zur Erreichung dieses Zieles bedarf es eines Regimes, das zumindest so stark ist, wie es der Entwurf vorsieht" (14 Essays),
4. „Die vorgeschlagene Verfassung entspricht den wahren Prinzipien eines republikanischen Regimes" (48 Essays),
5. „Sie entspricht der eigenen (New Yorker) Staatsverfassung" (1 Essay),
6. Sie gibt „der Freiheit und dem Eigentum zusätzliche Sicherheit" (inzidentiell behandelt).

Der *Federalist* artikuliert tiefsitzende Angstgefühle: Amerika steckt in einer schweren Krise und das so verheißungsvoll begonnene politische Experiment wird in Kürze in einem Chaos untergehen. Die bestehende Konföderation kann außenpolitisch weder den militärischen noch den wirtschaftlichen Druck der auf dem Kontinent präsenten europäischen Mächte langfristig standhalten. Binnenpolitisch sind die einzelnen Staaten in ihrer Existenz durch andauernde Sozialkonflikte bis hin zur bewaffneten Rebellion gefährdet. Im Zusammenspiel von intervenierenden Fremdmächten und innenpolitischen Parteikämpfen droht der Konföderation wie einst der griechischen Poliswelt ein permanenter Spannungszustand zwischen Anarchie und Tyrannei, der letzthin zum Verschwinden der republikanischen Ordnung führen werde. Die Anti-Federalisten bestritten diese Krisenanalyse.

Der tiefere Grund für das Krisenbewußtsein der Federalisten und schließlich auch das ihrer Gegner erklärt sich aus der Tatsache, dass die Amerikaner im Banne der Lehre vom Kreislauf der politischen Formen standen, die seit Plato und Aristoteles zum Grundbestand westlichen politischen Denkens gehörte. Die griechische Polis, die römische Republik, die Stadtstaaten Italiens und das Commonwealth Cromwells konnten sich nicht dem Gesetz des Verfalls entziehen. Die Entgleisung der Republik in die demokratische Tyrannei der vielen, die Despotie von Oligarchen oder eines einzelnen ist das große Thema der politischen Debatte dieser Zeit. So geht es Publius darum nachzuweisen, dass es möglich ist, diesen Kreislauf der politischen Formen zu durchbrechen und ein

Modell der freiheitlichen Ordnung zu konstruieren, das dem Absturz in die Despotie auf Dauer widersteht.

III. Die Institutionen des republikanischen Regimes

Publius zählt das moderne institutionelle Instrumentarium auf, durch das ein republikanisches Regime stabilisiert werden kann:

1. Die Gewaltenteilung,
2. eine mit wechselseitigen Hemmungen und Gleichgewichten ausgestattete Legislative,
3. die Unabhängigkeit und Unabsetzbarkeit der Richter,
4. die Repräsentation des Volkes in der Volksvertretung durch Abgeordnete eigener Wahl,
5. die Ausdehnung dieser politischen Organisation auf ein großräumiges Territorium.

Wir beginnen mit dem letzten: Die Mitglieder des Konventes für die 13 Staaten und den noch zu erschließenden Westen erfanden mit dem Kompromiß zwischen der Souveränität der Einzelstaaten und deren Abschaffung unbewußt den ‚Bundesstaat‘ und das Prinzip des ‚Föderalismus‘. Nach Publius haben die Amerikaner durch Abstammung, Sprache, Religion, politische Tradition, Sitten und Gebräuche den Charakter einer Nation und dies in einem nationalen Befreiungskrieg bewiesen. Eine rationale, kollektive Identität habe sich herausgebildet.

Nachdem die bestehende Konföderation nicht mehr funktioniert, bietet sich eine Organisationsform der amerikanischen Nation an, die sowohl ‚national‘ als auch ‚föderativ‘ ist. Unter ‚national‘ versteht Publius das Grundprinzip des modernen Nationalstaates: „Wir müssen die Autorität der Union auf den einzelnen Bürger selbst ausdehnen, der das einzig wahre Objekt einer Regierung darstellt" (*Federalist* Nr. 15, 85). Die Verfassung eliminiert das mit dem nationalstaatlichen Prinzip unvereinbare, politische Monstrum eines *imperium in imperio* (*Federalist* Nr. 15, 83), das in der Konföderation die rechtliche und politische Hoheit über den Bürger ausschließlich dem Einzelstaat vorbehielt.

Zur Nation von Bürgern unter einer Bundesregierung, die mit den Attributen der Souveränität ausgestattet ist, kommt das föderative Prinzip hinzu: Die Staaten gelten als „intermediäre Körperschaften und konstituierende Teile der nationalen Souveränität", denen alle Hoheitsrechte zukommen, die sie bisher einsetzten, soweit diese nicht ausdrücklich der Bundesregierung übertragen wurden. „Die vorgeschlagene Verfassung ist … genau genommen weder eine nationale noch eine föderative Verfassung, sondern eine Verbindung beider Prinzipien. In ihrer Grundlage ist sie föderativ und nicht national; in Bezug auf die Quellen, aus denen sich die Machtbefugnisse der Regierung herleiten, ist sie teils föderativ und nicht national; in Bezug auf den Wirkungsbereich dieser Machtbefugnisse ist sie national und nicht föderativ; hinsichtlich der Ausdehnung dieses Wirkungsbereiches ist sie föderativ und nicht national. Und schließlich ist sie hinsichtlich der Form der legitimen Verfassungsänderung weder eindeutig föderativ noch national" (*Federalist* Nr. 39, 229). Publius nennt dies eine ‚Bundes-Republik' oder in Anlehnung an Montesquieu eine ‚konföderierte Republik'.

Offensichtlich hat Publius keine durchgearbeitete Souveränitätsdoktrin. Er spricht zwar von der nationalen Souveränität, die sich als Bündel von Souveränitätsrechten, -akten, -prärogativen darstellt. Damit sind die klassischen Attribute der Souveränität gemeint; sie werden aber höchst unklassisch aufgeteilt zwischen Einzelstaaten und Bundesregierung und dann wieder einzelnen Herrschaftsorganisationen zugewiesen. Die von Bodin ausgehende Konzeption der absoluten Souveränität und ihre Fortentwicklung in der kontinentalen Staatsrechtstradition ist Publius fremd. Die englische, von Blackstone formulierte Variante der absoluten Souveränität der Legislative lehnt er ab. Den Begriff der Volkssouveränität benützt er nicht, betont aber: „Das Gebäude des amerikanischen Reiches sollte auf der festen Basis der Zustimmung des Volkes ruhen" (*Federalist* Nr. 22, 134). Anscheinend übt das Volk die Fülle seiner Souveränität nur im feierlichen Akt der Verfassungsgebung aus. Alle Amtsträger sind Treuhänder des Volkes und von diesem abhängig und ihm zugleich verantwortlich. Hier wird das Prinzip der ‚konföderierten Republik' verschränkt mit dem noch zu erläuternden der ‚repräsentativen Republik'. Publius spricht von der Gesellschaft, die sich im Volk konkretisiert und dessen Repräsentanten hervor treibt, zugleich stehen aber die Worte ‚Volk' und ‚Gesellschaft' für die Gesellschaftsmitglieder in ihrer individuellen Kapazität.

Folglich gibt es keinen von der Majorität unabhängigen Willen der Gemeinschaft, keine erbliche oder selbsternannte Autorität im Sinne des kontinentalen ‚Staates‘, der bei Auseinandersetzungen in der Gesellschaft Sicherheit und Stabilität erzwingen kann. Die Idee der ‚Bundes-Republik‘ erlaubt nicht nur die republikanische Organisation eines großräumigen Territoriums, sondern sichert auch die innere Stabilität der Gesellschaft, da sie die Bildung gegen das Gemeinwohl gerichteter oppressiver Majoritäten verhindert. Das föderative System erlaubt einerseits eine Vielfalt von Partikularinteressen und Parteibildung, andererseits konterkarieren sich diese im föderalen Willensbildungsprozeß; eine Mehrheit gegen die Freiheitsrechte anderer Bürger ist ausgeschlossen. „In der so ausgedehnten Republik der Vereinigten Staaten mit ihrer Vielfalt von Interessen, Parteien und Sekten wird es kaum zur Bildung der Majorität der ganzen Gesellschaft kommen, es sei denn auf der Grundlage der Gerechtigkeit und des Gemeinwohls" (*Federalist* Nr. 51, 322).

Beim republikanischen Modell bedingt das Prinzip der Großräumigkeit auch jenes der Repräsentation. Die ‚repräsentative Republik‘ delegiert die Herrschaft und bewahrt die Vorteile des popularen Regimes der ‚reinen Demokratie‘ der Alten Welt, ohne die Nachteile seiner lebensgefährlichen Turbulenz zu übernehmen. Die Repräsentation „als ein Substitut für ein Treffen der Bürger in Person" (*Federalist* Nr. 52, 320) integriert den Bürger durch den Wahlmechanismus für Exekutive und Legislative nicht nur als Person, sondern auch als Eigentümer, als Bewohner eines Staates und Teil der großen sozioökonomischen Interessengruppen des Landes (die dominierende Landwirtschaft, Handel und Industrie, sowie die geistigen Berufe). Bemerkenswert ist, dass ein Arbeitgeber-Arbeitnehmer-Schema fehlt.

Die Repräsentation bewirkt auch, „Herrscher zu bestellen, die weise genug sind, um zu erkennen, was dem Gemeinwohl der Gesellschaft am besten dient und tugendhaft genug um dieser Erkenntnis entsprechend zu handeln" (*Federalist* Nr. 57, 396). Publius wehrt sich gegen den Vorwurf seiner Gegner, dass dies nur ein Trick der ‚Wenigen und Wohlgeborenen‘ sei, um eine Oligarchie zu etablieren. „Der Gedanke einer tatsächlichen Repräsentation aller Bevölkerungsklassen durch Personen ihrer Klasse ist völlig phantastisch" (*Federalist* Nr. 35, 197). Es wird „aufgrund der natürlichen Auswirkungen der diversen Interessen und An-

sichten der verschiedenen Klassen der Gemeinschaft die Repräsentation des Volkes ohne Rücksicht auf ihre zahlenmäßige Größe
fast zur Gänze aus Grundbesitzern, Kaufleuten und Angehörigen
der geistigen Berufe bestehen" (*Federalist* Nr. 36, 200). Aber es
dürfen keinerlei Qualifikationen nach Reichtum, Geburt, Religion
oder Beruf die Wahlmöglichkeiten für das Volk einschränken
(*Federalist* Nr. 57, 347).

Auch die ‚repräsentative Republik' ist nach Publius nicht vor
dem Verfall sicher. Er fürchtet besonders Willkürakte der majori-
tätsbeherrschten Legislaturen, Eingriffe in die Rechte der Minderheit. Gegen ‚demokratische' Entgleisungen des Repräsentanten-
hauses, aber auch gegen die Oligarchie von Senat und Präsident
helfen die Prinzipien der „Gewaltenteilung" und der „Hemmungen
und Gleichgewichte". Dahinter steht die allgegenwärtige Furcht vor
dem Sturz der Republik in die Tyrannis. Vokabular und Argumentation entnahmen die Gründungsväter mit Vorliebe Montesquieu,
aber auch der klassischen Doktrin der ‚gemischten Verfassung'.
Der unmittelbare Anlaß waren die Erfahrungen der Kolonisten
selbst. Der traditionelle Antagonismus zwischen Gouverneuren
und kolonialen Legislaturen verschärfte sich im 18. Jahrhundert
wegen der Intensivierung der englischen Reichspolitik. Königliche
Gouverneure versuchten durch ihre ‚Verbindungen' in der kolonialen Elite, mit Methoden der englischen Parlamentspraxis Volksvertretung und Rechtsprechung zu beeinflussen – wenn auch ohne
Erfolg. Gegen die wichtigste dieser Methoden, die ‚Ämterhäufung'
in den Händen weniger Personen oder ‚Verbindungen' wurde mit
Montesquieu argumentiert und mit den Mitteln der englischen
Verfassungstradition gekämpft; solche Mittel waren etwa das In-
kompatibilitätsgebot des *Act of Settlement* (1701) und das Institut
der ‚Amtsklage'. Die Gründer der amerikanischen Republiken
standen noch ganz im Bann der traditionellen Furcht vor der
Machtgier eines erblichen Regenten. „Sie scheinen niemals erfaßt
zu haben, dass Übergriffe der Legislative ebenso gefährlich werden können, denn wenn die gesamte Macht in deren Hände konzentriert wäre, so müßte das zu der gleichen Tyrannei führen, die
von Übergriffen der Exekutive befürchtet wird." Viele Gründe
sprechen dafür, dass in einer repräsentativen Republik „das Volk
sein Mißtrauen der Legislative zuwenden und alle Vorsichtsmaß-
regeln auf sie beschränken" muß. Denn es droht die Tyrannei der

Majorität über die Minoritäten und deren Rechte. „Überall strebt die Legislative danach, ihren Wirkungskreis auszudehnen und alle Macht im ganzen Umkreis mit stürmischer Gewalt nach sich zu ziehen" (*Federalist* Nr. 48, 300 f.). Daher muß die Legislative in verschiedene Zweige aufgeteilt werden.

Die Gewaltenteilungslehre des Publius trägt dem nicht-ständischen Charakter der amerikanischen Gesellschaft Rechnung. Sie setzt nicht mehr im Sinne der alten ‚gemischten Verfassung' auf das Zusammenwirken von Krone, erblicher Aristokratie und drittem Stand. „Die wichtigste Sicherung gegen die allmähliche Konzentration der verschiedenen Gewalten in einem Bereich besteht darin, dafür zu sorgen, dass die Personen, welche die einzelnen Zweige verwalten, die notwendigen verfassungsmäßigen Mittel besitzen und ein persönliches Interesse daran haben, sich den Übergriffen der anderen Zweige zu widersetzen ... Das private Interesse des einzelnen wird so zum Wächter über die Rechte der Öffentlichkeit gemacht" (*Federalist* Nr. 51, 318 f.) Das durch den Repräsentationsprozeß garantierte Maß an Tüchtigkeit und Vernunft wirke so mit privaten Motiven der Machterhaltung der politischen Führung zusammen. Die horizontale Gewaltenteilung von Präsident, den beiden Kammern der Volksvertretung und der Gerichtsbarkeit und die vertikale Gewaltenteilung des Föderativsystems verbinden sich zu einer die Rechte der Bürger sichernden Einheit.

Publius sah die richterliche Gewalt als schwächste der Bundesgewalten. Doch wurde seine Meinung über den Obersten Gerichtshof durch die *Letters of Brutus* (1788) des Anti-Federalisten Yates beeinflußt, der diesem aufgrund des in der Verfassung nicht vorgesehenen richterlichen Prüfungsrechtes die Entwicklung zu einer Art verfassunggebenden Versammlung in Permanenz vorausgesagt hatte. Die Befugnis der Gerichte, Gesetze auf ihre Verfassungsmäßigkeit zu überprüfen, war ein Produkt der politischen Erfahrung der Amerikaner. In England postulierten die *Common-Law*-Juristen, da das *Common Law* als Ausfluß des göttlichen und Naturrechtes verstanden wurde, in ihrer Auseinandersetzung mit den Stuarts, dass ihre ‚künstliche Vernunft' das Monopol der Auslegung über jede ‚natürliche Vernunft', besonders jener des Königs, zu beanspruchen habe. Nach Lord Coke konnten auch Parlamentsgesetze, falls sie in Widerspruch zu Vernunft und Common Law standen, für nichtig erklärt werden. Diese Anfänge eines richterlichen Prüfungsrechtes hatten in England keine weiteren Folgen. Der Gedanke der Nichtigkeit von Parlamentsgesetzen war jedoch ein willkommenes Instrument der Amerikaner im Kampf gegen das englische Parlament, wobei der Weg bereitet war durch die Gewohnheit der englischen Regierung, koloniale Gesetze zu überprüfen und gelegentlich aufzuheben. Die Staatsverfassungen von 1776 wurden zwar als Ausdruck der fundamentalen Prinzipien des Naturrechts verstanden, aber die Volksvertretungen beanspruchten durchaus eine Parlamentssouveränität; nur in einigen Staaten wurde mit Revisionskörperschaften experimentiert, die Gesetze auf ihre Verfassungsmäßigkeit prüfen sollten. Gegen den Widerstand weiter Kreise hatten zur gleichen Zeit einige Staatsgerichtshöfe Gesetze für verfassungswidrig erklärt – eine Folge der *Common-Law*-Regel von der unbeschränkten Zuständigkeit der Gerichte, alle Rechtsfragen zu entscheiden.

Die hinter dem Verfassungsentwurf stehende politische Klasse und ihre zumeist juristisch ausgebildeten Führer sahen im Institut der Normenkontrolle ein wichtiges Instrument zur Sicherung der Individualrechte gegen die demokratischen Exzesse der Majoritäten in der Volksvertretung. Publius beruft sich gegenüber Yates darauf, „dass die Verfassung die Richtschnur bei der Erstellung von Gesetzen sein und, wo immer ein Widerspruch auftaucht, den Vorrang vor den Gesetzen haben sollte" (*Federalist* Nr. 81, 489). „Einschränkungen dieser Art können in der Praxis nur durch das Medium von Gerichtshöfen aufrechterhalten werden, die verpflichtet sind, jedes dem offenkundigen Sinn der Verfassung widersprechende Gesetz für ungültig und nichtig zu erklären. Ohne eine solche Einrichtung wären alle Vorbehalte in Bezug auf bestimmte Rechte oder Privilegien wertlos" (*Federalist* Nr. 78, 471). Die Gerichtshöfe sind als „intermediäre Körperschaft zwischen dem Volk und der Legislative" gedacht, „als Bollwerke … gegen legislative Übergriffe". Aber sie sind nicht der Legislative übergeordnet. Insofern die Verfassung ein grundlegendes Gesetz ist und von den Richtern als ein solches behandelt werden muß, obliegt es diesen, „dessen Sinn zu ermitteln wie den Sinn jedes speziellen von der Legislative erlassenen Gesetzes" (*Federalist* Nr. 78, 473). Im Falle eines Widerspruchs muß die Verfassung den Vorrang haben. Die Absicht des Volkes steht über der Absicht seiner Vertreter. Das Gericht setzt nicht eigene Willkür an die Stelle der Willkür der Volksvertreter, sondern stellt in einem durch Vernunft und Common Sense inspirierten Urteil die Autorität des Volkes wieder her.

Natürlich gibt die Republik dem Volk das Recht, „seine Regime zu ändern oder abzuschaffen, wenn ihm dies für die eigene Sicherheit und sein Glück notwendig erscheint" (*Federalist* Nr. 40, 238) sagt Publius unter Berufung auf die Unabhängigkeitserklärung von 1776. Er betont das „ursprüngliche Recht auf Selbstverteidigung" des Volkes, wenn die Herrschenden die Verfassung zerstören. (*Federalist* Nr. 28, 161). Aber das Werk einer Verfassungsgebung ist ein nicht unentwegt wiederholbares Experiment, da das große Ereignis der Ordnungsstiftung nur in dem günstigen Augenblick gelingen wird, in dem die Dimension der ‚Öffentlichkeit' nicht ausschließlich von den Leidenschaften beherrscht wird, sondern von der Vernunft. (*Federalist*, Nr. 49, 309).

IV. Wirkung

Ursprünglich eine Parteischrift wuchs dem *Federalist* schon frühzeitig der Charakter einer autoritativen Auslegung der Verfassungsordnung zu. Dies geschah nicht nur dank der führenden politischen Rolle der Autoren in der Frühphase der Republik, sondern insbesondere durch den Obersten Richter John Marshall, einen Federalisten, der 1803 das richterliche Prüfungsrecht über Gesetze der Legislative für das Oberste Gericht reklamierte (Marbury v. Madison) und damit das Verfassungsverständnis des *Federalist* zur Grundlage der amerikanischen Verfassungstheorie und -praxis machte. Ihm folgten die führenden Kommentatoren der Verfassung des frühen 19. Jahrhunderts: Kanzler James Kent (Commentaries on American Law, Boston [12]1873) und Richter Joseph Story (Commentaries on the Constitution, Cambridge 1833). Seither hat das Oberste Gericht in Hunderten von Verfassungsgerichtsurteilen auf den *Federalist* als authentische Quelle für das Verfassungsverständnis Bezug genommen. Gleiches gilt für die Vielzahl oft konkurrierender Deutungen der politischen Ordnung der USA in den politischen und intellektuellen Diskursen von Juristen, Politikern und Historikern und Sozialwissenschaftlern. Der *Federalist* hat die Leitidee der Republik auf den Begriff gebracht.

Arno Baruzzi

Immanuel Kant (1724–1804)

Zeittafel

1724	Geboren in Königsberg als viertes Kind eines Sattlermeisters. Vorfahren aus Schottland.
1732–40	Kollegium Fridericianum. Vorliebe für antike Autoren. Pietistische Erziehung – wachsende Abneigung. Tod der Mutter 1738.
1740–46	Studium der Philosophie, Mathematik, Naturwissenschaften, Theologie in Königsberg. Schon vor dem Tod des Vaters 1746 Lebensunterhalt durch Privatstunden.
1747	Erste Veröffentlichung; Kritik an Leibniz. „Ich habe mir die Bahn schon vorgezeichnet, die ich halten will. Ich werde meinen Lauf antreten, und nichts soll mich hindern, ihn fortzusetzen".
1746–55	Hauslehrer bei verschiedenen Familien.
1755	Promotion. Erhält die Venia legendi für Philosophie.
1755–70	73 teils größere Veröffentlichungen, glänzende Vorlesungen, aber keine Professur.
1765	Erste Anstellung als Unterbibliothekar an der Königlichen Schloßbibliothek in Königsberg.
1770	Ordentlicher Professor für Metaphysik und Logik an der Universität Königsberg. Liest wöchentlich 14–22 Stunden nicht nur Philosophie im engeren Bereich.
1781	*Kritik der reinen Vernunft* (KrV). Alle vor 1781 veröffentlichten Werke werden als vorkritische Schriften bezeichnet. Mit 57 Jahren beginnt Kant die rastlose Ausarbeitung seiner kritischen Philosophie. Leben nach der Uhr um des Werkes willen.
1784/85	*Idee zu einer allgemeinen Geschichte in weltbürgerlicher Absicht* (G); *Grundlegung zur Metaphysik der Sitten* (GMS), der brillante, knappe Entwurf seiner Moralphilosophie.
1787	*Kritik der praktischen Vernunft* (KpV). 2. Aufl. der ‚KrV', teils Neufassung mit neuer Vorrede. Erwerb eines Hauses. Pflegt Geselligkeit, lädt gern Mittagsgäste. Bleibt unverheiratet.
1790	*Kritik der Urteilskraft* (KU).
1793	*Die Religion innerhalb der Grenzen der bloßen Vernunft* (R). Zensurbehörde verbietet deren Lehre.
1793/94	*Über den Gemeinspruch: Das mag in der Theorie richtig sein, taugt aber nicht für die Praxis* (TP). *Zum ewigen Frieden* (F). Beide Schriften enthalten Kants politische Philosophie.
1797	*Die Metaphysik der Sitten* (MS), mit den Teilen: Metaphysische Anfangsgründe der Rechtslehre bzw. der Tugendlehre. Er beendet seine Vorlesungstätigkeit wegen Altersbeschwerden.

1798	*Der Streit der Fakultäten* (StF) (letztes Bemühen zur Verteidigung des Rechts der aufklärenden Kritik). *Anthropologie in pragmatischer Hinsicht* (A) abgefaßt. Kants letzte Veröffentlichung.
1800	*Immanuel Kants Logik* (L) (hg. v. Jäsche). Wichtige Einleitung, darin die Grundfrage „Was ist der Mensch?"
1803	*Immanuel Kant über Pädagogik* (hg. v. Rink). In den letzten Lebensjahren Versuch mit neuen Begriffen, die Probleme seiner Natur- wie Freiheitsphilosophie nochmals anzugehen. Sogenanntes *Opus postumum*.
1804	stirbt Kant in Königsberg, wo „Menschenkenntnis als auch … Weltkenntnis … auch ohne zu reisen, erworben werden kann".

I. „Zeitalter der Aufklärung" – „Zeitalter der Philosophie"

Weil Friedrich der Große seinen Untertanen „in *Religionssachen*", ja „selbst in Ansehung seiner *Gesetzgebung*" Anregung und Kritik erlaubt hat, spricht Kant vom „Zeitalter der Aufklärung" [VI,59f.]. Das 18. Jahrhundert rühmte sich, das „Zeitalter der Philosophie" zu sein. So d'Alembert, der die Einleitung zur großen französischen Enzyklopädie von 1751 schrieb, die in 35 Bänden den Kreis des Wißbaren umschreiten sollte. Die Enzyklopädie der Welt durch die Vernunft des Menschen, die Revolution der Philosophie als einer bloßen Liebe zur Weisheit in ein wirkliches Wissen schienen an der Zeit.

„Habe Mut, dich deines *eigenen* Verstandes zu bedienen! ist ... der Wahlspruch der Aufklärung" [VI,53]. In der Wissenschaft, der Naturwissenschaft wie auch der Sozialwissenschaft, wurde neuzeitlich längst schon nach dieser Maxime gedacht, was sich in Galileis *in mente concipio* bzw. Hobbes' *generatio* ausdrückt: der Mensch versteht nur, was er macht. Bei Kant kommt hinzu „Gesetzgebung der menschlichen Vernunft (Philosophie)"; diese „hat ... zwei Gegenstände, Natur und Freiheit, und enthält also sowohl das Naturgesetz, als auch das Sittengesetz, ... zuletzt ... in einem einzigen philosophischen System." [KrV II,701].

II. Philosophie als Kritik – Kritik der Vernunft

„Unser Zeitalter ist das eigentliche Zeitalter der *Kritik*, der sich alles unterwerfen muß. *Religion*, durch ihre *Heiligkeit*, und *Gesetzgebung*, durch ihre *Majestät*, wollen sich gemeiniglich derselben entziehen. Aber alsdenn erregen sie gerechten Verdacht wider sich, und können auf unverstellte Achtung nicht Anspruch machen, die die Vernunft nur demjenigen bewilligt, was ihre freie und öffentliche Prüfung hat aushalten können" [KrV II,13]. Kants Beitrag sind seine drei Kritiken: der reinen bzw. theoretischen Vernunft, der praktischen Vernunft und schließlich der Urteilskraft. Mit diesen Kritiken werden alle bisherigen Dogmatismen und Doktrinen über die Welt und den Menschen zurückgelassen und wird vom Streit, gar Krieg der Schulen zum Frieden der Philosophie vorangeschritten. Diese kritische Philosophie will „noch vor Ablauf des gegenwärtigen" Jahrhunderts die „Wißbegierde" des Menschen „zur völligen Befriedigung ... bringen" [KrV II,712].

„Alle Menschen streben von Natur aus nach Wissen", heißt es am Anfang von Aristoteles' *Metaphysik*. Kant fragt: „Was kann ich wissen?" Es ist die Grundfrage der Kritik der Vernunft, welche darauf zielt, die Vernunft in ihrer Maßgabe und in ihren Grenzen für den Menschen herauszuheben, was griechisch *krinein* heißt. In diesem kritischen Sinne „vereinigt sich" alles „Interesse meiner Vernunft (das spekulative sowohl, als das praktische)" „in folgenden drei Fragen: 1. *Was kann ich wissen?* | 2. *Was soll ich tun?* | 3. *Was darf ich hoffen?*" [KrV II,677]. Mit diesen Fragen beschäftigt sich Kants kritische Philosophie, in der er den Menschen über die Vernunft, über den Weg dorthin wie aber auch dessen Schwierigkeiten aufklären will. Er will „das Verfahren der Vernunft selbst" untersuchen, wozu er „das gesamte menschliche Erkenntnisvermögen" zergliedert und prüft, „wie weit die *Grenzen* desselben wohl gehen mögen" [L III,456]. Alle diese Fragen sollen letztlich dazu führen, die vierte Frage zu beantworten: „Was ist der Mensch?" [L III,448]. Diese formuliert er nicht in seinem Hauptwerk, sondern erst in seiner Logik, was bis heute irritieren kann.

Nicht erst in seiner *Anthropologie in pragmatischer Hinsicht* meint Kant, daß es auf die allgemeine Erkenntnis „des Menschen als *Weltbürgers*" [A VI,400], auf die Erkenntnis, daß der Mensch „der wichtigste Gegenstand" in der Welt ist [A VI,399], ankommt. Bereits für die *Kritik der reinen Vernunft* steht fest, daß „die Endabsicht" „im Praktischen" liegt [KrV II,37]. So ist Philosophie nicht nur Wissenschaft, sondern letztlich „Lehre *der Weisheit*", Philosophie nach dem „*Weltbegriffe*" als „die Wissenschaft von den letzten Zwecken der menschlichen Vernunft" [L III,446 f.]. Wer bloß nach spekulativem Wissen oder Wissen um des Wissens willen strebt, verbleibt in einer „Philosophie nach dem Schulbegriffe", ist „Vernunftkünstler" oder „*Philodox*". „Was aber Philosophie nach dem Weltbegriffe ... betrifft: so kann man sie auch *eine Wissenschaft von der höchsten Maxime des Gebrauchs unsrer Vernunft* nennen" [L III,446 f.]. „*Weltbegriff* heißt hier derjenige, der das betrifft, was jedermann notwendig interessiert"; „der

Philosoph ist nicht ein Vernunftkünstler, sondern der Gesetzgeber der menschlichen Vernunft" [KrV II,700 f.].

Eine solche Philosophie nennt Kant durchaus Metaphysik. Denn die erste der oben genannten vier Fragen „beantwortet die *Metaphysik*, die zweite die *Moral*, die dritte die *Religion*, und die vierte die *Anthropologie.*" In der Einleitung zu Kants Logik finden wir diese alles umfassende Bemerkung, aus der hervorgeht, daß Kants Metaphysik zugleich Anthropologie ist. Denn die drei ersten Fragen beziehen sich auf die letzte. Dabei ist sich Kant stets bewußt, daß er in der *Kritik der reinen Vernunft* nur in den Vorhof zu dieser Metaphysik gelangt. Sie ist „ein Traktat von der Methode" [KrV II,28]. Diese besteht in der „transzendentalen Deduktion" [KrV II,125 ff.]. Der Weg, die Methode geht nicht hinaus, ist nicht Transzendenz-, sondern Transzendentalphilosophie. Transzendental heißt, daß es eine der Vernunft „*vorangehende Kritik*" [KrV II,36] ist, die auf den Grund im Menschen selbst zurückgeht.

Die kritische Wende der Philosophie von der Transzendenz- in die Transzendentalphilosophie, die alles bisherige Denken revolutioniert, ist bekannt als Kopernikanische Wende. Die dem Kopernikus „analogische, Umänderung der Denkart" [KrV II,28] führt zu wissenschaftstheoretischen Grundsätzen, die Kant am eindringlichsten in der *Kritik der reinen Vernunft* formuliert: „die Bedingungen der *Möglichkeit der Erfahrung* überhaupt sind zugleich die Bedingungen der *Möglichkeit der Gegenstände der Erfahrung*" [KrV II,201].

III. Philosophie in weltbürgerlicher Absicht

Hinter der kleinen Schrift *Idee zu einer allgemeinen Geschichte in weltbürgerlicher Absicht* steht die ganze Schubkraft der *Kritik der reinen Vernunft*, die bereits das „Feld der Philosophie in dieser weltbürgerlichen Bedeutung" [L III,447] betritt, um in seiner *Anthropologie in pragmatischer Hinsicht* den Menschen als „animal rationabile" [A VI,673] zu bezeichnen, eine Formel, die man bereits von französischen Aufklärern kennt. Kant entwirft seine Geschichtsphilosophie in der aufklärerischen Manier, in der sich Evolution und Revolution mischen, Natur und Vernunft gegen-, aber auch durch- und miteinander gehen. Von Natur sind wir nicht schon vernünftig, können es aber durchaus werden.

Seine Geschichtsphilosophie legt er in neun Thesen dar [G VI,35 ff.]. Wird in der ersten These die Idee der Naturteleologie im Hinblick auf einen „Leitfaden ... der Vernunft" behauptet, in der zweiten die Idee der Teleologie des Menschen als eines Vernunftwesens im Hinblick auf die Gattung betrachtet, in der dritten die Idee der menschlichen Selbstproduktion durch eigene Vernunft verheißen, so spricht er in der vierten vom *„Antagonism ... in der Gesellschaft"*, d.h. einer *„ungesellige[n] Gesellligkeit* der Menschen". In der Naturanlage der Zwietracht stecke eine Endabsicht der Natur, in der die Vernunft des guten Willens schließlich dominieren werde. Angesichts des Antagonismus in der menschlichen Gesellschaft sieht er fünftens das *„größte Problem für die Menschengattung, zu dessen Auflösung die Natur ihn zwingt"*. Erst im Erreichen des Bürger- wie Rechtsstatus vollenden wir unser Menschsein. Eine „vollkommen *gerechte bürgerliche Verfassung"* sei „höchste Aufgabe der Natur für die Menschengattung". Wie der Mensch sich „ein Oberhaupt der öffentlichen Gerechtigkeit verschaffen könne, das selbst gerecht sei", darin besteht sechstens das *„schwerste"* Problem, welches die *„Menschengattung am spätesten"* lösen werde: „aus so krummem Holze, als woraus der Mensch gemacht ist, kann nichts ganz Gerades gezimmert werden. Nur die Annäherung zu dieser Idee ist uns von der Natur auferlegt".

Mit der siebten These wird auf die zwischenstaatliche Friedenssicherung verwiesen, welche conditio sine qua non wird, um eine bürgerliche Verfassung zu errichten. Dazu gehören einmal gesetzmäßige äußere Staatenverhältnisse, dann die Gestaltung eines Völkerbundes. Kant reißt die Kluft zwischen Natur und Kultur, menschlicher Sinnlichkeit und Vernunft in der ganzen Dimension auf, nennt den inneren Krieg, der im Menschen selbst und zwischen einzelnen Menschen tobt, und den äußeren, den Staatenkrieg.

In der achten These wird die Geschichte der Menschengattung als Vollzug *„eines verborgenen Plans der Natur"* angesehen, um eine innenpolitisch vollkommene Staatsverfassung zustande zu bringen, zu deren Zweck die Natur ebenfalls die außenpolitischen Probleme allmählich regelt. Dieses Problem der politischen Ordnung, dem wir heute vielleicht noch gesteigert gegenüberstehen, sieht Kant als ein philosophisch lösbares Problem, weil die Natur schließlich „zur höchsten Absicht hat, ein allgemeiner *weltbürgerlicher Zustand*, als der Schoß, worin alle ursprüngliche Anlagen der Menschengattung entwickelt werden, dereinst einmal zu Stande kommen werde". Was können wir aber heute angesichts einer ganz anderen Weltlage tun? Er antwortet mit der neunten These: *„Ein philosophischer Versuch, die allgemeine Weltgeschichte nach einem Plane der Natur, der auf die vollkommene bürgerliche Vereinigung in der Menschengattung abziele, zu bearbeiten, muß als möglich, und selbst für diese Naturabsicht beförderlich angesehen werden"* [G VI,47].

IV. Praktische Vernunft – Autonomie

In der Geschichtsphilosophie stellt Kant den Menschen in den größtmöglichen Zusammenhang: die Gattung, die Menschheit. Darum geht es auch in der *Grundlegung zur Metaphysik der Sitten*. Die Frage der Metaphysik, die Frage nach dem Grund wird hier nicht aufgegeben, vielmehr intensiviert. Der Anspruch ist noch größer. Er verweist auf eine antike Dreiteilung der Philosophie in Physik, Ethik und Logik und hält diese „Einteilung … der Natur der Sache vollkommen angemessen" [GMS IV,11]. Im Grunde bleibt Kant bei dieser Einteilung, wobei er weiter sondiert wie sortiert: Die Logik ist formal, Physik und Ethik sind material, d.h. sie haben einen Gegenstand (nämlich Naturgesetz bzw. Sittengesetz), der in unterschiedlicher Weise betrachtet werden muß, nämlich mehr oder rein empirisch bzw. mehr oder rein rational. Letzteres ist ganz im Sinne seiner Kritik der Vernunft, die auf die rein apriorischen Momente zurückgehen will. Das beansprucht die transzendentale Methode.

Physik und Ethik bzw. Naturlehre und Sittenlehre, wie Kant es nennt, können sich auf Erfahrung stützen und von dort her eine Philosophie versuchen. Eine Philosophie aber, die „aus Prinzipien a priori ihre Lehren vorträgt" – und dies ist die neue kritische Erwägung – nennt Kant erst *„reine* Philosophie" [GMS IV,11]. Zu dieser zählt er die formale Logik. Insofern aber auch Natur- bzw. Sittenphilosophie nach Gesetzen a priori Ausschau halten, bezeichnet er dies mit dem alten Namen Metaphysik, allerdings in einem neuen Sinn. Hier meldet eine auf den Menschen hinzielende Philosophie den Anspruch einer unbedingten Gründung und Rechtfertigung des Denkens wie Tuns an. „Auf solche Weise entspringt die Idee einer zwiefachen Metaphysik, einer *Metaphysik der Natur* und einer *Metaphysik der Sitten*" [GMS IV,12].

Der erste Abschnitt „Übergang von der gemeinen sittlichen Vernunfterkenntnis zur philosophischen" beginnt mit einem berühmt gewordenen Satz: „Es ist überall nichts in der Welt, ja überhaupt auch außer derselben zu denken möglich, was ohne Einschränkung für gut könnte gehalten werden, als allein ein *guter Wille*" [GMS IV,18]. Dies ist der apriorische und nicht empirische Ansatz, der Grundsatz für die neue kritische Art einer Ethik, welche besser Moralphilosophie genannt wird: der Wille, der sich von aller Naturveranlagung des Menschen losreißt und zur Freiheit des Sittengesetzes führt, die bei Kant Autonomie heißt und die er später den „*Schlußstein* von dem ganzen Gebäude eines Systems der reinen, selbst der spekulativen, Vernunft" nennt [KpV IV,107].

Hierzu entwirft Kant in der ‚Grundlegung' die wesentlichen Bausteine, die er in drei Formeln ausspricht, worin wir eine stets weiter ausgreifende Autonomie sehen, welche den Menschen des guten Willens zum „allgemeinen Gesetz", „allgemeinen Naturgesetz", zur „Menschheit" gelangen läßt, letztlich zu einem metaphysischen Ganzen, zu einer „moralischen Welt" in mir [KrV II,681]. „*Handle nur nach derjenigen Maxime, durch die du zugleich wollen kannst, daß sie ein allgemeines Gesetz werde*" [GMS IV,51]. Diese Formel ist die bekannteste des sogenannten kategorischen Imperativs, in dem sich der Mensch der eigentlichen Aufgabe stellt, ein Vernunftswesen zu sein.

Alles liegt am Willen. Dieser kann viel, das Ganze bringen. Aber hier ergibt sich auch die bleibende Schwierigkeit, wirklich vernünftig zu leben. Die Vernunft gibt uns das moralische Gesetz, ohne uns das Gesetz aufzwingen zu können. Vielmehr wird uns angesichts des Sittengesetzes das Wesen der Freiheit „bewußt". Die Freiheit liegt darin, daß wir uns entscheiden können: ein vernünftiger Mensch zu sein. Dies heißt aber, daß wir nur dann frei sind, wenn wir das Sittengesetz in uns vernehmen, es uns als das eigentliche Vernunftsgesetz aufgeht. Das moralische Gesetz drückt

„nichts anders aus, als die *Autonomie* der reinen praktischen Vernunft, d. i. der Freiheit" [KpV IV,144]. Freiheit als Autonomie bedeutet, sich selbst aus seiner Vernunft a priori das Gesetz des Handelns zu geben. Wodurch aber? Durch den Willen, welcher die Herzmitte dieses vernünftigen, gesetzgebenden Geschehens darstellt. Der Wille, der erstmals bei Augustinus herausgehoben wird, aber erst in der Philosophie des 18. Jahrhunderts besonders bei Rousseau die alles entscheidende Rolle übernimmt, wird bei Kant zum lebens- wie menschheitsentscheidenden Kriterium. Er ist jenes, was die Kritik der reinen Vernunft herausarbeitet, die deshalb zugleich praktische Vernunft ist. Die Bestimmung des Menschen heißt nun Autonomie. Diese ist „Eigenschaft des Willens, sich selbst ein Gesetz zu sein": „also ist ein freier Wille und ein Wille unter sittlichen Gesetzen einerlei" [GMS IV,81f.].

V. Republikanische Verfassung – Ewiger Friede

Beides hängt zusammen, die republikanische Verfassung führt zum Frieden in der Politik und unter Menschen, wie wiederum die Idee des Friedens eine wesentliche Bedingung für das politisch-republikanische Zusammenleben der Menschen ist. „Die erstlich nach Prinzipien der *Freiheit* der Glieder einer Gesellschaft (als Menschen); zweitens nach Grundsätzen der *Abhängigkeit* aller von einer einzigen gemeinsamen Gesetzgebung (als Untertanen); und drittens, die nach dem Gesetz der *Gleichheit* derselben *(als Staatsbürger)* gestiftete Verfassung – die einzige, welche aus der Idee des ursprünglichen Vertrags hervorgeht, auf der alle rechtliche Gesetzgebung eines Volks gegründet sein muß – ist die *republikanische.*" [F VI,204] Die republikanische Verfassung besteht in der republikanischen Regierungsart.

Kant unterscheidet zwei Regierungsarten: die republikanische und die despotische, und weiterhin drei Staatsformen: Monarchie, Aristokratie, Demokratie [vgl. F VI,206, MS § 51]. Er hält eine republikanische Regierungsart in allen Staatsformen außer der Demokratie für möglich. „*Republikanism* ist das Staatsprinzip der Absonderung der ausführenden Gewalt (der Regierung) von der gesetzgebenden" [F VI,206f.]. So kann auch die Monarchie für Kant einen solchen Republikanism darstellen: Es heißt, „das Volk nach Prinzipien zu behandeln, die dem Geist der Freiheitsgesetze (wie ein Volk mit reifer Vernunft sie sich selbst vorschreiben würde) gemäß sind, wenn gleich dem Buchstaben nach es um seine Einwilligung nicht befragt würde" [StF VI,364f.]. In der Demokratie sieht Kant einen „*Despotism*". Jeder will sein eigener Herr sein; alles zielt auf die Verwirrung der Gewalten, der einzelne repräsentiert alles und doch zugleich nichts. Kants Überlegungen zur demokratischen Gesellschaft sind nach wie vor bedenkenswert: „Weil der Gesetzgeber in einer und derselben Person zugleich Vollstrecker seines Willens ... sein kann", ist Demokratie eine Regierungsform, „die nicht *repräsentativ*" und deshalb „eigentlich eine *Unform*" ist [F VI,207].

In seiner Schrift *Zum ewigen Frieden* stellt er in der Manier der Friedensschriften der Aufklärungszeit Artikel auf, welche Bedingungen des Friedens bzw. des republikanischen Staates aufstellen: kein Friedensschluß mit dem geheimen Vorbehalt für künftige Kriege, keine gewalttätige Einmischung von Staaten in Verfassung und Regierung eines anderen Staates, schließlich keine so weit gehenden „Feindseligkeiten", die jedes „wechselseitige Zutrauen im künftigen Frieden unmöglich machen müssen" [F VI,200]. So formuliert er Präliminarartikel und fügt folgende Definitivartikel hinzu:

1. „Die bürgerliche Verfassung in jedem Staate soll republikanisch sein"

2. „Das Völkerrecht soll auf einen *Föderalism* freier Staaten gegründet sein"

3. „Das *Weltbürgerrecht* soll auf Bedingungen der allgemeinen *Hospitalität* eingeschränkt sein" [F VI,204, 208 u. 213].

Die republikanische Verfassung und der ewige Friede sind eine regulative Gattungsidee. Wie wir aus seiner Geschichtsphilosophie wissen und wie Kant auch im Politikentwurf *Zum ewigen Frieden* zugesteht, erreicht nicht der Mensch diese politische Ordnung, sondern nur die Menschheit, d. h. das Ganze „der gesellschaftlich auf Erden vereinigten, in Völkerschaften verteilten Menschen", von denen gesagt werden könne, daß „das menschliche *Geschlecht* (im großen) zum Besseren beständig fortschreite" [StF VI,351]. Inzwischen kann jeder all dies der Idee nach sein, wenn er wie Kant seine Geschichte und Politik in weltbürgerlicher Absicht selbst entwirft, was erfordert, daß er nach dem

Grundgesetz der praktischen Vernunft, dem Sittengesetz, der Autonomie, dem guten Willen lebt.

VI. Vom guten Bürger zum guten Menschen

„Niemals empört etwas mehr als Ungerechtigkeit alle andere Übel die wir ausstehen sind nichts dagegen" [AA XX,36]. Wenn das Elend des Menschen im Erleiden von Unrecht liegt, dann müßte die Hoffnung berechtigt sein, daß für die Verwirklichung des Rechts alle Anstrengungen unternommen werden. Die Achtung vor dem Recht der Menschen müßte auch aus der Erfahrung des Unrechts sich bilden und wachsen, die Forderung nach Recht um des Rechtes willen uns zwingend erscheinen. Recht muß Pflicht werden können.

„Man nennt die bloße Übereinstimmung oder Nichtübereinstimmung einer Handlung mit dem Gesetze, ohne Rücksicht auf die Triebfeder derselben, die *Legalität* (Gesetzmäßigkeit); diejenige aber, in welcher die Idee der Pflicht aus dem Gesetze zugleich die Triebfeder der Handlung ist, die *Moralität* (Sittlichkeit) derselben" [MS IV,324]. Um seiner selbst willen ist der Mensch naturgemäß gezwungen, „ein guter Bürger" zu sein, d. h. die Gesetze und die Mitmenschen um ihrer selbst willen zu achten. Eine Kluft besteht demnach zwischen diesem guten Bürger und dem guten Menschen als dem moralischen, der Gesetze um der Gesetze willen und den anderen Menschen um dessen selbst willen achtet. Achtung vor dem Gesetz und Achtung vor dem Menschen zeichnen den guten Menschen aus. In dieser Achtung gewinnt der Mensch erst die Selbstachtung, erfährt er die „Würde" des Menschseins [vgl. GMS IV,67 ff.].

Gleichwohl bedeutet Kant die Verwirklichung der Legalität – der er die größere Chance als der der Moralität beimißt – moralisch nicht wenig. Denn in den dadurch gewährleisteten „guten *Taten* der Menschen, … also in den Phänomenen der sittlichen Beschaffenheit des Menschengeschlechts wird der Ertrag (das Resultat) der Bearbeitung desselben zum Besseren allein gesetzt werden können" [StF VI,365]. Kant, der im guten Willen das einzige in der Welt sieht, „was ohne Einschränkung für gut könnte gehalten werden", und der von diesem guten Willen behauptet, daß er „nicht durch das, was er bewirkt, oder ausrichtet, … sondern allein durch das Wollen" [GMS IV,18 f.] gut ist, dieser Gesinnungsethiker Kant, wie er gern heute genannt und kritisiert wird, schaut auch auf den „Ertrag", der beim Handeln herauskommt und der durch die Bindung an die Legalität erhöht werden kann.

In der Moralität sieht Kant nicht die Ursache der Legalität. Aber umgekehrt hält er das legal funktionierende Leben für die Ursache der guten moralischen Bildung eines Volkes [vgl. F VI,224]. Dieses Ursache-Wirkung-Verhältnis darf nicht mißverstanden werden. Niemals will Kant damit sagen, daß gleichsam aus der Natur das entsteht, was der Mensch aus Vernunft und Freiheit sein kann. Angesichts des radikal Bösen im Menschen ist seine Freiheit zum Sittengesetz stets in Frage gestellt. Doch gerade hier – in der Auseinandersetzung der Naturanlagen mit ihrem Grund des „radikal Bösen" [vgl. R IV,680 ff.] und der Vernunftbegabung mit ihrer Freiheit zum Sittengesetz – setzt Kants Denken über den Menschen an. Er erliegt keinem Fatalismus der Natur oder Skeptizismus der Vernunft. Kant ist Kritiker des Menschen; er unterscheidet Natur und Vernunft des Menschen und versucht dabei herauszuheben, was der Mensch in dieser Spannung ist.

Die Frage „Was ist der Mensch?" erweist sich ihm als Frage: was kann der Mensch aus sich machen? „Es kommt hiebei nicht auf das an, was die Natur aus dem Menschen, sondern was dieser *aus sich selbst macht*" [A VI,634]. Dies gelingt in einer Revolution der Denkungsart, in einem einmaligen und vielleicht bleibenden Gründungsakt eines neuen menschlichen Charakters. Kant versteht dies nicht als ein natürliches Wachsen, sondern als „eine Explosion, die auf den Überdruß am schwankenden Zustande des Instinkts auf einmal erfolgt". Dieser Entschluß zur Vernunft muß den Menschen im ganzen ergreifen: „Fragmentarisch ein besserer Mensch werden zu wollen, ist ein vergeblicher Versuch; … die Gründung eines Charakters aber ist absolute Einheit des innern Prinzips des Lebenswandels überhaupt" [A VI,637].

Darin liegt ein ungeheurer Anspruch von Kants Menschenverständnis. Wenn darauf die menschliche Anstrengung gerichtet sein soll, dann handelt es sich um eine Forderung von alles oder nichts. Aber Kant muß dies für den Menschen fordern, weil dieser dem radikal Bösen verhaftet ist. Nur ein radikaler Eingriff des Menschen in sich selbst hat Aussicht, die Auseinandersetzung mit dem „radikal Bösen" [vgl. R IV,680 ff.] zu bestehen. Kann eine solche Gründung des Charakters als eine Umgründung der menschlichen Natur gelingen? „Vielleicht werden nur wenige sein, die diese Revolution vor dem 30sten Jahre versucht, und noch wenigere, die sie vor dem 40sten fest gegründet haben" [A VI,637]. Die Revolution der Denkungsart – das ist Kants Problem.

VII. Politik und Moral

Kant ist unerbittlich in seiner Forderung an den Menschen in Praxis und Politik. Er ist dabei seiner regulativen Idee des Philosophen als Weisheitsforscher verpflichtet. Weil Philosophie im Grunde praktisch sein soll, zielt sie darauf, die Politik zu bestimmen. Kant versteht darunter nicht, daß Politik von Philosophen gemacht werden soll, aber nach philosophischen Prinzipien. Seine Philosophie gilt der Herausarbeitung dieser Prinzipien und kann deshalb im ganzen eine politische Philosophie genannt werden, deren Zweck in einer philosophischen Politik beruht. Eine solche wird betrieben, wenn der Gedanke der Pflicht zur Vernunft aufgeht.

Der Unterschied zwischen Moral und Politik ist für Kant der zwischen Theorie und Praxis. Dabei bleibt er „auch in kosmopolitischer Rücksicht bei der Behauptung: Was aus Vernunftgründen für die Theorie gilt, das gilt auch für die Praxis". Für die Theorie einer Kosmopolitik gilt das Vernunftprinzip als Rechtsprinzip. Sie hat davon auszugehen, „wie das Verhältnis unter Menschen und Staaten *sein soll*", und hat den Politikern zu empfehlen, „in ihren Streitigkeiten jederzeit so zu verfahren, daß ein solcher allgemeiner Völkerstaat dadurch eingeleitet werde, und ihn also als möglich (in praxi), und daß er *sein kann*, anzunehmen" [TP VI,172].

VIII. Kritik der Urteilskraft

Kants letzter und umfassender Versuch einer Kritik gilt der zentralen wie vermittelnden bzw. in der Mitte aller Gemüts- wie Erkenntnisvermögen waltenden Urteilskraft. Es fällt auf, daß Kant den älteren und umfassenderen Namen für Seele, nicht *(psychê)*, sondern *thymos* verwendet, der mit Gemüt übersetzt wird. Offensichtlich sucht er nach dem im Gemüt ruhenden Erkenntnisvermögen. Das „Begehrungsvermögen des Gemüts" kreist um das Erkenntnisvermögen Vernunft, welches den „Endzweck" der „Freiheit" [KU V,274] hat. Der Verstand richtet sich auf Prinzipien a priori der Gesetzmäßigkeit in Anwendung auf Natur. Was aber bildet die Mitte der Gemüts- wie Erkenntnisvermögen?

Die Urteilskraft – als das „a priori gesetzgebende ... Vermögen", das Besondere als enthalten unter dem Allgemeinen zu denken" [KU V,251]. In ihr zeigt sich, was der Mensch in und mit der Vernunft zusammenzubringen hat: Einzelnes, Besonderes und Allgemeines, Ganzes. Hier hat die Urteilskraft zu vermitteln, hin und her zu gehen. Sie ist gewissermaßen die Mitte und so der kritische Punkt. Kant unterscheidet zwei Grundformen, wie die Urteilskraft vorgeht: entweder von einem Einzelnen zu einem Allgemeinen, zu Wissen und Einsicht zu gelangen; oder von einem Grundsatz, einem Gesetz, einer Regel her ein Einzelnes oder Besonderes darunter zu subsumieren. Er stößt in diesem letzten kritischen Versuch über die Vernunft und den Menschen darauf, daß wir neben Verstand und Vernunft Urteilskraft brauchen, um im Menschsein zu bestehen, um Mensch mit und unter Menschen zu sein. Mit Verstand kommen wir zu Naturgesetzen, mit Vernunft zum Sittengesetz als Maßgaben des Ganzen. Es bleibt aber die Frage nach dem Bezug des Einzelnen und Besonderen zum Ganzen.

IX. Zusammenfassung und Ausblick

Mit seiner kritischen Philosophie setzt Kant den neuzeitlichen Schub einer vielfältigen Bewegung fort, in welcher der Mensch von allem Besitz zu ergreifen versucht. Den Besitz der Wahrheit markiert Descartes mit Gewißheit *(certitudo)*, vom Besitz von Freiheit, Leben, Eigentum spricht Locke, was zur Grundformel der Menschenrechte wird. Hier blitzt der Zusammenhang zwischen der Erklärung von Menschenrechten und dem Zeitalter der Aufklärung auf, in welchem Kant die entscheidende Philosophie liefert. In der ‚Kritik der reinen Vernunft' weist er dem Verstand den Besitz an, bringt ihn auf die Verstandesbegriffe, „die Kategorien". Und er spricht bereits von Vernunftbegriffen, „den Ideen", die über den Verstand hinausweisen. Darum ringt er in der *Kritik der praktischen Vernunft* wo „*der Vernunft* ... ihr Besitz angewiesen worden" sei [KU V,238].

Seine und der neuen Philosophie Grundfrage „Was ist der Mensch?" heißt letztlich: Was habe ich als Mensch in meiner Hand, was kann ich in den Griff bekommen? Dies ist der Begriff, den Verstand und Vernunft uns geben. Kant hat die Größe wie Schwierigkeit dieses kritisch-besitzenden Vorgehens jedenfalls in seiner letzten Kritik festgehalten, worin er drei Maximen aufstellt: die des Verstandes, der Urteilskraft und der Vernunft. „1. Selbstdenken; 2. An der Stelle jedes andern denken; 3. Jederzeit mit sich selbst einstimmig denken". Er nennt diese Maximen die dem Menschen mögliche und aufgegebene „Denkungsart", die er in der ersten noch relativ einfach dem Menschen zugeordnet sieht. Von „*erweiterter Denkungsart*" spricht er, wenn jemand „aus einem *allgemeinen Standpunkte* (den er dadurch nur bestimmen kann, daß er sich in den Standpunkt anderer versetzt) über sein eigenes Urteil reflektiert". Am „schwersten zu erreichen" und nur in „Verbindung beider ersten" ist die „dritte Maxime, nämlich die der *konsequenten* Denkungsart" [KU V,390 f.]. Die Kritik führt an eine Grenze, verweist auf größte Schwierigkeiten, ja unlösbare Probleme. Was das Zeitalter der Aufklärung, der Kritik und der Philosophie uns bringt, haben wir letztlich nur in der theoretischen Vernunft, genauer gesprochen, dem Verstand. Dieser liefert Kategorien, wie beispielsweise die Kausalität, mit der wir in den Wissenschaften arbeiten.

1. Der Mensch, welcher im Verstand die Bedingungen der Möglichkeit seines Erkennens entwirft, erfährt bei allem Welterkennen nur sich selbst. Dies wird in der Zeit nach Kant mehr und mehr verstanden und spiegelt sich darin, wenn ein Physiker wie Heisenberg unterstreicht, daß alle Naturerkenntnis mithin Selbsterkenntnis des Menschen ist. Man spricht auch vom Subjekt-Objekt-Verhältnis, um das es in der Wissenschaft hauptsächlich geht. So kann man auch die Relativitätstheorie als die entfaltete Subjekt-Objekt-Theorie sehen, ebenfalls die Quantentheorie, um von der heutigen Chaostheorie gar nicht zu reden. Der Betrachter muß sich selbst betrachten. Wir sprechen vom Beobachter. Die

aristotelische *theoria* geht auf das Sein; die heutige Theorie dreht sich um das Bewußtsein, ja Selbstbewußtsein: wirklich ist, was beobachtbar, meßbar ist. Die Maxime des Selbstdenkens greift im Beobachten und Messen. Hier kommen wir nach wie vor zu Besitz.

2. In der Vernunft versuchen wir den Spagat vom ‚Ich will‘ zum allgemeinen Gesetz, Sittengesetz, zur Menschheit. Hier geht es um „Revolution der Denkungsart", die eine moralische Welt, einen weltbürgerlichen Zustand erreichen will. Kant sieht selbst ein, daß dieser anvisierte Zustand das „Reich Gottes auf Erden" [AA XV,608] wäre. Man hat Kants Vernunft- bzw. Moralphilosophie einen Rigorismus und Formalismus genannt. Kant war selbst kritisch genug, um das entscheidende Problem zu kennen: „Wenn ich durch den Verstand urteile, daß die Handlung sittlich gut ist, so fehlt noch sehr viel, daß ich diese Handlung tue, von der ich so geurteilt habe ... Urteilen kann der Verstand freilich, aber diesem Verstandesurteil eine Kraft zu geben, und daß es eine Triebfeder werde den Willen zu bewegen, die Handlung auszuüben, das ist der Stein der Weisen." [Eine Vorlesung über Ethik, 54].

3. Und hier fügt sich die größte Revolution der Denkungsart an, nämlich „an der Stelle jedes andern denken", wo Kant seine Kritik an eine Grenze treibt, an der die ganze „Architektonik" [vgl. KrV II,695 ff.] dieser neuen, dem Menschen Besitz bringenden Philosophie wie vor eine Wand stößt. Es betrifft die Urteilskraft des Menschen, die nicht nur teilweise, sondern gar wesentlich uns mangelt, was durch keine Philosophie und Wissenschaft, wie Kant heraushebt, beseitigt werden kann. Ich formuliere das Problem in drei Sätzen, die sich fast alle in der *Kritik der reinen Vernunft* finden und in denen ich die dort ins Auge fallenden Aufgaben sehe, welchen Kant in der *Kritik der Urteilskraft* nachkommen wollte, aber nicht konnte.

1. „Urtheilskraft, jugement, gesunder Verstand sind einerley und die Verstandesfähigkeit in der Anwendung" [AA XVI,139]

2. „Der Mangel an Urteilskraft ist eigentlich das, was man Dummheit nennt, und einem solchen Gebrechen ist gar nicht abzuhelfen. Ein stumpfer oder eingeschränkter Kopf ... ist durch Erlernung sehr wohl, so gar bis zur Gelehrsamkeit, auszurüsten. Da es aber gemeiniglich alsdenn auch an" Urteilskraft „zu fehlen pflegt, so ist es nichts Ungewöhnliches, sehr gelehrte

Männer anzutreffen, die, im Gebrauche ihrer Wissenschaft, jenen nie zu bessernden Mangel häufig blicken lassen." [KrV II,185]

3. „Urteilskraft" ist „aber ein besonderes Talent ..., welches gar nicht belehrt, sondern nur geübt sein will" [KrV II,184].

Mit letzterem Satz führt uns Kant in den Anfang zurück, wo Aristoteles seine Ethik und Politik als praktische Philosophie zu gründen versuchte. Dort wurden Philosophie wie Wissenschaften in theoretische, technische und praktische eingeteilt. Theorie geht auf das Wissen, Technik auf das Werk, Praxis aber auf das Tun selbst. Ethik und Politik belehren dort nicht, verweisen vielmehr auf Übung, *ethos*, wie es heißt. Kants Kritik hebt die Dummheit hervor, an der es trotz und mit aller Aufklärung liegt, daß wir nicht in der Lage sind, auch bei erkannten Natur- wie Sittengesetzen entsprechend von Fall zu Fall zu handeln.

Karl Graf Ballestrem

Edmund Burke (1729–1797)

Zeittafel

I. Leben und Werk

Edmund Burke gehört nicht zu den Theoretikern, die – wie z. B. Aristoteles, Hobbes oder Kant – im Rahmen eines philosophischen Systems auch über Politik schreiben. Vielmehr gehört er zu den Praktikern, die durch ihre Erfahrungen angeregt werden, über Grundfragen der Politik nachzudenken. Aber während andere in dieser Tradition, wie z. B. Cicero, Machiavelli oder Tocqueville, durch die Umstände gezwungen wurden, von der Politik Abschied zu nehmen, und dadurch den Abstand gewinnen, der die philosophische oder wissenschaftliche Perspektive auszeichnet, schreibt Burke den Großteil seiner Schriften als aktiver Berufspolitiker, verstrickt in persönliche und parteiliche Interessen, mit der Absicht Einfluß zu gewinnen und das Publikum auf seine Seite zu ziehen. Bereits beim Erstling *Vindication of Natural Society* scheint weniger die Suche nach Wahrheit, als die Absicht der Irreführung des Lesers den Autor motiviert zu haben: Unter dem Deckmantel eines anonymen Briefes, der Lord Bolingbroke als Autor vermuten läßt, sucht er Bolingbrokes Religionskritik ad absurdum zu führen. Später kommt die Erfahrung als erfolgreicher Parlamentsredner hinzu. Ein großer Teil der Schriften Burkes sind Reden und Briefe, in denen er als Parlamentarier zu den großen Fragen der britischen Politik Stellung nimmt: Zur Auseinandersetzung mit den nordamerikanischen Kolonien; zur Interpretation des britischen Verfassungssystems, besonders zu Fragen der Parlaments- und Wahlrechtsreform; zur Irland- und Indien-Politik; zur Haltung gegenüber dem revolutionären Frankreich.

Burkes Leben stand unter starken Spannungen. Als anglikanisch getaufter Ire mit Sympathien für die katholische Kirche lebte er unter englischen Protestanten; als armer Bürgerlicher unter steinreichen Aristokraten; als von Haus aus Machtloser unter den Mächtigen. Zweifellos wurden dadurch große Energien in ihm geweckt. Fleiß und Begabung führten ihn an die Spitze des Parlaments, machten ihn zum Vordenker und Sprecher der *Rockingham Whigs*. Aber er blieb empfindlich und verletzbar, wirkte oft überspannt. Unrecht empörte ihn, wo immer er es antraf; Willkür prangerte er an. Er galt als Freund der Amerikaner, der

Iren, der Bengalen, der Unterdrückten überall auf der Welt. Den Kreisen, die dem Hof nahestanden, war er verhaßt. Man wußte, daß er hinter der Economic Reform Bill von 1782 stand, welche die finanziellen Mittel des Hofes eingeschränkt hatte. Er kritisierte die Regierungsform Georgs III. und beklagte den Einfluß des Königs im Parlament.

Umso erstaunter reagierte das englische Publikum, als dieser übereifrige Reformer bereits im November 1790 mit einer radikalen Verurteilung der Französischen Revolution hervortrat. Die *Reflections on the Revolution in France* liefen konträr zur öffentlichen Meinung, die von Schadenfreude über die Schwierigkeiten des alten Erzfeindes bis zu Sympathien für den Freiheitskampf des französischen Volkes reichte. Mit seiner Verteidigung der französischen Monarchie und seinem Plädoyer für die Unvergleichbarkeit der Revolutionen von 1688 und 1789 widersprach er nicht nur radikalen Dissenters (wie Tom Paine und Richard Price), sondern auch einem großen Teil seiner Parteifreunde. Burkes Gedanken wurden im Mai 1791 von der Mehrheit der Whigs unter ihrem Führer Fox verurteilt. Darauf wies er in *An Appeal from the New to the Old Whigs* nach, daß nicht er seine Position geändert habe, sondern die New Whigs um Fox, die die englische Verfassung auf eine ganz neue Grundlage – nämlich die der Volkssouveränität – stellen wollten. Die Ereignisse in Frankreich sollten Burke recht geben. Was dort in der folgenden Zeit geschah, war von ihm vorausgesagt worden. Seine Gegnerschaft zur Französischen Revolution blieb bis zuletzt unerbittlich. Noch kurz vor seinem Tod warnte er in *Letters on a Regicide Peace* eindringlich davor, mit den französischen „Königsmördern" Frieden zu schließen.

Bei der Interpretation von Burkes politischen Schriften ist als erstes zu bedenken, daß sie in einem engen Zusammenhang mit seinem Leben und Wirken als Parlamentarier, mit seinen parteipolitischen Interessen und Überzeugungen stehen. Das rhetorische Element prägt deshalb auch die Schriften, die nicht als Reden konzipiert waren. Nachdem er sein Publikum nicht als besonders vernünftig, vielmehr als affektgesteuert einschätzt, sucht er bestimmte Gefühle hervorzurufen. Die Schilderung der Erniedrigung des Königspaares durch den Pöbel von Paris (WSEB VIII, 121–126) ist ein rhetorisches Kunststück dieser Art: Burke appelliert an die Empfindsamkeit der Leser, denen er das Bild

Marie-Antoinettes als schwacher und verfolgter Frau und Mutter vor Augen stellt. Außerdem: Politik erscheint wie ein Theaterstück, die Aufführung eines Dramas vor einem staunenden Publikum. Die Hauptfiguren des Stückes, ihre Charaktere und Interessen, sind vorgegeben, ebenso gewisse Spielregeln, die die Verfassung festlegt. Aber die Inszenierung kann wechseln und damit die Bedeutung, die dem Drama von den Regisseuren, Akteuren und vom Publikum gegeben wird. Burkes Rhetorik dient dem Zweck, dem Stück eine bestimmte Deutung zu geben. Die Französische Revolution etwa ist für ihn eine Tragödie: Sie bietet das erhabene und erschütternde Schauspiel der Größe, die erniedrigt, der Schönheit, die beschmutzt wird. Sie trägt aber auch Züge des Grotesken: Das Publikum stürmt die Bühne und macht dem Stück ein Ende. Die Hauptfiguren werden beseitigt, die Spielregeln als ungültig erklärt, Chaos ist die Folge. Eine ähnliche Katastrophe für England zu verhindern, ist der Zweck der *Reflections* und der übrigen anti-revolutionären Schriften. Darum muß alles, was die Verteidiger der Revolution als Heldentaten darstellen, in eine abstoßende Perspektive versetzt werden. Die Überführung des französischen Königspaares von Versailles nach Paris, für Richard Price ein Triumphzug des freiheitsliebenden Volkes, wird in den *Reflections* zum grausamen Narrenzug des entmenschten Pöbels und zur via dolorosa der Königsfamilie.

Gewiß war Burke ein faszinierender politischer Redner und Schriftsteller. Ob er ein bedeutender politischer Philosoph war, steht auf einem anderen Blatt. Um seine Bedeutung als politischer Denker zu beurteilen, genügt es nicht zu zeigen, daß er auf der Bühne der Weltpolitik die Mittel der Rhetorik perfekt einzusetzen verstand, vielmehr ist zu fragen, ob ihm eine rationale Durchdringung der weitgehend emotionalen Welt des Politischen gelungen ist. Immerhin: selbst seine Reden und Pamphlete werfen immer wieder grundsätzliche Fragen auf und lassen erkenntnistheoretische, anthropologische, sozialphilosophische, politiktheoretische und theologische Überzeugungen erkennen. Ob er sich der hier aufscheinenden Umrisse eines philosophischen Systems bewußt war, ist fraglich. Immerhin lohnt der Versuch, es zu rekonstruieren und zu überlegen, ob es sich bei diesen Hintergrundüberzeugungen um den Entwurf einer guten Ordnung für den Menschen handelt.

II. Politische Philosophie

Die positive Grunderfahrung und leitende Idee in Burkes politischen Schriften ist die britische Verfassung, die ihm als Muster einer guten politischen Ordnung gilt. Diese Aussage mag zunächst verwundern, weil viele seiner Schriften gar nicht von England handeln. Bedenkt man jedoch den Kontext, so wird deutlich, daß es dennoch fast immer um England geht. Die Schriften über Nordamerika, Irland und Indien handeln von britischen Kolonien und englischen Politikern, und die Kolonialpolitik unter Georg III. erscheint als Korruption der britischen Verfassung und Gefährdung des britischen Empire. Auch das Buch über die Französische Revolution ist mit Blick auf England geschrieben. Es richtet sich gegen die Führer der *Revolution Society* in London und argumentiert vor allem gegen eine naturrechtlich-republikanische Umdeutung der britischen Verfassung.

Für Burke – wie für den von ihm verehrten Montesquieu – ist die politische Freiheit entscheidendes Merkmal und Ziel der britischen Verfassung. Wenn er die politische Ordnung seines Landes charakterisieren will, spricht er von free commonwealth, free state, free country oder free parliament (z. B. WEB I, 471–472). Politische Freiheit bedeutet vor allem Rechtssicherheit der Bürger. Wenn die Regierung an rechtsstaatliche Prinzipien rührt, ist die Kritik am lautesten, denn darin sieht er einen Angriff auf den Kern der Verfassung. Beispiele dafür gab es immer wieder, etwa als das britische Parlament die Habeas Corpus Akte für die Nordamerikaner aufheben wollte (WEB II, 192), oder wenn es in seinen Gesetzen für Irland die Grundrechte des weitaus größten Teils der Bevölkerung verletzte: „Eine Verfassung gegen das Interesse der vielen ist eher ein Mißstand (grievance) als ein Gesetz" (WSEB IX, 462). Aber ebenso ist Burkes Rechtsbewußtsein verletzt, wenn sich Warren Hastings in Indien wie ein Despot aufführt und in seinem Prozeß behauptet, in Asien könne man nur despotisch regieren: „Meine Lords", plädiert er am 16. Februar 1788 vor dem Oberhaus, „die East India Co. hat keine willkürliche Gewalt, die sie ihm verleihen könnte; der König hat sie nicht und ebenso wenig Eure Lordships, das Unterhaus oder die gesamte Legislative. Wir haben keine willkürliche Gewalt zu verleihen, weil willkürliche Gewalt etwas ist, was ein Mensch weder besitzen noch geben kann." (WSEB VI, 350).

Der Gefahr des Mißbrauchs der Macht begegnet die britische Verfassung durch die Teilung und gegenseitige Kontrolle der Gewalten in einer gemischten Regierung (mixed government). Beim Volk, vertreten durch die Repräsentanten des Bürgertums und des Adels, liegt die gesetzgebende Gewalt, die durch das Vetorecht des Königs kontrolliert wird. Der König hat das Recht, die Exekutive einzusetzen, aber das Parlament kann dagegen opponieren, indem es die Zustimmung versagt. Der Mechanismus der checks and controls in einer gemischten Regierung, die aus monarchischen, aristokratischen und demokratischen Elementen zusammengesetzt ist, ergibt ein komplexes politisches System, dessen Gleichgewicht immer prekär ist. Burke sieht das herkömmliche Gleichgewicht von zwei Seiten bedroht. Einmal durch die Regierungspraxis unter Georg III., der anstelle der mächtigen, im Parlament dominierenden Adelsfamilien seine persönlichen Favoriten um sich schart und die Unabhängigkeit des Parlaments mit allen Mitteln zu untergraben sucht. Zum anderen durch radikal reformerische Schriftsteller und Politiker (wie James Burgh, Thomas Paine, Richard Price, Joseph Priestley, John Wilkes), die für eine Erweiterung des Wahlrechts und das Prinzip der numerischen Repräsentation, letztlich für eine republikanische Verfassung eintreten. Beiden Gefahren tritt er mit gleicher Entschiedenheit entgegen, denn er fürchtet Anarchie oder „popular despotism" mindestens ebenso wie den Absolutismus.

Die meisten der radikalen Reformer gehörten zur naturrechtlichen Tradition des politischen Denkens. Mit Locke gingen sie davon aus, daß die Menschen von Natur aus frei sind und gleiche Rechte besitzen, darunter das Recht, ihr Zusammenleben im Staat vertraglich zu regeln; daß der eigentliche Zweck des Staates darin besteht, Leben, Freiheit und Eigentum der Bürger zu schützen; daß alle Bürger das Recht haben, durch ihre Repräsentanten an der Regierung teilzuhaben; daß die Gehorsamspflicht der Bürger auf freiwilliger Selbstverpflichtung, die Autorität der Obrigkeit auf dem Vertrauen des Volkes beruht; daß das Volk einem Herrscher, der die Bedingungen des Gesellschaftsvertrags verletzt, jederzeit das Vertrauen entziehen und seine politischen Verhältnisse neu regeln kann. Warum kann Burke diesen – in seiner Zeit weit verbreiteten – Gedanken nicht folgen? Er kritisiert den Gedanken abstrakter Natur- oder Menschrechte ebenso wie die Fiktion des Naturzustands. Für ihn impliziert der Begriff des Rechts die Vorstellung einer Rechtsordnung, in der Rechte definiert und geschützt werden, in der Unrecht bestraft wird. Daher gibt es für ihn keine Rechte, die dem Menschen als solchen außerhalb einer Rechtsordnung zukommen.

Allerdings darf man in ihm nicht einen Rechtspositivisten sehen, der ohne Normen und Kriterien zur Beurteilung bestehender Gesetze auszukommen glaubt. Er urteilt, er übt Kritik und beruft sich dabei nicht nur auf die immanenten Standards bestehender Rechtsordnungen, sondern auch auf die menschliche Natur. Von den meisten Naturrechtstheoretikern unterscheidet ihn seine Auffassung von Natur: Er geht von einem organisch-teleologischen, nicht von einem individualistisch-mechanistischen Naturbegriff aus. Um zu beurteilen, was der Natur entspricht, darf man nicht die einzelnen Elemente, sondern muß man die Struktur des Ganzen beachten; darf man nicht den Ausgangspunkt, sondern muß man den Höhepunkt der Entwicklung zum Maßstab nehmen. Von der menschlichen Natur gilt das in besonderem Maße. Der Mensch ist ein soziales und historisches Wesen und entfaltet seine Natur in Gesellschaft und Geschichte. Nicht der Wille freier und gleicher Individuen in einem fiktiven, vorgesellschaftlichen Naturzustand kann daher als Maßstab zur Beurteilung menschlicher Lebensformen dienen, sondern die Bedürfnisse und Wertvorstellungen von sozialisierten Individuen in hoch entwickelten Gesellschaften. Aus teleologischer Sicht ist die moderne civil society mit ihren sozialen Konventionen, Rangunterschieden und Rechtsverhältnissen der eigentliche Naturzustand: „Der Zustand der bürgerlichen Gesellschaft … ist ein Naturzustand und das in einem viel echteren Sinne, als es eine wilde und asoziale Lebensweise wäre. Denn der Mensch ist von Natur aus vernünftig und er befindet sich niemals in einem vollkommen natürlichen Zustand außer dort, wo er seine Vernunft am besten entwickeln und ihre Vorherrschaft ausüben kann. Die Kultur ist des Menschen Natur (art is man's nature)." (WEB IV, 175–176).

Es widerspräche aller Erfahrung, wollte man annehmen, daß alle Menschen gleichermaßen vernünftig wären oder sein könnten. Die naturgemäße Entwicklung führt zu einer differenzierten

Sozialstruktur, in der den Gebildeten und Wohlhabenden – der „natural aristocracy" – eine selbstverständliche Führungsrolle zukommt. Das Volk ist politisch und ständisch verfaßt. Hierarchie und soziale Harmonie sind kein Widerspruch: „... die Weiseren, Erfahreneren und Vermögenderen führen – und indem sie führen, erziehen (enlighten) und schützen – die Schwächeren, die weniger Gebildeten, die Ärmeren. Wenn die Menge (multitude) nicht unter einer solchen Disziplin steht, kann man kaum von einer bürgerlichen Gesellschaft sprechen." (WEB IV, 174).

Ordnung durch Vernunft und Tugend, d.h. durch die Führung einer verantwortungsvollen Elite, der sich die Menge freiwillig unterordnet: Burke sieht keinen Anlaß, an diesem paternalistischen Ideal einer guten Ordnung zu zweifeln. Es erlaubt ihm, eine Verfassung zu verteidigen, die durch Repräsentation der verschiedenen Stände, Rechtssicherheit aller Bürger und Gemeinsinn der Eliten charakterisiert werden kann. Es erlaubt ihm aber auch, scharfe Kritik zu üben, einerseits an verantwortungslosen Eliten, andererseits an Utopisten, die die soziale Ungleichheit aufheben und allen Bürgern gleiche politische Rechte zukommen lassen wollen. In diesen Zusammenhang läßt sich auch seine qualitative Idee der Repräsentation und seine Auffassung vom freien Mandat der Abgeordneten einordnen: Wahl und Abwahl bedeuten Einsetzung und Kontrolle von Persönlichkeiten, die keine Aufträge durchzuführen und Partikularinteressen durchzusetzen, sondern das Gemeinwohl zu verwirklichen haben (WEB II, 96).

Daß die Vernünftigen und Tugendhaften herrschen, ist Voraussetzung jeder guten Ordnung. Aber ein anderes Prinzip muß hinzukommen: Respekt vor Erfahrung und Tradition. Geschichte ist ein sozialer Lernprozeß, in dem sich Regeln und Institutionen bewähren und verfestigen, andere verworfen werden und verschwinden. Das Alte ist im Prinzip das Bewährte und verdient es, bewahrt zu werden. Ein Tor, wer meint, als Einzelner oder als Gruppe politische Entscheidungen treffen zu können, ohne die historische Schatzkammer menschlicher Erfahrungen zu konsultieren. „Denn der Mensch ist zugleich ein höchst törichtes und höchst weises Wesen. Das Individuum ist töricht, die Menge ist töricht, sofern sie ohne Überlegung handelt; aber die Gattung ist weise und mit der Zeit handelt sie als Gattung fast immer richtig" (WEB VII, 95).

Für einzelne Menschen, auch für Gruppen von Menschen, erscheint Geschichte somit als ordnungstiftende Tradition. Burke hebt diesen Aspekt seiner Geschichtsauffassung oft so stark hervor, daß die andere Seite der Medaille – zur Erhaltung einer Tradition gehört die Anpassung an veränderte Umstände – aus dem Blick gerät. Etwa wenn er betont, die einzige Autorität der englischen Verfassung bestehe darin, daß sie „seit undenkbarer Zeit existiert" (WEB VII, 94). Er will sagen: Eine Verfassung verdankt ihre Autorität nicht der Tatsache, daß sie einem derzeit einleuchtenden Legitimationsprinzip – etwa dem der Volkssouveränität – entspricht, sondern daß sich ihre Gesetze und Institutionen seit vielen Generationen bewährt haben. Das Verhältnis der Bürger zur Rechtsordnung ihres Staates kann deshalb auch nicht wie das eines Handwerkers zu seinem Werkzeug, sondern wie das von Kindern zu ihren Eltern verstanden werden. Es wäre ganz unangemessen, stets von neuem zu fragen, ob die alte Verfassung immer noch zweckmäßig sei, vielmehr schulde man ihr Ehrfurcht und Anerkennung (WEB VII, 104).

Die Idee, Ordnung könne durch einen Konsens Freier und Gleicher zustande kommen oder legitimiert werden, muß unter diesen Prämissen als absurd erscheinen. Dennoch verzichtet Burke nicht auf den Gedanken des Gesellschaftsvertrags. Aber er formuliert die Idee des Gesellschaftsvertrags so um, daß die individualistischen Prinzipien des modernen Naturrechts nicht mehr zum Tragen kommen. Die Vorstellung, privatrechtliche Verträge, die man zu beliebigen Zwecken schließt und wieder löst, könnten als Vorbild dienen, lehnt er mit Entschiedenheit ab. Schließlich gehe es um eine Partnerschaft in den wichtigsten Dingen des Lebens, die nicht nur Menschen einer Generation betreffen – eine Partnerschaft zwischen Lebenden, Toten und noch nicht Geborenen, eine ewige Partnerschaft, die allenfalls durch äußere Notwendigkeit, nicht durch den Willen der Subjekte gelöst werden kann. Dieser Generationenvertrag lebt zwar vom Konsens, vor allem von der gemeinsamen Überzeugung, Glieder einer langen Kette zu sein, die das Tradierte ungeschmälert weiterzugeben haben. Aber offenbar geht es weder um einen Konsens Freier und Gleicher, noch um Legitimation durch Konsens. Denn das entscheidende Kriterium für die Gerechtigkeit einer sozialen und politischen Ordnung ist nicht die Übereinstimmung mit dem

Willen der betroffenen Subjekte, sondern die Übereinstimmung mit den objektiven Gesetzen, die Gott der geistigen ebenso wie der materiellen Welt zugrundegelegt hat (WSEB VIII, 146–148).

Gegen alle Willkür hält Burke an der Geltung objektiver, naturrechtlicher, letztlich religiös fundierter Normen fest, die er in ständisch differenzierten und historisch gewachsenen Rechtsstaaten verwirklicht sieht. Dabei kommt es im Prinzip nicht darauf an, wer das Subjekt ist, das sich Willkür anmaßt: ein einzelner Despot, ein überhebliches Parlament, ein souveränes Volk. Nur rückblickend erscheint uns das, was Burke am Vorabend des demokratischen Zeitalters über die Volkssouveränität sagt, besonders beachtlich. Gegen Rousseau, den „Begründer der Philosophie der Eitelkeit", den „verrückten Sokrates" (WSEB VIII, 313–314), wendet er ein, die Idee eines Volkes im vorpolitischen Naturzustand sei ein Widerspruch in sich: „Im einfachen Naturzustand gibt es so etwas wie ein Volk gar nicht. Eine Anzahl von Menschen ist an sich noch kein handlungsfähiges Kollektiv. Die Idee eines Volkes ist die Idee einer Körperschaft" (WEB IV, 169). Ein Volk gebe es somit nur im Rahmen einer Rechtsordnung. Die Idee, ein Volk könne sich im Naturzustand eine Verfassung geben, sei widersprüchlich. Und die Vorstellung, ein Volk sei frei, sich im Rahmen einer demokratischen Verfassung die Gesetze zu geben, die es wolle, bringe nur den „despotism of a multitude" zum Ausdruck (WSEB VIII, 173). Was Burke zur Kritik des Despoten Warren Hastings sagt, gilt daher für alle Menschen und Völker: „Kein Mensch kann sich rechtmäßig nach seinem eigenen Willen selbst regieren; viel weniger noch kann eine Person durch den Willen einer anderen regiert werden. Wir sind alle als Untertanen geboren – sind alle gleichermaßen, Hohe und Niedrige, Regierende und Regierte, als Untertanen des großen, unveränderlichen, vorgegebenen Gesetzes geboren ... durch das wir an den ewigen Rahmen des Universums geknüpft und gebunden sind, aus dem wir uns nicht herausbewegen können." (WSEB VI, 350).

Der moderne Leser stellt hier sofort die Frage: Wie erkennt man, was das ewige Gesetz Gottes und der Natur gebietet, da offenbar verschiedene Meinungen darüber bestehen? Burke stellt diese Frage nicht, denn die pluralistische Gesellschaft von heute ist nicht seine, sondern die Folge dessen, wovor er warnt. Doch seine Antwort müßte lauten: Maßgebend sind die Erfahrungen der Geschichte, das Urteil gebildeter Eliten und die Lehren der wahren Religion. Ein Volk, das die eigene Rechtstradition ignoriert, seine „natürliche Aristokratie" mißachtet und die Kirche verfolgt, löst sich von seinem moralischen Fundament und zerstört sich selbst. So beeindruckend diese Antwort ist, sie zeigt auch die Grenzen des Burkeschen Ansatzes. Denn was nützen solche Ratschläge, wenn korrupte Eliten die eigene Rechtstradition zerstört haben, wenn in Krisenzeiten die Mächtigen reformunwillig oder -unfähig sind? Burkes reformorientierter Traditionalismus ist ein guter Ratgeber in Zeiten der organischen Entwicklung. Gesellschaften, die einen Neuanfang wagen müssen, hat er nichts zu sagen.

III. Wirkungsgeschichte und Interpretationsprobleme

Der Einfluß Burkes auf das politische Denken des ausgehenden 18. und frühen 19. Jahrhunderts geht fast ausschließlich von seinen *Reflections on the Revolution in France* aus. Friedrich Gentz, der bei der Lektüre des Buches vom Verteidiger zum Gegner der Revolution wurde, bringt es 1793 in eigener (freier) Übersetzung auf Deutsch heraus. Diese Ausgabe enthält eine von Gentz zusammengestellte und kommentierte Bibliographie von 71 Schriften, die allein in England bis Ende 1792 als Reaktion auf Burkes Werk erschienen waren. Davon ergreifen 46 gegen, nur 25 für Burke Partei. Theoretisch bedeutsamer sind die gegnerischen Schriften, darunter *A Vindication of the Rights of Men*, von Mary Wollestonecraft und *Rights of Man, being an Answer to Mr. Burke's Attack on the French Revolution* von Thomas Paine. Paines Kritik wurde selbst zum Klassiker, die anderen kritischen Schriften (darunter so bekannte Autoren wie Joseph Priestley und James Mackintosh) sind weniger rezipiert worden, obwohl sie es durchaus verdienten. Gerade Mary Wollestonecrafts Verteidigung der Menschenrechte ist auch heute noch faszinierend zu lesen, nicht zuletzt weil sie sich auf den (männlichen) Standpunkt der Vernunft stellt und Burkes Plädoyer für herkömmliche Standesrechte und Vorurteile als (typisch weibliche) sentimentale Rhetorik interpretiert.

Unter den Bewunderern der *Reflections* finden sich Liberalkonservative wie Ernst Brandes, Friedrich Gentz und August W.

Rehberg, französische Legitimisten wie Louis de Bonald und Joseph de Maistre, romantische Konservative wie Friedrich von Hardenberg (Novalis) und Adam Müller, überraschenderweise aber auch James Mackintosh (der ihn zunächst kritisiert hatte) und der frühe Anarchist William Godwin (vgl. I. Kramnick, 1983). Gründet diese erste positive Rezeption vor allem auf der gemeinsamen Gegnerschaft zur Französischen Revolution, so beginnt um die Mitte des 19. Jahrhunderts eine Reihe von Interpretationen, die den ganzen Burke zu verstehen suchen und neue Akzente setzen. Dem Biographen John Morley, aber auch William Buckle, William Lecky, Leslie Stephen und anderen Autoren des 19. und frühen 20. Jahrhunderts erscheint Burke als Empirist und Naturrechtskritiker, als pragmatischer Utilitarist und Liberaler, als Apostel politischer Klugheit und Zweckmäßigkeit. Für die Burke-Interpreten der 50er und 60er Jahre unseres Jahrhunderts – wie Francis Canavan, Gerald W. Chapman, Dietrich Hilger, Russell Kirk, Peter J. Stanlis und Leo Strauss – ist es dagegen typisch, ihn gegen den Vorwurf der Prinzipienlosigkeit zu verteidigen und aus der Fülle seiner Schriften die Grundsätze einer dem älteren Naturrecht verpflichteten politischen Philosophie des freiheitlichen Konservatismus zu rekonstruieren (zur Geschichte der Burke-Interpretationen vgl. F. P. Lock 1985, Kap. 5 und 6).

Conor Cruise O'Brien, der Autor der neuesten großen Burke-Biographie (1992), hält dagegen jede Suche nach einem System der politischen Philosophie bei Burke für verfehlt. In der Tendenz stimmt dieses Urteil mit den Interpreten überein, die neuerdings vor allem die ästhetische Dimension der politischen Schriften Burkes betonen (z. B. Tom Furniss, Tim Gray, Paul Hindson, Christofer Reid, Neal Wood). Zwar betonen diese Autoren die Einheit von Burkes Denken, weil die Grundkategorien seiner Ästhetik – das Erhabene und Schöne – auch die politischen Schriften, insbesondere die *Reflections*, prägen. Andererseits heben sie das Unsystematische und Unreflektierte dieser Schriften dadurch hervor, daß sie sie der Textgattung politische Rhetorik zuordnen.

In der Tat ist es wohl fruchtbarer, nach Leitmotiven und Grundintuitionen bei Burke zu suchen, als nach einem konsistenten philosophischen System. Um zu verstehen, was sein politisches Denken im innersten zusammenhält, sollte man auf die zentralen verfassungstheoretischen Überlegungen achten, die in fast allen seinen Reden und Schriften zu finden sind. Aus ihnen wird deutlich, daß er in der Tradition des europäischen Konstitutionalismus steht, die letztlich auf Aristoteles zurückgeht und deren bedeutendster Repräsentant im 18. Jahrhundert Montesquieu war. Wie dieser ist Burke davon überzeugt, daß die britische Verfassung in ihrer historisch gewachsenen Realität dem Ideal einer freiheitlichen Ordnung am nächsten kam. Diese Verfassung sowohl gegen die Übergriffe der Krone, als auch gegen die Kritik radikaler Republikaner zu verteidigen, betrachtete er als oberstes Ziel seines politischen Lebens. Dieses Ziel verleiht seinem Werk, trotz tagespolitischer Anpassungen und rhetorischer Extravaganzen, eine grundsätzliche Geschlossenheit. Es bezeichnet aber auch die Grenzen, über die Burke – im Gegensatz zu manchen Zeitgenossen, die ihm persönlich nahestanden – nicht hinausdenken konnte. Im Gegensatz etwa zu Adam Smith vermochte er nicht, die Interessenkonflikte und Entwicklungen innerhalb einer modernen commercial society zu erkennen, die mit der Zeit zu einer Auflösung traditioneller Privilegien führen müssen. Im Gegensatz zu Hume konnte er sich nicht vorstellen, daß ein großes Land die Regierungsform einer reinen Republik haben und dennoch ein freiheitlicher Rechtsstaat sein könne. Obwohl die Freiheit im Mittelpunkt seines Denkens steht, gehört Burke daher nicht zu den geistigen Gründern des liberalen Rechtsstaats, sondern zu den Autoren des 18. Jahrhunderts, die vor allem die konservativen Gegner des Liberalismus inspiriert haben.

Eberhard Schmitt

Joseph Emmanuel Sieyes (1748–1836)

Zeittafel

1748, 3. Mai	Geb. als 5. Kind des Posthalters in Fréjus (Provence)
1765–72	Stipendium zum Studium der Theologie in Paris, zunächst Seminar Saint-Sulpice, 1770–72 Seminar Saint-Firmin
1775–88	Im Verwaltungsdienst des Bischofs von Tréguier (Bretagne), folgt ihm später nach Chartres
1788/89	Im Vorfeld der Generalstände von 1789 Reformschriften: *Vues sur les moyens d'exécution dont les représentants de la France pourront disposer en 1789 (Überblick über die Ausführungsmittel = ÜA), Essai sur les privilèges, Qu'est-ce que le Tiers-État? (Was ist der Dritte Stand? = 3.St)*
1789	Abgeordneter des Dritten Standes bei den Generalständen in Versailles
1789, Juli	Sekretär der Nationalversammlung und Mitglied des ersten Verfassungsausschusses
1789–99	Äußert sich in zahlreichen Druckschriften zu verfassungspolitischen Problemen, u. a. *Opinion sur plusieurs articles des titres IV et V du projet de constitution, Juli 1795 (Meinung über die Grundverfassung = GV), Projet d'un décret provisoire sur le clergé, Febr. 1790 (Entwurf eines vorläufigen Dekrets über die Geistlichkeit = Geist)*
1790, Juni	Präsident der Nationalversammlung
1792, Sept.	Wahl zum Konventsabgeordneten (Département Sarthe)
1792, Okt.	Wahl zum Sekretär des Konvents, zum Mitglied des zweiten Verfassungsausschusses und des Ausschusses für das öffentliche Schulwesen
1793, Jan.	Mitglied des Allgemeinen Verteidigungsausschusses
1795, März	Mitglied des Wohlfahrtsausschusses
1795, April/Mai	Präsident des Konvents
1795, Mai	Professor für das Fach *Economie politique* an der École centrale von Paris
1795, Okt.	Wahl zum Abgeordneten des Corps législatif (Département Sarthe)
1795, Nov.	Wahl zum Mitglied des *Institut*, wird Präsident des Rats der 500
1797	Mißglücktes Attentat auf S.
1798/99	Sonderbotschafter in Berlin
1799, Mai	Mitglied des Direktoriums
1799, Juni	Präsident des Direktoriums
1799, Nov.	Zusammen mit Bonaparte und Ducos zu Konsuln ernannt

1799, Dez.	Präsident des Senats
1802	Großoffizier der Ehrenlegion
1808	In den Grafenstand erhoben
1815, Juni	Von Bonaparte auf die Liste der Pairs von Frankreich gesetzt
1816, Jan.	Als „Königsmörder" lebenslang verbannt: Abreise ins Exil nach Brüssel
1830	Nach der Julirevolution Rückkehr nach Paris
1836, 20. Juni	Tod im Alter von 88 Jahren

I

Joseph Emmanuel Sieyes war der bedeutendste politische Theoretiker der Französischen Revolution und gleichzeitig einer der führenden Funktionäre der Revolutionszeit und des Empire 1789–1815. Als Verwaltungsmann der Kirche (er war wahrscheinlich keineswegs ein gläubiger Mensch) war S. nach und nach mit den Problemen der Gesellschafts- und Staatsverfassung des Ancien Régime in Frankreich vertraut geworden. Er schloß sich den Reform- und Diskussionszirkeln einiger Pariser Salons an, auch wohl dem Freimaurertum. Als 1788 die Generalstände zur Sanierung der Finanzen des Königreichs für 1789 einberufen wurden, verfaßte er eine Reihe von Reformschriften gegen die ständische Verfassung der französischen Monarchie und das Privilegienunwesen und für die egalitäre Repräsentativversammlung der Nation mit gesetzgebender Gewalt. Unter den Zehntausenden von zeitgenössischen Pamphletisten fand er in der Öffentlichkeit die größte Resonanz, seine Abhandlung „Was ist der Dritte Stand?" (Jan. 1789) blieb bis heute die auflagenstärkste politische Flugschrift überhaupt.

Als Vertreter des Dritten Standes von Paris in den Generalständen setzte er unter stärkster Konkurrenz sein Programm von einer Radikalreform der Verfassung durch. Im Auftrag des radikalen Comité breton brachte er am 17. Juni 1789 erfolgreich den Antrag ein, die Generalstände über eine Mehrheit reformoffen gesinnter gewählter Deputierter aller drei Stände als „Assemblée nationale", legitimiert durch den Willen der als souverän verstandenen Nation, zu konstituieren. Der König gab nach, befahl den privilegierten Abgeordneten, sich ihr anzuschließen und verhinderte damit einen Bürgerkrieg.

Die neue Nationalversammlung *(Assemblée nationale constituante)* gestaltete bis Herbst 1791 die innere Verfassung Frankreichs um, woran S. starken Anteil hatte. Als sich abzeichnete, daß das immense Staatsdefizit nur über Säkularisierung und Verkauf der Kirchengüter zu decken sein würde, stimmte er – trotz anfänglicher Widerstände – zu. Er trat folgerichtig auch für die Zivilkonstitution des Klerus ein, für ein staatliches Funktionärstum der Angehörigen des Klerus, was zum Zerwürfnis der römischen Kurie mit Frankreich führte. Die Wahl zum konstitutionellen Bischof von Paris (1791) lehnte er ab, er hatte sich inzwischen für die Laufbahn des Politikers entschieden.

Im Rahmen dieser das neue Frankreich mitprägenden Tätigkeit wirkte er u.a. bei der neuen Verwaltungseinteilung Frankreichs in Départements mit. Seine stärkste Wirkung entfaltete er im Verfassungsausschuß bei der Erarbeitung der neuen Verfassung: Es wurde die erste Repräsentativverfassung des europäischen Kontinents, welche das bis dahin ständisch geprägte Königtum von Gottes Gnaden in eine konstitutionelle Monarchie umformte. Sein Anliegen war rigoros die Schaffung eines Verbandes mündiger Bürger gleichen Rechts, die durch unabhängige (d.h. mit freiem Mandat ausgestattete) Repräsentanten über ihr eigenes Schicksal zu befinden in die Lage versetzt würden, m.a.W.: einer modernen souveränen Nation.

Die restriktive Lösung dieser Frage in der Verfassung von 1791, die eine bestimmte Steuerleistung für die Zulassung zum Vollbürger voraussetzte, führte zusammen mit der Haltung des restaurativ eingestellten Monarchen zum Sturz des Königtums im August 1792 durch die radikale Pariser Sansculotterie, die völlige Gleichheit der Partizipation am Staatswesen forderte.

Mit der Mehrheit der Abgeordneten des Konvents *(Convention nationale)* stimmte S. am 21. Sept. 1792 für die Abschaffung der Monarchie und am 17. Jan. 1793 für den Tod des Königs. Ansonsten hielt er sich im Konvent besonders während der Zeit des Terrors 1793/94 im Hintergrund, wirkte aber am Sturz Robespierres (1794) und Saint-Justs aktiv mit und trat danach in den Wohlfahrtsausschuß ein, der das revolutionäre Frankreich in das Regime der großbürgerlichen Direktorialverfassung hinüber leitete. 1795 wurde er als „Wissenschaftler von der Politik" zum „Membre de l'Institut" gewählt, jener Auswahl aus den nationalen Akademien als Repräsentantinnen des französischen intellektuellen und künstlerischen Lebens.

Während der Verfassungsphase 1795-99 unterstützte S. kompromißlos die aggressiv expansive, nationalistische Außenpolitik der jungen französischen Republik, die seit 1792 ideologisch suggestiv als Befreiungspolitik für die Unterdrückten des monarchischen Europa auftrat. Als die Zweite Koalition 1799 gegen Frankreich die Oberhand zu gewinnen schien, brachte eine Konspiration der Altrevolutionäre, der S. als einer der Direktoren an der Staatsspitze angehörte, den General Napoléon Bonaparte durch einen Staatsstreich (18./19. Brumaire des Jahres VIII = Nov. 1799) an die Macht. S. wurde neben ihm einer der drei Konsuln in der Staatsspitze. Doch vermochte er sich gegen den machtsicheren, ellenbogenstarken Militär politisch nicht zu halten und ließ sich auf Ehrenämter abschieben. 1816 mußte er als „Königsmörder" ins Exil nach Brüssel ausweichen, aus dem er erst nach der Julirevolution von 1830 zurückkehrte.

II

Werfen wir zuerst einen Blick auf die Methode, mit der S. an gesellschaftliche und politische Probleme herangeht: „Man wird den Mechanismus der Gesellschaft niemals begreifen, wenn man sich nicht dazu entschließt, eine Gesellschaft wie eine gewöhnliche Maschine zu analysieren, jeden ihrer Teile getrennt zu betrachten und die Teile dann vor seinem geistigen Auge einen nach dem andern zusammenzufügen, um ihr Zusammenspiel zu erfassen und den allgemeinen Einklang, der daraus entsteht, zu spüren" (3. St, S/R, 164/165). S. war ein kompromißloser Verächter aller historisch-faktischen Zusammenhänge: nicht das Gewordene, Gewachsene darf Einfluß auf die für nötig gehaltenen Änderungen der Gesellschaft haben, sondern einzig und allein *les bons principes*, die wahren und guten Grundsätze einer mechanistisch gesehenen Perfektibilität des Menschen. Sie allein können Kriterien einer Neuordnung sein.

Doch woher bezog S. seine Prinzipien? Wenn wir dem Urteil der Madame de Staël folgen dürfen, so beruhten sie auf einem Bild von der Natur des Menschen, das er aus seinen eigenen, persönlichen Bedürfnissen und Ansprüchen an das Leben gewonnen hatte. „Überall will man gut regiert sein, seine Rechte nicht vom Schlund des Despotismus verschlingen lassen, sie nicht den Krallen der Anarchie preisgeben. Wie läßt sich dies erreichen?" (GV, PS II, 371). Diese pragmatische Frage nach der institutionellen Sicherung der individuellen Rechte ist in der Tat der Ausgangspunkt allen politischen Denkens bei S. Die weitere Frage, aus welcher Metaphysik sich diese Rechte herleiten, wird der Zeit entsprechend nicht diskutiert, ja geradezu tabuisiert: Sie existieren, damit genug. Hier indessen, bei der einzelnen Person, setzt S. jeden Gedankengang etwa über den Sozialvertrag, über Munizipalitäten, über die Nation an, und auf ihn, den isoliert gedachten Einzelnen, ist jeder eine Personenmehrheit umfassende Begriff funktional bezogen. Sozialvertrag, Munizipalitäten, Nation sind beliebig veränderbare Größen, Techniken, organisier- und quantifizierbare Rahmen, deren sich die zu einem Zweckverband zusammengeschlossenen Individuen bewußt zu ihrem Vorteil bedienen. Doch nicht auf diesen Zweckverband oder gar auf seine Ausgestaltung kommt es in erster Linie an, sondern auf die Menschen, die sich zusammengetan haben: „Laßt uns die Personen schonen und respektieren, denn um der Personen willen existieren die Gesellschaften. Die Unordnungen muß man beseitigen; die Mißbräuche muß man zerstören, den Despotismus, die Aristokratie muß man auf immer vernichten. Laßt uns die Sache zerstören, aber die Individuen respektieren; denn wenn die Glückseligkeit der Individuen nicht der einzige Zweck des Gesellschaftsstandes ist, so weiß ich nicht mehr, was der Gesellschaftsstand ist" (*Geist*, PS II, 32). Daraus ergibt sich unmittelbar der wichtigste und ungezählte Male wiederholte Programmsatz des S.: „Die Freiheit des Bürgers ist der einzige Zweck aller Gesetze" (*ÜA*, S/R, 26).

Unter dieser Freiheit versteht S. umfassend sowohl die Freiheit von äußerer Beeinflussung wie die Freiheit des eigenen Handelns, die erst in den allgemeinen Gesetzen eine Schranke findet. Demzufolge hat für ihn das Problem der Verhinderung von Machtmißbrauch, von öffentlichen Eingriffen in die Persönlichkeitssphäre des Bürgers zeitlebens die größte Rolle gespielt. Wie ein Orgelpunkt zieht sich die Bemühung durch sein Werk, durch Kreierung eines raffiniert-logarithmisch durchgerechneten Stufenwahlrechts, durch rigorose Gewaltentrennung auf allen Ebenen, durch Zersprengung von Berufskorporationen und Interessengruppierungen wie durch Schaffung eines obersten Verfassungsgerichts ein befriedigendes, ausgeklügeltes System der gegenseitigen politischen Kontrollen zu schaffen. Und man kann sagen, daß ihm das auf dem Papier auch weitgehend gelungen ist. Mit einem einzigen Faktor hat S., der große Tatsachenverächter, nicht gerechnet: nämlich damit, daß sich das Leben und besonders der Umgang mit politischer Macht nicht endgültig in rational durchsonnene feinste Klauseln zwängen lassen, die die Dynamik menschlichen Strebens und Handelns ignorieren.

III

Hauptergebnis des S.'schen Bemühens um institutionelle Sicherung der persönlichen Freiheit ist die von ihm entwickelte Konzeption der *Nationalrepräsentation*. Auch S. steht, wie die gesamte moderne demokratische Bewegung, auf dem Boden der denknotwendigen ursprünglichen Volkssouveränität Rousseaus.

Aber in seiner Repräsentativtheorie tritt „eine dem Prinzip der Volksanteilnahme logisch antithetische, durchaus eigenartige und die Repräsentation bewußt zum Ausdruck und Symbol des höchsten staatlichen Ethos erhebende Doktrin auf. Die Repräsentation wird aus einem bloßen Surrogat der unmittelbaren Volksrechte zu einem Phänomen von volkssouveränitätsmäßigem Selbstzweck und staatsphilosophischem Eigenwert" (K. Loewenstein). Denn mit Nachdruck hat S. betont, jedes Gesetz könne nur der Ausdruck des Mehrheitswillens einer Repräsentantenversammlung sein, in der sich der gemeinsame Wille (*volonté commune* – den Terminus *volonté générale* lehnt er als unscharf ab) manifestiere. Damit erweist er sich als Vater des modernen, demokratisch legitimierten Nationalstaats.

Die rationale Konstruktion dieses bislang in Europa unbekannten Staatstypus setzt S. zunächst auf die Basis einer absoluten bürgerlichen Gleichheit, deren Mangel er stets als größten strukturellen Fehler des alten Frankreich gebrandmarkt hat. Bekanntlich war *égalité* das große Schlagwort der geistigen und sozialen Gärung der letzten Jahre vor der Revolution gewesen: Jeder verstand damals etwas anderes darunter, jeder, vom herrschaftlichen Kutscher bis hinauf zum Herzog von Orléans, wollte damals in irgendeiner Form Gleichheit, Gleichberechtigung, gleiche Vergünstigungen, Pfründen oder Macht ganz in dem Maße, wie er vom Regime mit Ungleichheit bedacht war. In dieser konfusen Situation fand S. als erster die richtige, über das Chaos hinaus weisende Formulierung, wie sie noch heute unserem Grundgesetz zugrundeliegen könnte:

„Mit der Ungleichheit des Besitzes und der Tätigkeit verhält es sich wie mit der Ungleichheit des Alters, der Gestalt, des Geschlechtes usw. Sie verändern keineswegs die Gleichheit des Bürgertums, allerdings stehen diese persönlichen Vorteile unter der Obhut des Gesetzes, aber es kommt dem Gesetzgeber nicht zu, solche zu schaffen, den einen Privilegien zu geben, den andern sie zu versagen. Das Gesetz bewilligt nichts, es beschützt nur das Bestehende bis zu dem Augenblick, wo es anfängt, dem gemeinschaftlichen Interesse zu schaden. Hier allein sind die Schranken der persönlichen Freiheit errichtet ..." (*3. St*, PS I, 172-174).

Diese moderne Forderung nach abstrakten generellen Normen – sie sind charakteristisch für den Rechtsstaat, das Gegenteil sind auf einzelne Personen oder Verhältnisse zugeschnittene Maßnahmegesetze, etwa die berüchtigten *lettres de cachet* des Ancien Régime – führt unmittelbar schlüssig zum Postulat der einheitlichen rechtlich gleichen Nation.

Denn was will S.? Er will die Verwirklichung der vernünftigen Gesellschaftsordnung. Doch da er alles historisch Gewordene als Werk des Zufalls und der Unvernunft verwirft, ist er genötigt, sich nach einer neuen, rational begründbaren Einheit umzusehen, in der die Individuen ihr Glücksstreben verwirklichen können. Diese neue Einheit ist für ihn die Nation. Sie ist für ihn das Ergebnis des Zusammenschlusses freier, häufig vernünftiger, in einem isolierten Dasein gefährdeter Menschen, das Erzeugnis eines bewußten kollektiven Willensaktes, der der allseitigen Sicherung und Förderung dient.

In seiner Schrift über den Dritten Stand hatte S. eine Nation mit dem Bestehen gemeinschaftlicher Gesetze und einer gemeinsamen Repräsentation angenommen. Damals hatte er mit einem Schluß *a minore ad maius* gezeigt, daß der Dritte Stand schlechthin mit der französischen Nation identisch sei, da er alles enthalte, wessen eine Nation bedürfe, während die privilegierten Stände nicht nur keinen Anspruch auf politische Teilhabe besäßen, sondern sich durch ihre Vorrechte geradezu aus dem *corps de nation* ausschlössen. Bereits damals hatte er der Theorie des modernen Verfassungsstaats den Weg gewiesen, indem er für eine solcherart rechtlich und politisch egalitäre Nation das Prinzip der *Repräsentation* zum organisatorischen Grundprinzip erklärte: „Es ist ausgemacht, daß man seine Freiheit vermehrt, indem man in der größtmöglichen Anzahl von Dingen seine Stelle vertreten läßt, so wie man sie

vermindert, wenn man verschiedene Stellvertretungen auf eben-
dieselben Personen häuft. Seht, ob nicht im Privatleben der der
freieste ist, der am meisten für sich arbeiten läßt, so wie auch alle
Welt zugibt, daß sich ein Mensch um so mehr in fremde Abhängigkeit setzt, je mehr Stellvertretung er ein und derselben Person
überträgt, so daß sogar eine gewisse Art von Veräußerung seiner
selbst daraus entstünde, wenn er alle seine Gewalten in einem und
demselben Individuum konzentrierte" (GV, PS II, 373).

Hier ist politische Repräsentation scharf als Technik der politischen Entscheidungsfällung für ein Gemeinwesen gesehen, wobei
moderne Repräsentation folgerichtig der rationalen Bestellung, also der Auswahl aus einem konkurrierenden Kreis von Personen,
bedarf. Dieser Feststellung liegt eine für die damalige Zeit er-
staunliche soziologische Analyse der tiefgreifenden Unterschiede
zwischen der alten Polis oder der Rousseau'schen idealisierten
Landsgemeinde und dem auf Arbeitsteilung beruhenden großflä-
chigen Gemeinwesen zugrunde: „Alles ist im Gesellschaftsstande
Stellvertretung. Sie findet sich überall in der privaten wie öffentlichen Ordnung; sie ist die Mutter der Fabrik- und Handelsindu-
strie sowie der Fortschritte in den freien Künsten und in der
Staatskunst; ja sie vermischt sich sogar mit dem Wesen des gesellschaftlichen Lebens" (GV, PS II, 372).

Derjenige, der am meisten sich vertreten und für sich arbeiten
lasse, fahre deshalb am besten, während er sich selbst auf ein
Spezialgebiet beschränke, das er seinerseits beherrsche und wo er
die anderen vertrete. So sei die Stellvertretung schlechthin das
Schwungrad allen gesellschaftlichen Fortschritts, sie betraue ohne
Ausnahme mit jeder Aufgabe das dafür geeignetste Individuum.

IV

Wie in allen Lebensbereichen, so auch in der Politik oder, um mit
S. zu sprechen, in der „Gesellschaftskunst": Auch hier ist es eine
ausgemachte Sache, daß Stellvertretung, auf möglichst viel Personen verteilt, die Freiheit und Wohlfahrt aller fördert. S. entwickelt
hier die inhaltlich paradigmatisch liberale Gewaltentrennungsleh-
re. Er ging von Anfang an über Rousseau hinaus, in dessen homo-
gener Gemeinwesenskonzeption und uniformer direkter Gemein-

willensbildung er eine rudimentäre, eine primitive Stufe des Gesellschaftszustandes sah. Diese ursprüngliche und unzulängliche politische Verfaßtheit bedarf der Weiterentwicklung, der Verfeinerung und Komplizierung, damit sie den gestiegenen gesellschaftlichen Ansprüchen gerecht wird: Das aber ist für S. notwendig eine Verfaßtheit, in der die öffentlichen Angelegenheiten durch Stellvertretung erledigt werden. S. sieht so im Prinzip der politischen Repräsentation nicht nur die praktikabelste Lösung, einen Großflächenstaat, in dem nicht mehr alle Bürger in Person zusammenkommen können, politisch egalitär zu organisieren. Er erblickt darin auch eine *qualitative*, eine auf das Wohl aller Bürger zurückwirkende Veränderung des Gesellschaftszustandes. Ein Staatswesen, das auf dem Prinzip der allgemeinen Arbeitsteilung beruht, wird selbstverständlich die geeignetsten unter den Bürgern mit seinen Ämtern betrauen, es wird für Gesetzgebung, Regierung, Verwaltung und Rechtspflege die jeweils Geschicktesten bestimmen, nicht anders als sich der einzelne Bürger bei bestehender Konkurrenz jeweils nach dem tüchtigsten Schuhmacher, nach dem besten Architekten umsieht oder eine Aktiengesellschaft dem Fähigsten die Leitung ihres Unternehmens überträgt.

So ist für S. das Prinzip der Stellvertretung bereits im Grunde identisch mit Gewalten- oder besser Funktionentrennung. Das zusammenwirkende Nebeneinander von je mit verschiedenen Teilfunktionen betrauten Organen erzielt die gegenseitige Kontrolle, verhindert übermäßige Machtkonzentration und die Ausbildung eines von der Nationalwohlfahrt sich absondernden Partikularinteresses. Stellvertretung garantiert somit die Freiheit der Bürger.

Bis zu diesem Punkt befindet sich S. in Übereinstimmung mit Montesquieu. In der institutionellen Ausgestaltung des Prinzips allerdings weicht er entscheidend ab, so entscheidend, daß es schwerfallen dürfte, im kontinentalen Verfassungsstaat der Gegenwart nicht allenthalben seine Gedanken realisiert zu finden, während Montesquieus Nachwirken eher im Bereich der Terminologie und der Programmsätze festzustellen sein dürfte.

In seiner großen Thermidorrede von 1795 hat sich S. scharf gegen den Montesquieu'schen Gedanken sich gegenseitig in Schach haltender, voneinander isolierter Gewalten gewandt: Er stellte fest, daß dieses System, falls es unwahrscheinlicherweise irgendwo einmal rein etabliert werde, zur sofortigen Blockierung, zum Stillstand allen öffentlichen Lebens führen würde. Deshalb entwirft er sozusagen Gewaltentrennung durch „organisierte Einheit", ein System, das praktikabler zu sein scheint: Im Mittelpunkt steht die Vorstellung, daß jede öffentliche Gewalt auf ein gleiches gemeinsames Ziel hinzuarbeiten habe, genau wie beim Bau eines Hauses die einzelnen Handwerker es tun.

S. begreift dabei den gesamten Regierungsprozeß als in drei wesentliche Funktionen gegliedert: in „Gesetzesvorschlag", „Gesetzesvotierung" und „Gesetzesvollzug". Letzteren gliedert er unter in die Vollziehungsgesetzgebung (Verordnungen) und die Ausführung dieser Verordnungen. Und nur diese letzte Funktion, die öffentliche Vollzugsgewalt, bezeichnet er als *pouvoir exécutif*. Die entscheidungsfällenden Organe dagegen faßt er unter der Bezeichnung *gouvernement* zusammen. Über einen harmonischen politischen Gesamtbetrieb wacht schließlich ein Verfassungsgericht. Diese S.'sche Unterscheidung von öffentlichen *Funktionen* hat sich der üblichen, auf Montesquieu zurückgeführten Unterscheidung von *Gewalten* (Legislative, Exekutive, Judikative) im Hinblick auf die Analyse politischer Vorgänge als überlegen erwiesen.

V

S. gilt in der politischen Ideengeschichte als der bedeutendste Vertreter der zentralistischen und gleichzeitig „volksentfremdeten" (K. Loewenstein), d. h. wählerfernen Repräsentativdemokratie, die den einzelnen Staatsbürger zwar rechtlich egalisierte, doch in seiner Bedeutung gleichzeitig „pulverisierte" (E. Fraenkel). Alle Staatsbürger dieses Typs ergeben zusammen die moderne Nation. S.' Verfassungsdenken hat über die belgische Verfassung von 1831 starken Einfluß auf dem ganzen europäischen Kontinent gewonnen, auch besonders in Deutschland: Auf die belgische Konstitution von 1831 gehen in weiten Teilen die Paulskirchenverfassung von 1849 und damit indirekt die Weimarer Verfassung von 1919 und das Bonner Grundgesetz von 1949 mit ihrer starken Betonung der repräsentativen und gleichzeitig – etwa im Vergleich zur Schweiz – bemerkbaren Vernachlässigung der plebiszitären Komponente des Verfassungslebens zurück.

Henning Ottmann

Georg Wilhelm Friedrich Hegel (1770–1831)

Zeittafel

1770	Geboren am 27. August in Stuttgart
1788–1793	Im Tübinger Stift. Im Wintersemester 1790/91 zusammen mit Hölderlin und Schelling im selben Zimmer.
1793–1796	Hauslehrer bei der Familie Steiger in Bern
1797–1800	Hauslehrer bei der Familie Gogel in Frankfurt a. M.
1798	*Vertrauliche Briefe über das vormalige staatsrechtliche Verhältnis des Wadtlandes (Pays de Vaud) zur Stadt Bern.* Erste Druckschrift Hegels. *Magistratsschrift.* Unveröffentlichte Schrift zur aktuellen Politik in Württemberg
1801–1806	Privatdozent und (ab 1805) a.o. Professor für Philosophie in Jena
1799–1803	*Die Verfassung Deutschlands.* Unveröffentlichtes Manuskript zur Lage des Deutschen Reiches
1806	*Phänomenologie des Geistes*
1807–1808	Redakteur der „Bamberger Zeitung"
1808–1816	Direktor des Aegidien-Gymnasiums in Nürnberg
1812/1813/1816	*Die Wissenschaft der Logik.* Hegels Metaphysik
1816	Professor in Heidelberg
1817	*Enzyklopädie der philosophischen Wissenschaften.* Hegels System (2. Aufl. 1827, 3. Aufl. 1830)
1817–1831	Professor in Berlin
1821	*Grundlinien der Philosophie des Rechts. Naturrecht und Staatswissenschaft im Grundrisse (Rph).* Hegels politisches Hauptwerk
1831	*Über die englische Reformbill.* Gestorben am 14. November in Berlin an der Cholera

Hegel wird mit Kant, Fichte und Schelling zu den „deutschen Idealisten" gerechnet. Dabei ist der „deutsche Idealismus" ein Sammelbegriff für recht unterschiedliche Philosophien. Kant hatte einen kritischen Idealismus begründet, der die Grenzen der „reinen" Vernunft aufweisen sollte. Fichte, Schelling und Hegel hatten der Vernunft dagegen wieder Flügel wachsen lassen, Fichte durch die Philosophie eines die Welt setzenden Ich, Schelling durch eine Naturphilosophie, die den in der Natur schlafenden Geist erkennen sollte, Hegel durch eine Philosophie, welche dem Begreifen der in der Geschichte bereits verwirklichten Vernunft verschrieben war.

Kants politische Philosophie zielte auf einen Republikanismus, der zwischen dem de facto existierenden Absolutismus und der Hoffnung auf eine „allgemein das Recht verwaltende Republik" einen Mittelweg der Aufklärung, der Publizität, der Reform beschritt. Fichte war in seiner Jugend dem jakobinischen Flügel der Revolution nahe, um in späteren Jahren manch andere politische Option zu erproben. Hegel wiederum verband die Erfahrung der Französischen Revolution mit jener der aufkommenden bürgerlichen Gesellschaft. Diese war für ihn der geschichtliche Ort der Verwirklichung moderner Freiheit und Gleichheit. Sie war für ihn zugleich aber auch der Einbruch der Amoralität in die Sittlichkeit des Lebens, und die bürgerliche Gesellschaft war für Hegel so wenig wie die Revolution in der Lage, die mit ihr gekommene Freiheit und Gleichheit aus eigenen Kräften zu bewahren.

Hegel gilt als ein spekulativer Denker, und gewiß ist beim älteren Hegel die politische Philosophie eingebettet in ein philosophisches System. Aber es kennzeichnet den Erfahrungshunger des Philosophen, daß er sich keineswegs nur mit den historischen Großerfahrungen der Epoche auseinandergesetzt hat. Neben das Begreifen von Revolution und bürgerlicher Gesellschaft tritt schon sehr früh die Beschäftigung mit den politischen Umwälzungen auch in kleinen oder sogar kleinsten Verhältnissen. Neben dem philosophisch-politischen Hauptwerk Hegels, der Rechtsphilosophie von 1821, stehen mehrere historisch-politische Schriften, die sich mit den Spuren der historischen Umwälzungen in verschiedenen Ländern befassen: Schriften über das Berner Wadtland (1798), über das sterbende Deutsche Reich (1799/1803), über Hegels Heimat Württemberg (1789, 1817), sowie schließlich über die Englische Reformbill (1831). Man unterschätzt Hegels politische Philosophie, wenn man in Hegel nur den spekulativen Denker sieht.

I. Politik beim jungen Hegel (1790–1806)

Hegel hat im Tübinger Stift Philosophie und Theologie studiert (1788–1793); ein Semester hat er mit Schelling und Hölderlin das Zimmer geteilt. Die Stiftler waren beeindruckt von der Philosophie Kants, und sie standen wie alle Zeitgenossen unter dem Eindruck der Französischen Revolution. Hinzu kam, vor allem bei Hegel und Hölderlin, die Begeisterung für Griechenland und den Geist antiker Sittlichkeit. In Hegels Tübinger Aufzeichnungen dokumentieren sich diese Erfahrungen und Sehnsüchte im Begriff des „Volksgeistes". Vermutlich inspiriert von Montesquieus „ésprit générale" versteht Hegel unter „Volksgeist" die lebendige Einheit aller natürlichen und geistigen Elemente eines Volkslebens, und Hegel ist – trotz ähnlicher Begriffsbildungen bei Moser und Herder – der erste, der den Begriff des „Volksgeistes" verwendet hat.

Hegel hat nach seinen Tübinger Jahren Stellungen als Hauslehrer angenommen, die erste in Bern (1793–1796). Dabei treten in den Berner Jahren die Träume von einer Wiederbelebung der Polis zurück. Ganz austräumen wird Hegel sie nie. Aber in der Berner Zeit gewinnt der Geist der Revolution und des Kantianismus die Oberhand über alle Erinnerung an die Polis und die antike Sittlichkeit. Schroffe Antithesen bestimmen für einige Jahre Hegels Philosophie. Vernunft und „Positivität" (wobei letztere für alles erstarrte Leben steht) treten in einen unversöhnlichen Gegensatz. Der Marxist Lukács hat diesen zum Leitfaden seiner politisch-ökonomischen Deutung des jungen Hegel genommen. Jedoch ist nicht zu übersehen, daß der junge Hegel eher theologisch-politisch als ökonomisch denkt. Zum Volksgeist gehört eine „Volksreligion", die gegen den „Vernunftglauben" und den „Fetischglauben" gewendet wird. Die Kritik des Berner Hegel gilt dem dogmatisch erstarrten Christentum und dem Zusammenspiel von Religion und Unterdrückung, das Hegel damals fast schon wie einer seiner späteren linken Schüler attackiert. Das „Reich Gottes", das Hegel damals erhofft, ist weder pietistisch zu deuten, noch ist es eine Chiffre für Freimaurerei. Es meint vielmehr ein „Reich" der kantianisch verstandenen moralisch handelnden Menschen, die als eine „unsichtbare Kirche" miteinander verbunden sind.

In der Berner Zeit entsteht die erste von Hegel veröffentlichte Druckschrift, die *Schrift über das Wadtland*. Sie erscheint 1798 anonym. Hegel hatte durch sein Hauslehrerdasein bei der Berner Patrizierfamilie Steiger unmittelbar Einsicht in die Verhältnisse der damaligen Berner Provinz gewonnen. Er übersetzte und kommentierte Briefe des Rechtsanwaltes Jean Jacques Cart an den Schatzmeister des Wadtlandes. Die Flugschrift schwankt zwischen der Berufung auf das alte Recht und der Parteinahme für die Französische Revolution. Aber Hegel läßt keinen Zweifel daran, daß die Berner Oligarchie das Schicksal des revolutionären Umsturzes verdient hat.

Ebenfalls 1798 arbeitet Hegel an der sogenannten *Magistratsschrift*. Diese untersucht die Wahl der Magistrate in Hegels Heimat Württemberg. Hegel fordert, daß die Magistrate vom Volk gewählt werden sollen. Ganz geheuer ist ihm diese Forderung jedoch nicht, und vielleicht war die Unschlüssigkeit der eigenen Forderung der Grund dafür, daß Hegel dieses Manuskript nicht veröffentlicht hat.

In den Frankfurter Jahren (1797–1800), in welche die Magistratsschrift schon gehört, vollzieht sich im Denken Hegels eine entscheidende Wendung. Beeinflußt von Hölderlin und Fichte findet Hegel zu jener Position, die seine Philosophie von da an bestimmen wird. Statt Vernunft und Positivität einander nur entgegenzusetzen, sucht Hegel von nun an die Gegenwart der Vernunft in der Zeit zu begreifen. In der Zerrissenheit, in den Gegensätzen, in der, wie es später heißen wird, „Entzweiung", ist die Vernunft präsent. „Liebe", „Leben" und „Geist" werden zu Begriffen, welche nicht nur Gegensätze enthalten, sondern diese als lebendige Totalitäten auch auszuhalten vermögen. Hegels Philosophie gewinnt damals erstmals eine eigentümliche Position, die sowohl von der Romantik als auch von den anderen idealistischen Philosophien abgegrenzt ist.

In die Übergangszeit von Frankfurt zur ersten akademischen Lehrtätigkeit an der Universität Jena gehört eine Schrift, die bereits eine gewisse Meisterschaft verrät: die *Verfassungsschrift*. Hegel hat an ihr zwischen 1799 und 1803 gearbeitet. Thema der Schrift sind Verfassung und Zustand des Deutschen Reiches. Die Schrift beginnt mit dem Satz „Deutschland ist kein Staat mehr", und sie endet mit Reformvorschlägen, die vor allem auf die Wehr- und Finanzverfassung ausgerichtet sind. Hegel ruft nach einem „Theseus" des Reiches, in dem man Napoleon (Dilthey) oder den Erzherzog Karl (Pöggeler) hat erkennen wollen. Vielleicht hatte Hegel aber auch nur Machiavelli (oder Rousseau) zitiert. Die Verfassungsschrift bündelt eine „nationale" Machiavelli-Rezeption, wie sie einige Jahre später bei Fichte begegnen wird, mit einer Erinnerung an die taciteische alte „deutsche Freiheit", wie sie bei Montesquieu gefeiert worden war. Auch diese Schrift blieb unveröffentlicht.

Die in Frankfurt gewonnene Einsicht in die Gegenwärtigkeit der Vernunft hat Hegel in seinen *Jenenser Veröffentlichungen* (1801–1806) gegen die geistigen Strömungen seiner Zeit zu entwickeln und zu behaupten versucht: gegen die Romantik und ihre Verklärung der Vergangenheit, gegen die Gefühlstheologie Jacobis sowie gegen die subjektiv-idealistischen Lehren Kants und Fichtes. Allerdings ist es Hegel in jenen Jahren nicht gelungen, eine Synthese der antikisierenden und modernen Elemente seines Denkens zu entwickeln. In Hegels *Naturrechtsaufsatz* (1802/1803) dominiert die Natur den Geist, und den *Jenenser Systementwürfen* gelingt es nicht, die moderne bürgerliche Gesellschaft in den Rahmen des klassischen Naturrechts zu integrieren. Der Naturrechtsaufsatz spricht von einer „Tragödie im Sittlichen". Die Ansprüche des Geistes werden denen der Natur und die Ansprüche der Subjektivität denen einer antikisierenden Sittlichkeit zum Opfer gebracht.

Am Ende der Jenenser Jahre steht das erste große Werk: die *Phänomenologie des Geistes* (1806). Diese zeigt an acht, teils abstrakten, teils historischen „Gestalten" des Bewußtseins, wie diese in sich beschränkt sind und aus sich heraus weitertreiben, bis der Standpunkt der Philosophie, das „absolute Wissen", erreicht wird. Diese philosophische Faust-Fahrt (Bloch) und „Kritik der historischen Vernunft" (Dilthey) ist kein politisches Werk. Aber es enthält bedeutende und wirkungsmächtige politische Kapitel, von denen die bekanntesten das über die Französische Revolution („Die absolute Freiheit und der Schrecken") sowie das Herr-Knecht-Kapitel sind („Selbständigkeit und Unselbständigkeit des Selbstbewußtseins"). Von Marxisten, wie zuletzt noch von Kojève, verstanden als Hegels Version des Klassenkampfes, geht es Hegel in diesem berühmten Kapitel wohl eher darum, gegen die Hobbessche Reduktion des Menschen auf die Begierde und das bellum omnium contra omnes zu demonstrieren, welche Bedeutung der geistigen „Anerkennung" des anderen als eines freien und gleichen Wesens zukommt und wie in dialektischer Umkehrung der Herr sich als abhängig vom Knecht und dessen Arbeit erweist. Hegel bezieht eine kritische Position gegenüber dem modernen Naturrecht, seiner Anthropologie und seiner Naturzustandsfiktion, die er durch eine Geschichte der historisch errungenen Anerkennung des Menschen unterläuft.

II. Der ältere Hegel (1807–1831)

Hegel war nach seiner Lehrtätigkeit in Jena gezwungen, sich zunächst als Redakteur der Bamberger Zeitung (1807–1808) und schließlich als Rektor des Nürnberger Aegidien-Gymnasiums zu verdingen (1808–1816). Hegels Tätigkeit als Redakteur ist untersucht (Beyer); offenbar hat Hegel seine Sache am Ende unwillig, aber stets ordentlich gemacht. In der Zeit der Rektorentätigkeit entsteht die *Logik* (1812, 1816), Hegels metaphysisches Hauptwerk. Es beginnt in Umkehrung bisheriger Metaphysik mit dem „Sein" als dem leersten Begriff und nimmt den Weg vom Abstrakten zum Konkreten. Auch diese „Logik" ist sicher kein politisches Werk. Sie ist jedoch, da sie den „Begriff" selbst als „Freiheit" versteht, die Grundlegung auch der praktischen Philosophie. Auch hat sie durch ihren Einfluß auf Marx politisch-ökonomische Bedeutung erlangt, da sowohl die „Grundrisse" als auch der erste Band des „Kapitals" ohne die Hegelsche Logik nicht verständlich zu machen sind.

Hegel hat im akademischen Leben zunächst als Professor in Heidelberg (1817), dann in Berlin (1821 ff.) wieder Fuß gefaßt. In Heidelberg entsteht die *Landständeschrift* (1817). Mit ihr versucht

Hegel, in die Debatte um die Landstände im Königreich Württemberg einzugreifen. Die Landstände hatten einen Verfassungsentwurf des Königs mit Berufung auf das „gute alte Recht" zurückgewiesen, und Hegel will demonstrieren, daß sich diese Position nicht mehr verteidigen läßt.

Ebenfalls in Heidelberg erscheint 1817 Hegels *Enzyklopädie*, Hegels System, das aus den drei Teilen Logik – Naturphilosophie – Philosophie des Geistes besteht. Dieses System stellt höchste Anforderungen an das Begreifen, da es sowohl ursprungsphilosophisch als auch emanzipationsphilosophisch (als auch als Vereinigung beider Möglichkeiten!) begriffen werden kann. Ursprungsphilosophisch gelesen handelt die „Logik" von den reinen Gedanken oder Ideen Gottes, der sich in die Natur entäußert und den Menschen in der Geschichte ein Wissen des Absoluten gewinnen läßt. Emanzipationstheoretisch gelesen ist der Gott der „Logik" kein transzendenter (und immer transzendent bleibender) Ursprung. Vielmehr „muß" Gott sich entäußern in Natur und Geschichte, so daß er mit der Entwicklung der Natur und des menschlichen Geistes selbst erst zum Wissen seiner selbst gelangt.

Hegel hat schon in einer Heidelberger Vorlesung (1817/18) sowie in Berliner Vorlesungen (1818/19; 1819/20) die Systematik geschaffen, die die bekannte *Rechtsphilosophie* von 1821 prägt. (Wir besitzen neben der „Rechtsphilosophie" von 1821 insgesamt sechs publizierte Nachschriften von Vorlesungen Hegels zu diesem Thema; siehe die Bibliographie.) Der große Fortschritt gegenüber den Jenenser Entwürfen liegt darin, daß es Hegel ab 1817 gelingt, den Rahmen des klassischen Naturrechts für die moderne Subjektivität zu öffnen.

Die *Rechtsphilosophie* setzt an auf dem mit der Französischen Revolution und der bürgerlichen Gesellschaft erreichten Niveau der modernen Freiheit. Ihre Grundlage ist der „freie Wille". Es ist der Wille einer „Person", die in Sachen das äußere Dasein ihrer Freiheit hat („Abstraktes Recht"). Es ist der Wille des moralischen „Subjekts", das in sich frei ist („Moralität"). Und es ist schließlich der sittliche Wille, sei es der Mitglieder der „Familie", der Bürger der „bürgerlichen Gesellschaft" oder des „Staates", der sowohl innerlich frei ist als auch sein Dasein in Institutionen findet, in denen sich ein freies Selbstbewußtsein wiedererkennen kann („Sittlichkeit").

Aufbau der Rechtsphilosophie

Gliederung	Freier Wille	Natur
Abstraktes Recht		
Eigentum Vertrag Unrecht	*„Person"*, die in Sachen das *äußere* Dasein ihrer Freiheit hat	Versachlichung der *äußeren* Natur
Moralität		
Vorsatz und Schuld Absicht und Wohl Das Gute und das Gewissen	*Subjekt*, das in sich frei ist und allgemeine Vorsätze, Absichten und das Gute verwirklichen will	Moralisierung der *inneren* Natur
Sittlichkeit		
Familie Bürgerliche Gesellschaft Staat	*Familienmitglied, Privat- bürger* (bourgeois) und *Staatsbürger* (citoyen), die frei sind sowohl in sich als Selbstbewußtsein wie in der Wirklichkeit von Institutio- nen, die dem freien Willen entsprechen	Freiheit als *„zweite* Natur"

Hegels *Rechtsphilosophie* revolutioniert das klassische Naturrecht (Ritter, Riedel). Hegel löst die alte Lehre vom „Haus" (Oikos) auf, um der bürgerlichen Gesellschaft und der neuen Wissenschaft der Volks- oder Nationalökonomie Platz zu machen (letztere hat er schon in seiner Jugend studiert, Steuart etwa; in die *Rechtsphilosophie* gehen vor allem die Klassiker Smith, Say und Ricardo ein). An die Stelle des „Hauses" tritt die sentimentale (Klein-) „Familie", die nicht mehr primär ökonomisch fundiert, sondern auf Liebe gegründet ist. Die alte Einheit der Sittlichkeit, des Ethos, tritt auseinander in „Moralität" und „Sittlichkeit", da ein sittliches Leben in der Moderne mit den Ansprüchen der Moralität vereinbar sein muß. Schließlich löst Hegel als erster Denker überhaupt die traditionelle Einheit von Gesellschaft und Staat auf, wenn er zwischen der Sphäre der „bürgerlichen Gesellschaft" und der des „Staates" differenziert. Hegel denkt damit, was die vielleicht wichtigste Voraussetzung moderner Freiheit ist.

„Das abstrakte Recht" und die „Moralität" haben in der *Rechtsphilosophie* eine primär kritische und propädeutische Funktion. In ihnen wird demonstriert, daß ein Naturrecht, das zugleich Staatswissenschaft sein soll, nicht auf dem Wege des modernen Naturrechts begründet werden kann. Eigentum, Vertrag und Recht (wie sie etwa Locke in seinem *Second Treatise* zur Grundlage der Politik macht) sind nach Hegel keine ausreichende Grundlegung, so wie auch durch „Moralität" (im Sinne Kants) noch keine ausreichende Basis für ein gemeinschaftliches Leben zu finden ist. Die jeweils höheren Sphären sind in der *Rechtsphilosophie* Bedingungen der Möglichkeit der unteren, so daß der Argumentationsgang des Werkes besagt, daß das Recht nicht ohne Moralität (oder kantianisch gesprochen, Legalität nicht ohne Moralität) und beide nicht ohne Sittlichkeit begründbar sind.

Inwieweit es Hegel gelungen ist, modernes Recht und moderne Moralität in Sittlichkeit „aufzuheben", ist seit dem Erscheinen der *Rechtsphilosophie* Gegenstand des politischen und philosophischen Streits, der sowohl historische als auch systematische Gründe hat.

Ein historischer Grund des Streits ist verbunden mit dem Erscheinungsjahr der *Rechtsphilosophie*. Sie erscheint 1821 in der heißen Phase der Restaurationspolitik nach Karlsbad, und es war ein liberaler und linkshegelianischer Topos des 19. Jahrhunderts, in der *Rechtsphilosophie* die „Behausung des Geistes der preußischen Reaktion" (Haym) zu sehen. Linkshegelianer wie Marx oder Ruge warfen Hegel eine „Akkomodation" an Preußen (oder an das Bestehende überhaupt) vor. Dieser Deutung der *Rechtsphilosophie* hatte Hegel durch die Vorrede zum Werk selbst Vorschub geleistet. In ihr polemisiert er gegen das „Sollen" und „Postulieren" im allgemeinen sowie gegen den bereits seines Amtes enthobenen Wartburgredner Fries im besonderen. Die Philosophie komme für das Belehren der Welt immer zu spät. „... die Eule der Minerva" beginne „erst mit der einbrechenden Dämmerung ihren Flug." Das Motto der *Rechtsphilosophie* feiert die Gegenwart der Vernunft mit den Worten: *„Was vernünftig ist, das ist wirklich;/ und was wirklich ist, das ist vernünftig."*

Die Vorrede begünstigt jene Deutungen, denen die *Rechtsphilosophie* als eine philosophische Einsegnung des Bestehenden und als Dokument eines bloß rückwärts gewandten Begreifens („Passatismus") gilt. Aber die Vorrede ist nicht das Werk, und die Systematik des Hegelschen Denkens bleibt unberührt von einzelnen

Formulierungen, die sich – für das Motto der *Rechtsphilosophie* – auch ganz anders finden (etwa als Formulierung, das Wirkliche „werde" vernünftig). Wir wissen heute, daß der Vorwurf der Akkomodation an Preußen oder an das Bestehende selbst nichts als eine Legende ist.

Die *Rechtsphilosophie* feiert nicht Preußen oder das Bestehende. Sie feiert – wenn schon – den modernen Staat, bis zu einem gewissen Grade auch die bürgerliche Gesellschaft, deren Einbruch in die sittliche Welt Hegel seit seinen Jugendjahren zu begreifen versucht hat. Schon der liberale Hegel-Schüler Rosenkranz hatte im 19. Jahrhundert einige offensichtliche Differenzen zwischen Hegels Staat und dem damaligen Preußen benannt. „Preußen war damals kein konstitutioneller Staat, es besaß keine Öffentlichkeit und Mündlichkeit der Rechtspflege, keine Preßfreiheit, keine Gleichheit der Bürger vor dem Gesetz, keinen Anteil des Volkes an Gesetzgebung und Steuerbewilligung – und das alles fordert Hegel als philosophische Notwendigkeit."

Die *Rechtsphilosophie* sollte kein Abbild des preußischen Staates sein. Vielmehr sollte sie auf den Begriff bringen, was den modernen Staat, den état modern oder modern state, ausmacht. Ungewöhnlich war dabei allerdings die Eigenart der Hegelschen Argumentation. Denn Hegels *Rechtsphilosophie* sollte die Früchte des Liberalismus und der modernen Freiheit ernten, ohne die typisch liberalen Begründungen zu geben, die von Locke bis Kant bestimmend gewesen sind.

Hegel verwirft die Vertragstheorie, da er den Vertrag nur als ein Instrument des Privatrechts, als Abmachung über eine „willkürliche Sache" (Rph § 75 A) gelten läßt. Auch der Ausgang der neuzeitlichen Theorien vom Naturzustand wird von Hegel kritisiert. Die Fiktionen des Naturzustandes sind ihm zirkulär und ungeschichtlich. Und schließlich soll an die Stelle der Abgrenzung der einzelnen vom Staat eine Idee von Politik treten, die auch in der Moderne die Freiheit noch einmal in der Gemeinschaft sucht.

Das moderne Recht und die moderne bürgerliche Gesellschaft erhalten damit einen doppeldeutigen Status. Sie werden einerseits anerkannt, andererseits aber auch relativiert, da sie sich nicht durch sich selbst behaupten und stabilisieren können. Hegel anerkennt die modernen Rechte des Menschen. Der Mensch gilt so, *„weil er Mensch ist*, nicht weil er Jude, Katholik, Protestant,

Deutscher, Italiener usf. ist" (Rph § 209 A). Die bürgerliche Gesellschaft hat den Menschen aus den Bindungen der Herkunft emanzipiert. Sie hat den Menschen als Menschen frei und gleich gemacht. Zugleich birgt diese Gesellschaft aber auch die Gefahr, den Menschen zu reduzieren auf eine ökonomische Null, auf ein bloßes Arbeitswesen ohne Familie und Herkunft, ohne Religion und Nation. Die Anerkennung des Menschen bleibt in der bürgerlichen Gesellschaft eine bloß formelle und abstrakte. Wie Hegel in berühmten Paragraphen des Werkes zeigt, ist die bürgerliche Gesellschaft nicht in der Lage, ihres Problems von Armut und Reichtum Herr zu werden (Rph §§ 242–246). Statt es zu lösen, verbreitet es die bürgerliche Gesellschaft über die Welt, indem sie zur Weltgesellschaft wird (Rph §§ 246–248).

Hegels Grundlegung der modernen Freiheit fordert, daß der Privatbürger der bürgerlichen Gesellschaft sich bereits im Gesellschaftsleben versittlicht, und nach Hegel kommt der Bildung, der Religion und den „Korporationen" die Aufgabe zu, den Privatbürger zum Staatsbürger zu präformieren. Die Willkürfreiheit, die sich in der bürgerlichen Gesellschaft austobt, soll auf diese Weise vorbereitet werden für die eigentlich erstrebte Form von Freiheit, die nach Hegel „ein freies Bei-Sich-Selbst-Sein im anderen" ist. Diese Freiheit sucht nicht Abgrenzung, sondern Gemeinsamkeit, und sie verwirklicht sich in Gemeinschaften, in denen der andere nicht als Schranke der eigenen Freiheit, sondern als deren Bedingung und Erfüllung erfahren wird.

Die konkrete Ausformung der Hegelschen Staatslehre weist gegenüber diesem anspruchsvollen Programm einige Mängel auf. Einer Anerkennung der modernen Rechte, der Geschworenengerichte (Rph § 220), der Öffentlichkeit der Rechtspflege (§ 221), der Gesetzlichkeit (§ 221), der Judenemanzipation und der Toleranz gegenüber Sekten (§ 270), der konstitutionellen Monarchie (§§ 273, 277, 278), steht eine ständisch formierte Gesellschaft gegenüber, in der sogar die „Majorate" erhalten werden sollen. Die Monarchie und die Gewaltenteilung werden nicht aus pragmatischen, sondern aus spekulativen Gründen gerechtfertigt, die Monarchie theologisch-politisch (christologisch), die Gewaltenteilung nicht aus der nötigen Machtkontrolle, sondern aus der Dreiteilung des Hegelschen Begriffes selbst. Die Metaphysik gewinnt hier die Oberhand über eine pragmatische Vernunft.

Ein Stein des Anstoßes ist für viele zudem der Schluß der Hegelschen *Rechtsphilosophie*. Im „äußeren Staatsrecht" kritisiert Hegel Kants „ewigen Frieden" und dessen Idee des Völkerbundes. Einen „Prätor" zwischen den Staaten gebe es nicht, und für einen Staatenbund sei die freiwillige und „zufällige" Zustimmung der souveränen Staaten vorausgesetzt (Rph § 333 A). Hegel spricht den Staaten nicht nur das zur Souveränität gehörende ius ad bellum zu. Er preist den Krieg darüber hinaus als eine Erschütterung der Existenz des bourgeois, in der das „sittliche *Moment des Krieges*" zu sehen sei (Rph § 324 A). Das höchste Recht sei das des „Weltgeistes". Die *Rechtsphilosophie* endet mit einem Ausblick auf die Weltgeschichte, die bei Hegel von jeweils epochemachenden Völkern und welthistorischen Individuen (wie Alexander oder Caesar), vor allem aber von der „List der Vernunft" gemacht wird, die „hinter dem Rücken" der Subjekte den Fortschritt der Freiheit bewirkt.

Der Schluß der *Rechtsphilosophie* ist von Hegelianern der Bismarckzeit (wie Rössler oder A. Lasson) als eine Rechtfertigung des „nationalen Machtstaats" verstanden und von liberalen Kritikern Hegels wie Hermann Heller als eine solche kritisiert worden. Zweifelsohne wirft der Schluß auch schwerwiegende Fragen auf. Die Weltgeschichte wird zum „Weltgericht" (Rph § 340), und es stellt sich die Frage, ob Hegels Geschichtsphilosophie ein Historizismus ist. Der Unterschied zur Kantischen Philosophie dürfte allerdings geringer sein, als er oft behauptet wird. Beide Philosophen bleiben im Grunde bei der klassischen Souveränitätsdoktrin stehen. Beide fundieren ihre Politik durch eine Geschichtsphilosophie, in welcher der Fortschritt auf krummen Zeilen gerade schreibt. Beide denken Geschichte teleologisch, und beide vertrauen auf eine Lenkung der Geschichte, die bei Kant einer „Naturabsicht" und bei Hegel der „List der Vernunft" zugeschrieben wird. Kants „philosophischer" Chiliasmus und Hegels Theodizee in Form einer Geschichtsphilosophie stehen sich näher, als es die unterschiedliche Lehre von Völkerbund und Frieden ahnen läßt.

Erwähnt sei schließlich die letzte Veröffentlichung Hegels: der Aufsatz über die *Englische Reformbill* (1831). Er greift die Diskussion um die Wahlrechtsreform in England auf, die die gröbsten Mißverhältnisse der Repräsentation in England zu beseitigen versucht hat. Hegel dokumentiert mit diesem Aufsatz noch einmal sein waches Interesse an der europäischen Entwicklung des „modernen Staates", der eben nicht bloß im Blick auf Preußen zu verstehen ist.

III. Wirkungsgeschichte

Die Wirkung der politischen Philosophie Hegels war enorm. Hatte sich die Hegel-Schule zunächst wegen theologischer Streitfragen gespalten, was David Friedrich Strauß zur Einteilung in „Links"- und „Rechtshegelianer" veranlaßt hat (1835), so wurde ab 1840 um den theologisch-politischen Sinn des Werks gestritten. Die Linkshegelianer schritten zu immer radikaleren Konsequenzen einer zugleich theologischen wie politischen Emanzipationspolitik fort. Feuerbach verband seine Kritik religiöser Entfremdung mit Naturalismus und Anthropotheismus. Marx wollte Hegel vom „Kopf auf die Füße" stellen, und er hat gegen Hegels Philosophie eine „kritische Theorie" entwickelt, in der Atheismus und Emanzipation Hand in Hand gehen sollten. Der Linkshegelianismus wurde zu immer extremeren Positionen getrieben, von einem linken Liberalismus (Ruge) zum Kommunismus (Marx, Engels) und Anarchismus (Stirner, Bakunin). Allerdings war Hegels politische Philosophie auch von Einfluß auf die Sozialdemokratie (Lassalle). Manche Elemente des frühen Linkshegelianismus sind im 20. Jahrhundert bei Bloch, Lukács, Marcuse und in der „Kritischen Theorie" der Frankfurter Schule wiedergekehrt.

Rechtshegelianer waren im 19. Jahrhundert ein preußischer Konservativer wie Erdmann oder Bismarck-Hegelianer wie Rößler und A. Lasson. Zu einer Inanspruchnahme Hegels kam es darüber hinaus im Nationalsozialismus und Faschismus. Die liberale Kritik an Hegel als dem Begründer der nationalen Machtstaatslehre (Heller) oder als einem Vorläufer des Totalitarismus (Popper) beruht allerdings auf einer Verwechslung der Hegelschen Philosophie mit dem Rechtshegelianismus selbst.

Man hat früher oft übersehen, daß neben dem Rechts- und Linkshegelianismus schon im 19. Jahrhundert auch eine Hegelsche Mitte stand. Sie wird im 19. Jahrhundert verkörpert durch Denker wie Rosenkranz, Michelet, Hinrichs und andere. Heute macht die Hegelsche Mitte die einflußreichste Hegel-Schule aus. Sie verbindet Hegel mit dem modernen Staat und den Problemen der Moderne überhaupt, und diese Deutungsrichtung wird in Frankreich vertreten durch Eric Weil, in der englischsprachigen Welt durch Avineri oder Taylor, in Deutschland durch Joachim Ritter und seine Schüler.

Hegel-Schulen (politisch)

Linke	*Mitte*	*Rechte*
Eduard Gans (1797–1839)	Hermann F. W. Hinrichs (1794–1861)	Johann Eduard Erdmann (1805–1892)
Arnold Ruge (1802–1880)	Karl Ludwig Michelet (1801–1893)	Constantin Rössler (1820–1896)
Ludwig Feuerbach (1804–1872)	Karl Rosenkranz (1805–1879)	Adolf Lasson (1832–1917)
Max Stirner (1806–1856)	Joachim Ritter (1903–1974)	Julius Binder (1870–1939)
Bruno Bauer (1809–1882)	Aus seiner Schule: Hermann Lübbe (*1926),	Theodor L. Haering (1884–1964)
Moses Hess (1812–1875)	Günter Rohrmoser (*1927),	Gerhard Dulckeit (1904–1954)
Karl Marx (1818–1883)	Odo Marquard (*1928),	Karl Larenz (1908–1985)
Friedrich Engels (1820–1895)	u. a.	
Ferdinand Lassalle (1825–1864)		
Ernst Bloch (1885–1977)		
Georg Lukács (1885–1971)		
Alexandre Kojève (1900–1968)		
Frankfurter Schule (Max Horkheimer [1895–1973], Theodor W. Adorno [1903–1969] u. a.)		

Karlfriedrich Herb

Alexis de Tocqueville (1805–1859)

Zeittafel

29.7.1805	Charles Alexis Clérel de Tocqueville geb. als Sohn einer alten normannischen Aristokratenfamilie in Paris
1820–1823	Studien am Collège in Metz
1823–1826	Juristische Studien in Paris
1826–1827	Reisen nach Italien
1827	Ernennung zum Juge-auditeur (dt. Hilfsrichter) am Gerichtshof in Versailles
1828–1830	Vorlesungen bei François Guizot über die *Histoire de la Civilisation en Europe* (dt. Geschichte der Europäischen Zivilisation)
1830	Schwur auf die Juli-Monarchie
1831–1832	Reise in die Vereinigten Staaten von Amerika mit Gustave de Beaumont
1833	*Du système pénitentiaire aux États-Unis et de son application en France* (dt. Vom Strafvollzugssystem in den Vereinigten Staaten und seiner Anwendung auf Frankreich)
1832–1835	Arbeit am ersten Band *De la Démocratie en Amerique* (dt. Über die Demokratie in Amerika); erste Englandreise
1835	*Über die Demokratie in Amerika* (erster Band) (DA I); zweite Englandreise; Heirat mit der bürgerlichen Engländerin Mary Mottley
1836	*De l'état social et politique de la France avant et après 1789* (dt. Die gesellschaftliche und politische Ordnung Frankreichs vor und nach 1789); Reise in die Schweiz
1838	Aufnahme in die Académie des Sciences morales et politiques
1839	Abgeordneter des Arrondissement Valognes
1840	*Über die Demokratie in Amerika* (zweiter Band) (DA II)
1841	Aufnahme in die Académie française; erste Algerienreise
1846	Zweite Algerienreise
1848	Mitglied der Konstituierenden Nationalversammlung
1849	Ernennung zum Außenminister; erste Deutschlandreise
1850–1851	Arbeit an den *Souvenirs* (dt. Erinnerungen); Ende der politischen Karriere nach dem Staatsstreich
1852	Archivstudien zu *L'Ancien Régime et la Révolution* (dt. Der Alte Staat und die Revolution)
1854	Zweite Deutschlandreise
1856	*L'Ancien Régime et la Révolution* (AR)
1857	Letzte Englandreise
16.4.1859	Gestorben in Cannes

Alexis de Tocqueville ist schon zu Lebzeiten ein Klassiker des politischen Denkens. Das Neue, das Bahnbrechende seiner politischen Wissenschaft war unübersehbar. John Stuart Mill rühmte ihn als ersten Theoretiker der modernen Repräsentativverfassung und für Royer-Collard stand fest: Tocqueville ist der Montesquieu des 19. Jahrhunderts. Nach einer Wirkungsgeschichte zwischen Ruhm und Vergessen gehört Tocqueville heute wieder zu den unangefochtenen Klassikern des politischen Denkens. Seine Thesen über die Zukunft der Demokratie scheinen aktueller denn je: sind doch seine Fragen immer noch die unsrigen.

I. Demokratie in Amerika

1835 erschien in Paris der erste Band *Über die Demokratie in Amerika*, er machte den gerade dreißigjährigen Autor schlagartig bekannt. Fünf Jahre zuvor war Tocqueville mit seinem Freund Gustave de Beaumont in die Vereinigten Staaten aufgebrochen. Im Auftrag der Regierung sollten die Juristen den amerikanischen Strafvollzug erkunden. Hinter der Reise steht mehr als nur der Protest gegen das elterliche Milieu und die politischen Verhältnisse in Frankreich. Anlaß sind theoretische Absichten. Und in der Tat sollten die Reflexionen über die neunmonatige Amerikareise Landkarte und Zeitrechnung der politischen Ideengeschichte revolutionieren. Die Philosophen des 18. Jahrhunderts bemühten Amerika als Illustration des Naturzustands, suchten dort die Vergangenheit der alten Welt. Nach der Revolution von 1789 blickten Frankreichs Liberale nach England, um an der Constitution de l'Angleterre das Vorbild der modernen Republik zu studieren. Anders Tocqueville: er eröffnet sich einen neuen Horizont. Mit dem Niedergang des französischen Adels verlor die Einheit von Aristokratie und Demokratie wie in der englischen Mischverfassung ihre Plausibilität. Die Wahrheit über die Demokratie liegt in der neuen Welt. Amerika ist nicht Europas Vergangenheit, sondern seine Zukunft. Hier läßt sich das Wesen der modernen Demokratie und ihr unaufhaltsamer Aufstieg in Reinkultur entdekken. Offenbar weiß Tocqueville schon vor seiner Reise, was ihn in Amerika erwartet: „Seit etwa zehn Jahren denke ich nach über einen Teil der Dinge, die ich jetzt vorlege," konstatiert er 1835. „Ich war lediglich in Amerika, um über diesen Punkt Klarheit zu gewinnen. Die Strafvollzugsordnung war ein Vorwand, ich habe ihn als Paß benutzt, der mir erlaubt, überall in den Vereinigten Staaten Einlaß zu finden" (OC XIII 2, 373).

Der neue Horizont Amerika

Tocqueville faßt Amerika als Prototyp der Demokratie: es steht für ihre naturwüchsige Entfaltung. Die Amerikaner sind frei geboren. Sie brauchten keine Revolution anzustrengen, um alte Hierarchien zu zerschlagen. Offenbar steht der gemächlichen Entwicklung zur Demokratie und zur Gleichheit der Bedingungen nichts im Wege. Demokratie ist für Tocqueville mehr als eine Staatsform. Er verwendet den Begriff in denkbar weitem Sinne. Demokratie beschreibt zweierlei: zum einen den Zustand einer Gesellschaft, in der die Gleichheit der Bedingungen herrscht, zum anderen die politische Institution, die sich auf die Souveränität des Volkes gründet. Beides ist in den Vereinigten Staaten mustergültig ablesbar. „Unter den neuen Erscheinungen, die während meines Aufenthalts in den Vereinigten Staaten meine Aufmerksamkeit erregten, hat keine meinen Blick stärker gefesselt als die Gleichheit der gesellschaftlichen Bedingungen" (DA I 9). Mit der *Demokratie in Amerika* wagt er die geschichtsphilosophische These: die moderne Zivilisation steht unter dem Gesetz der *égalité des conditions*. Diese These sollte sich später in seiner Betrachtung der europäischen Geschichte bewahrheiten. „Die allmähliche Entwicklung zur Gleichheit der Bedingungen ist also ein Werk der Vorsehung; sie trägt dessen Merkmale: sie ist allgemein, sie ist von Dauer, sie entzieht sich täglich der Macht der Menschen; die Geschehnisse wie die Menschen dienen alle ihrer Entwicklung" (DA I 14).

Folgt man Raymond Aron, so lassen sich in Tocquevilles Soziologie der amerikanischen Gesellschaft zwei unterschiedliche Methoden ausmachen, die an Montesquieu erinnern und auf Max Weber verweisen. Vor allem der erste Band der *Demokratie in Amerika* versucht, die Eigentümlichkeit der amerikanischen Demokratie, den besonderen Geist der Nation zu fassen. Dagegen rückt der 2. Band das amerikanische Beispiel in den Hintergrund. Hier geht es um die generalisierende Bestimmung des Idealtypus der Demokratie. Tocqueville hält aristokratische und demokratische Gesellschaft vergleichend gegeneinander. Dadurch sind die Verhältnisse des Ancien Régime ständig präsent. Der 1. Band fand unter den Zeitgenossen größte Beachtung: er galt als klassisches Manual der amerikanischen Verfassungswirklichkeit. Der 2. Band hatte weniger Erfolg: er erschien vielen zu abstrakt und zu philosophisch. Gerade diese Reflexionen begründen aber heute Tocquevilles Renommée als Analytiker und Kritiker der modernen Demokratie. Der frühe Optimismus wich der skeptischen Wahrnehmung.

Das unvermeidliche Wagnis Demokratie

Der 1. Band zeichnet ein positives Bild des politischen Lebens in den Vereinigten Staaten. Er schildert Aufbau und Funktion der politischen Institutionen und entwirft eine Physiognomie des demokratischen Menschen. Die Amerikaner verstanden es, das politische System den Bedürfnissen des demokratischen Gesellschaftszustandes anzupassen. Das Prinzip der Volkssouveränität ist auf allen gesellschaftlichen Ebenen wirksam von der Union der Bundesstaaten bis hin zu den Kommunen. Religion und Sitten setzen den überzogenen Ansprüchen des Politischen Grenzen. Gesellschaftliche Vereinigungen garantieren in ihrer Vielfalt und Lebendigkeit die Unabhängigkeit der Gesellschaft gegenüber dem Staat. Tocqueville feiert die Townships als Lehrstätten politischer Freiheit, die den Einzelnen bei allem Eigeninteresse an das Gemeinwesen bindet. Hier findet er den Ausgleich zwischen der antiken und modernen Freiheit, um den die Aufklärer und Revolutionäre in Europa so vehement stritten. Benjamin Constant hatte klassisch zwischen der Freiheit der Alten und der Freiheit der Modernen unterschieden, individuelle Freiheit und Privatheit gefordert. Derartige Einseitigkeit korrigiert Tocqueville, indem er für die Balance von negativer Freiheit und politischer Teilhabe wirbt. Die moderne Freiheit ist das Recht des Menschen auf Autonomie und Würde, sie vollendet sich erst in der politischen Freiheit des Bürgers. Erträumte sich Rousseau diese Harmonie in der antiken Polis, so erkennt Tocqueville in Amerika die institutionelle Synthese beider Freiheiten. Das demokratische Bedürfnis nach Teilhabe wird durch lokale Selbstverwaltung befriedigt, die liberale Forderung nach negativer Freiheit durch die Verfassung des Staates erfüllt. Was die französischen Liberalen von Sieyes über Constant bis Guizot so lange suchten, dieses *gouvernement des modernes* scheint in der neuen Welt Gestalt anzunehmen. Die Möglichkeit der Republik in einem modernen Flächenstaat ist mit der *Demokratie in Amerika* erwiesen.

Der 2. Band dagegen verrät Tocquevilles Skepsis. Neben den Errungenschaften der Demokratie nennt er nun Gefahren und Abwege des demokratischen Zeitalters. Zwar verhindert das Gesetz der Gleichheit der Bedingungen die Aristokratie als politisches System und damit die Rückkehr ins Ancien Régime, es garantiert aber keineswegs das positive demokratische Ende der Geschichte. Die allgemeine Leidenschaft für Gleichheit erwirkt nicht unbedingt den Fortschritt im Bewußtsein der Freiheit. Freiheit oder Barbarei, liberale Demokratie oder moderne Despotie sind die Alternativen in einem von der Vorsehung nicht garantierten Zeitalter der Gleichheit.

Bedenklich erscheint vor allem die Tendenz demokratischer Gesellschaften zum Verwaltungszentralismus. Solchen Risiken kann die Demokratie nur begegnen, wenn sie ihre Bürger durch politische Teilhabe existentiell an das Gemeinwesen bindet. Ob der demokratische Mensch mit seinem Individualismus zu dieser Einbindung allerdings fähig und willens ist, erscheint fragwürdig. Tocqueville beleuchtet die Schattenseite einer um Markt und Selbstinteresse zentrierten bürgerlichen Gesellschaft. In der Unrast des bürgerlichen Lebens und dem permanenten Kampf um Unterscheidung unter den Bedingungen der Gleichheit genügt aufgeklärter Egoismus offensichtlich nicht, um das gesellschaftliche Band zu knüpfen. Inmitten stetiger Mobilität drohen der demokratischen Gesellschaft Nivellierung und Stillstand. Tocqueville fürchtet die Geschäftigkeit des bourgeois mehr als den revolutionären citoyen. In der politischen Apathie der Bürger liegt die Gefahr einer neuen Willkürherrschaft, sprich: des sanften Despotismus einer egalitären Massengesellschaft. Während er über die Zukunft der Demokratie sinniert, dabei das eine Auge auf Amerika, das andere auf Frankreich richtet, verfällt er in Melancholie. Die Selbstgenügsamkeit der Bourgeoisie weckt sogar die Sehnsucht nach revolutionärer Unruhe. Offenbar braucht auch das demokratische Zeitalter Revolutionen. Für einen Liberalen adeliger Herkunft ein erstaunliches Fazit: zeigt sich doch die Republik in Frankreich unfähig, die Revolution zu beenden.

II. Demokratie in Frankreich

Nach der frühen schriftstellerischen Karriere wendet sich Tocqueville der aktiven Politik zu. 1839 wird er Abgeordneter in Valognes, 1848 Mitglied der Nationalversammlung, wenig später Außenminister unter Napoléon Louis. Doch der politische Erfolg bleibt ihm verwehrt. Enttäuscht von der Politik und desillusioniert von den eigenen Gestaltungsmöglichkeiten widmet er sich wieder intellektuellen Projekten. Aus dem politischen Soziologen der amerikanischen Demokratie wird der Historiker der Französischen Revolution. Zwei Jahre lang erhebt und studiert Tocqueville Quellen zur Feudalgesellschaft und zur Revolution. Das Ergebnis seiner Forschungen präsentiert er 1856 in *L'Ancien Régime et la Révolution*. Ein zweites Mal avanciert er zum Klassiker des politischen Denkens.

Revolution und Demokratie

Ein Historiker im strengen Sinne ist Tocqueville nie gewesen. Weit mehr als die Chronologie der Ereignisse interessiert ihn die Interpretation des geschichtlichen Sinnes der Revolution und die darin wirksame Logik des gesellschaftlichen Wandels. Er sieht die Revolution im Kontext der Entwicklung der modernen bürgerlichen Welt: Frankreichs Sonderweg zur Demokratie ist sein Thema. Nimmt die Demokratie in Amerika einen gleichsam natürlichen Verlauf, so markiert die Revolution in Frankreich den Anfang der demokratischen Gesellschaft. Allerdings mißtraut Tocqueville der revolutionären Ideologie des radikalen Umbruchs. Die demokratische Gesellschaft ist keine creatio ex nihilo, wie in der Vertragstheorie eines Hobbes oder Rousseau. Ihre Ursprünge liegen vielmehr in der Gesellschaft des Ancien Régime.

Wie die *Demokratie in Amerika* lebt auch Tocquevilles zweites Werk von einer Intuition, die seine späteren Recherchen bestätigen. Schon Mitte der dreißiger Jahre äußert er sich zu den politischen Verhältnissen in Frankreich. 1836 schreibt er in John Stuart Mills *London and Westminster Review* über *L'état social et politique de la France avant et après 1789*. Der schmale Essay präsentiert die Kernthese der späteren Revolutionshistoriographie, nämlich die Behauptung von der geheimen Kontinuität zwischen altem Reich und neuer Republik. Sie zerstört die Legende, die Revolution habe ein neues Frankreich geschaffen. Steht 1836 der Niedergang des Adels im Vordergrund, dominiert in *L'Ancien Régime* die Frage der Zentralisation. Um das revolutionäre Erbe zu begreifen, blickt Tocqueville gebannt auf die Gesellschaft des Ancien Régime. Hier beginnt die Geschichte der Revolution, wirken bereits jene Gesetze, welche die neue demokratische Ordnung wesentlich bestimmen.

Kontinuität im Wandel

L'Ancien Régime gliedert sich in drei Teile. Die ersten fünf Kapitel liefern eine kritische Auseinandersetzung mit den klassischen Geschichtsschreibern der Französischen Revolution von Madame de Staël über Mignet, Carlyle, Michelet zu Louis Blanc. Tocqueville unterstreicht den politischen Charakter der Revolution. Ungeachtet antireligiöser Beweggründe zielt die Revolution auf die Zerstörung des Feudalismus und die Aufrichtung gesellschaftlicher Gleichheit. Eine religiöse Dimension erhielt die Revolution allenfalls durch ihren universalen Anspruch. Schließlich soll mit der jungen Republik die demokratische Zeitrechnung beginnen.

Das 2. Buch benennt den Hauptfaktor der geheimen Kontinuität zwischen aristokratischem und revolutionären Zeitalter, das Anwachsen der administrativen und politischen Zentralisation. Der Verwaltungszentralismus, auf den das absolute Königtum über Jahrhunderte hinarbeitete, wird durch die Revolution nicht beseitigt, sondern fortgesetzt. Auch der Anspruch auf staatliche Souveränität wird durch die revolutionären Regime nicht begrenzt, sondern erweitert. Unter den Vorzeichen Freiheit, Gleichheit, Bürgerlichkeit und unter Berufung auf den allgemeinen Willen des Volkes erlangt der demokratische Souverän noch größere

Kompetenz. Robespierre und Napoleon zehren von diesem absolutistischen Erbe. Tocquevilles Suche nach den alten und allgemeinen Ursachen der Revolution findet in den französischen Monarchen die geheimen Agenten der Demokratie und der Gleichheit der Bedingungen. Ihr Machtzuwachs unterhöhlt die gesellschaftlichen Hierarchien des Ancien Régime, beraubt den Feudalismus zunehmend seiner politischen Funktion. Nivellierung und Demokratisierung sind unter den Bedingungen der Monarchie bereits soweit fortgeschritten, daß Tocqueville in der französischen Gesellschaft am Vorabend der Revolution die demokratischste Nation Europas erkennt. Gesellschaftlicher Zustand und politisches Regime stehen im Mißverhältnis.

Nach den allgemeinen und langfristigen Faktoren thematisiert das 3. Buch die besonderen und jüngsten Ursachen der Revolution. Im Zentrum steht die Frage nach dem Verhältnis von Vernunft und Politik in der Spätphase des Absolutismus. Für Tocqueville sind die Philosophen keine Protagonisten der Revolution, weder Rousseau noch Voltaire trifft die Schuld. Um die politische Bedeutung der Intellektuellen zu bemessen, unternimmt er eine Wissenssoziologie der Aufklärung. Er sucht die Gründe für Engagement und Einfluß der geistigen Elite in der aristokratischen Gesellschaft. Mangels politischer Repräsentation findet die Öffentlichkeit in den *hommes de lettres* wichtige Wortführer. Wenig vertraut mit der alltäglichen Politik bleibt das Denken abstrakt, es konfrontiert die Praxis des Absolutismus mit den ehrgeizigen Forderungen der idealen Republik. Wie Burke und Constant entdeckt Tocqueville im Denken der Aufklärung die Gewalt der Abstraktion. Obwohl er die Erklärung der Revolution aus rein intellektuellen Ursachen verwirft, betont er den politischen Beitrag der revolutionären Ideologie. Kontinuität in den Verhältnissen, Wandel der Mentalitäten, so lautet die Formel für die Dialektik von Beharrlichkeit und Wandel beim Übergang vom Ancien Régime zur Demokratie (vgl. Furet 1978).

Vieles aus *L'Ancien Régime* findet sich bereits im Essay von 1836. Doch das Spätwerk ist mehr als eine Entfaltung der ursprünglichen Einsicht. Es kehrt die Abhängigkeiten zwischen gesellschaftlichem Zustand und politischen Institutionen um. In den Schriften der dreißiger Jahre dominiert das Gesellschaftliche das Politische. Amerikas egalitäre Gesellschaft verlangt Demokratie als politische Ordnung. Der Essay von 1836 bestätigt den Befund auch für Frankreich. Die aristokratische Gesellschaft führt zu lokaler Herrschaft, die demokratische Gesellschaft zur Zentralverwaltung. Anders argumentiert Tocqueville 1856: nach den Erfahrungen der permanenten Revolution in Frankreich wird die Politik bestimmend. Die späte Revolutionshistoriographie lebt von der Idee des Primats des Politischen gegenüber dem Sozialen.

Tocquevilles Nachlaß dokumentiert, daß er nach *L'Ancien Régime* an einer umfassenden Geschichte der Französischen Revolution arbeitete. Wieder konzentriert er sich auf die letzten Jahre der Feudalgesellschaft, die absichtigte Chronologie der Revolution selbst kommt zu kurz. Sein Denken kreist um Grundfragen, wie sie Historiker bis heute stellen. Ist die Revolution von 1789 eine Frucht der Aufklärung unter den Bedingungen des Absolutismus? Oder markiert sie den vollständigen Bruch mit der alten Welt? Philosophische Reflexion oder revolutionärer Diskurs, für Tocqueville handelt es sich um ein und dasselbe Schauspiel. Dennoch bleibt 1789 das magische Ereignis. Daß die Freiheit die politische Bühne betritt, ist ein Akt der Gnade. Gott hat die Herzen der Franzosen vorbereitet und ihnen den sublimen Geschmack der Freiheit verliehen. Die Revolution entdeckt sich einmal mehr als Rätsel. „Unabhängig von allem, was sich an der französischen Revolution erklären läßt, gibt es etwas in ihrem Geist und ihren Taten, das unerklärlich bleibt" (OC XIII 2, 337).

III. Demokratie heute

Tocquevilles Lesart der Revolution wirkt selbst revolutionär. Bei aller Anerkennung fehlt keineswegs die Kritik. Nicht nur der fragmentarische Charakter und die unausgewogene Gliederung von *L'Ancien Régime* werden moniert. Man bemängelt auch das Desinteresse an der Geschichte des Absolutismus, kritisiert die Übernahme fremder Periodisierung. Zudem hält man ihm vor, entscheidende Phänomene stillschweigend zu übergehen, wie etwa den Zusammenhang von Revolution und Außenpolitik oder die Empirie des Verwaltungszentralismus. Die ökonomischen Bedingungen des gesellschaftlichen Wandels werden nur beiläufig erwähnt. Die Französische Revolution ist – entgegen Hannah

Arendts späterer These – keine Revolution der Armut, sondern der Hoffnung. Auffällig sind auch die blinden Flecke in der Darstellung von Ereignissen und Prinzipien der Revolution. Sowohl der Terror von 1793 wie die Menschen- und Bürgerrechtserklärung werden vernachlässigt.

Tocquevilles Vergangenheit

Die Wirkungsgeschichte von Klassikern gehorcht eigenen Gesetzen: sie verläuft zwischen Ruhm und Vergessen. Für Tocqueville gilt dies in besonderem Maße. Seine Werke zur Demokratie in Amerika und zur Revolution in Frankreich scheinen einen Platz im geistigen Pantheon der Republik zu sichern. Die Zeitgenossen zollen ihm Anerkennung als Analytiker, mehr noch als Kritiker und Mahner der Demokratie sowie als Chronist des französischen Weges in die Moderne. In der alten und in der neuen Welt schätzt man vor allem die Darstellung der amerikanischen Demokratie von 1835. Amerika findet sich darin wieder, für Europa ist sie ein zuverlässiger politischer Reiseführer. Doch der Ruhm verblaßt. Frankreichs Dritte Republik vergißt das Erbe Tocquevilles. Die neuen Disziplinen der Soziologie und Politikwissenschaft beziehen sich lediglich zur Abgrenzung auf sein Werk. Es rangiert in der Vorgeschichte positiver Wissenschaft, findet über Jahrzehnte kaum Widerhall. Tocquevilles Renaissance beginnt erst nach dem Zweiten Weltkrieg. In Frankreich folgt sie dem Rhythmus seiner Schriften (vgl. Mélonio 1993). Den 1. Band der *Demokratie in Amerika* macht Raymond Aron in den fünfziger Jahren populär. Das Interesse gilt dem Theoretiker der demokratischen Institutionen. In den sechziger Jahren lesen Soziologen und Philosophen den Tocqueville von 1840. Sie greifen seine Demokratiekritik auf, entdecken in der Beschreibung der feudalen und demokratischen Gesellschaft den *homo hierarchicus* und den *homo aequalis* (vgl. Dumont 1967, 1977). Die achtziger Jahre schließlich stehen im Zeichen des Historikers Tocqueville. Die Revision der Revolutionsforschung empfängt durch *L'Ancien Régime* entscheidende Impulse (vgl. Furet 1978).

Jenseits des Rheins verläuft die Tocqueville-Rezeption ähnlich (vgl. Eschenburg 1987). Die *Démocratie en Amerique* wird kurz nach ihrem Erscheinen übersetzt und vielfach rezensiert. Die These von Europas demokratischer Zukunft provoziert, sie verschafft dem Werk glühende Anhänger und entschiedene Kritiker. Auf Demokraten und Liberale wirkt es ermutigend: sie nehmen Amerika zum Vorbild für den Wandel Europas. Dagegen fragen konservative Leser, wie solcher Entwicklung zu begegnen ist. Jacob Burckhardt teilt die Prognose vom unaufhaltsamen Aufstieg der Demokratie, fürchtet darin aber das Ende der humanen Welt. Tocqueville sucht dagegen das Rettende in der Gefahr. Zur freiheitlichen Demokratie gibt es keine ernsthafte Alternative.

Tocquevilles Gegenwart

Zum Glück sind die Zeiten vorbei, die Tocquevilles Voraussage der Konkurrenz zwischen Amerika und Rußland als Beweis für seine Aktualität bemühten. Inzwischen ist diese weltgeschichtliche Konstellation selbst Geschichte. Der Siegeszug der Demokratie hat den Streit um ihre Grundlagen und Voraussetzungen neu entfacht. Ist die Revolution mit dem modernen Rechtsstaat und seiner Garantie der Menschenrechte tatsächlich vollendet? Bringt die Demokratie ihre Bürger ans Ende der Geschichte? Kann das demokratische Gemeinwesen nur aus fremden Ursprüngen und Sicherungen existieren? Wer solche Fragen stellt, findet in Tocqueville einen kompetenten Gesprächspartner. Wie kaum ein Denker des 19. Jahrhunderts erkennt er die Ambivalenz der Demokratie. Er teilt weder Guizots Illusion von der endgültigen Herrschaft der Bourgeoisie noch Marx' Hoffnung auf die Diktatur des Proletariats. Gegen Constants Vertrauen in die Geschichte der Gleichheit stellt er seine Skepsis von der demokratischen Zukunft. So kritisch sein Urteil zuweilen sein mag, an der Legitimität der demokratischen Neuzeit läßt er keinen Zweifel.

Ob Tocqueville hinter dem sanften Despotismus der Massengesellschaft bereits die Gefahr des Totalitarismus wittert und damit Autoren wie Hannah Arendt und Raymond Aron den Weg bereitet, sei dahin gestellt. Es ließe sich aber zeigen, daß totalitäre Herrschaft erst unter der Gleichheit der Bedingungen entstehen kann. Tocquevilles Pathologie der Moderne macht zugleich die Lebensbedingungen des demokratischen Gemeinwesens durchsichtig. In der aktuellen Debatte zwischen Liberalismus und Kommunitarismus ist er präsent. Indem er die individuelle Freiheit zum höchsten Wert der Politik erklärt, schlägt er sich auf die Seite der liberalen Moderne. Doch kennt er das Janusgesicht des modernen Individualismus. Die Unbehaustheit des demokratischen Menschen ist bereits sein Thema. Wie bedeutsam deshalb die gemeinsame politische Praxis und das verbindliche Ethos sind, weiß Tocqueville. Das Verlangen des Kommunitarismus nach Bürgersinn und starker Demokratie hätte er geteilt. Nicht zufällig erinnert dessen Bestandsaufnahme der amerikanischen Gesellschaft der achtziger Jahre (Bellah u.a., The habits of the heart, 1985) an ihn. Tocqueville war nach Amerika aufgebrochen, um die Gewohnheiten demokratischer Herzen zu studieren. Die neue Welt blieb ihm so fremd wie die alte. Die demokratische Leidenschaft für die Zukunft hat er nicht geteilt. Er kannte die Demokratie zu gut, um an ihre Verheißungen zu glauben.

Lothar R. Waas

John Stuart Mill (1806–1873)

Zeittafel

1806	John Stuart Mill wird am 20. Mai in London geboren
1809–20	Rigide intellektualistische Erziehung durch den Vater
1821–26	Lektüre der Schriften von J. Bentham; Mitstreiter der „Philosophic Radicals"; Gründung der „Utilitarian Society" und der „Westminster Review"; Aufnahme seiner beruflichen Tätigkeit in der East India Company (bis 1858 verschiedene Ämter)
1826/27	Geistig-seelische Krise, die zum Wendepunkt in seiner philosophischen Entwicklung wird (Lektüre von Wordsworth, Coleridge, Goethe, W. v. Humboldt, der Saint-Simonisten u. a. m.)
1830	Beginn der Freundschaft mit Harriet Taylor
1830–40	Redaktion der „London (and Westminster) Review"; *The Spirit of the Age* (1831), *Tocqueville on Democracy in America* (1835/40), *Civilization* (1836), *Bentham* (1838), *Reorganization of the Reform Party* (1839), *Coleridge* (1840) (ges. in *Dissertations and Discussions*)
1843	*A System of Logic,* erkenntnistheor. Hauptwerk (dt. EA 1849)
1848	*Principles of Political Economy* (dt. EA 1869)
1851–58	Ehe mit Harriet Taylor; gemeinsame Arbeit vor allem an *On Liberty;* Reisen auf dem europ. Kontinent; Tod von Harriet Taylor-Mill in Avignon
1859	*On Liberty* (dt. EA 1860; 1869) und *Thoughts on Parliamentary Reform*
1861	*Considerations on Representative Government* (dt. EA 1862; 1873)
1863	*Utilitarianism,* moralphilosophisches Hauptwerk (dt. EA 1869)
1865–68	Abgeordneter im Unterhaus, Engagement für Frauenwahlrecht; *Auguste Comte and Positivism* (1865)
1869–73	Lebt mit Stieftochter Helen in Avignon; *The Subjection of Women* (dt. EA 1869; 1880); Arbeit an *Chapters on Socialism* (dt. EA 1880)
1873	J. S. M. stirbt am 7. Mai in Avignon; posthum Publikation von *Autobiography* (dt. EA 1874) und *Three Essays on Religion* (dt. EA 1875)

Die liberale Demokratie, die am Ende des 20. Jahrhunderts zum konkurrenz- und alternativlosen Ideal politischer Ordnung avanciert ist, hat unter den Klassikern des politischen Denkens viele Väter, die ihr geistige Autorität und Legitimität verleihen. John Stuart Mill, so möchte man meinen, sollte unter ihnen jedoch derjenige sein, der uns in dieser Hinsicht am nächsten steht. Läßt sich sein Essay *On Liberty* nicht gerade heute als das Evangelium einer Gesellschaft verstehen, die die Freiheit des Individuums gleichsam zu ihrer Religion erhoben hat, und haben wir es bei den *Considerations on Representative Government* und der Schrift *The Subjection of Women* nicht mit Texten zu tun, die Mill alle Ehre machen, weil er sich in ihnen als der am demokratischsten gesinnte von allen liberalen Denkern der Vergangenheit zu erkennen gibt?

Auf den ersten Blick scheint die sog. Mill-Renaissance der letzten 50 Jahre diese Vermutung zu bestätigen. Die Vielzahl der Werkausgaben und die Fülle an Sekundärliteratur, die seit 1945/50 erschienen sind, lassen offensichtlich keinen anderen Schluß zu. Zwei Charakteristika dieser Mill-Renaissance sind gleichwohl auffällig und irritierend: Das Ansehen, das Mill als politischer Denker genießt, ist in England, den USA und Kanada sehr viel größer als im deutschen Sprachraum. Und im Vergleich zu dem hohen Grad an Aufmerksamkeit, der Mills Essay *On Liberty* zukommt, ist die Zahl der Veröffentlichungen, die sich mit seinen beiden anderen politischen Schriften auseinandersetzen, eher marginal.

Wie läßt sich dieses Mißverhältnis erklären? Gibt es dafür noch andere Gründe als die, daß jede Nation die Großen ihrer Geschichte in einem besonderen Maße ehrt und nicht unbedingt jedem Werk, das aus ein und derselben Feder stammt, die gleiche Bedeutung zukommen muß? Eine Antwort auf diese Frage zu finden, läuft zweifellos auf den Versuch hinaus, eine genaue Bestimmung der klassischen Statur von Mills politischem Denken vorzunehmen.

I

Historisch betrachtet kommt Mill als politischem Denker natürlich schon allein deshalb eine besondere Bedeutung zu, da er als
das Haupt der sog. „Philosophic Radicals" im 19.Jahrhundert im
Mittelpunkt der politischen Auseinandersetzungen seines Landes
stand. Unter allen seinen Zeitgenossen, die Anstoß an den überkommenen, ebenso aristokratisch-plutokratisch wie patriarcha-
lisch geprägten Herrschaftsverhältnissen Großbritanniens nah-
men, ist er die zentrale geistige Figur im Kampf um demokratische Reformen, bürgerliche und politische Freiheiten gewesen.
Sein Einfluß auf die Geschichte seines Landes reicht insofern von
der ersten Parlamentsreform im Jahre 1832 bis zur Einführung des
allgemeinen und gleichen Wahlrechts im Jahre 1918/28.

Als ein „Pionier des demokratischen Liberalismus in England"
(J. S. Schapiro), der in einer demokratischen Repräsentativverfassung prinzipiell die „beste Regierungsform" sah, ging selbst Mill
allerdings nicht so weit, in einer sofortigen Durchsetzung gleicher
Rechte für alle das Gebot der Zeit zu sehen. Sechs Jahre vor der
zweiten großen Parlaments- und Wahlrechtsreform von 1867
spricht er sich in seiner Schrift *Considerations on Representative
Government* (Kap. 7–10) vielmehr dafür aus, das Wahlrecht zunächst noch an einige minimale Bildungsvoraussetzungen (Lesen,
Schreiben, Rechnen) zu knüpfen, das Mehrheitswahlsystem durch
das Verhältniswahlsystem zu ersetzen, Akademikern und anderen
gehobenen Berufen ein doppeltes Stimmrecht einzuräumen und
das nicht-geheime Abstimmungsverfahren, das in England bis
1872 ohnedies Praxis bleiben sollte, beizubehalten, da seines Er-
achtens das Problem der unangemessenen Wahlbeeinflussung
weniger zu fürchten sei als die Neigung zur uninformiert-unüber-
legten Wahlentscheidung im Falle geheimer Stimmabgabe. Im Interesse des Allgemeinwohls bzw. aus Angst vor der „Tendenz zur
kollektiven Mittelmäßigkeit" unter der politischen Vorherrschaft
der sich rein zahlenmäßig in der Mehrheit befindenden Arbeiter-
schicht, hielt er es nicht für opportun, die „Gefahr einer Klassen-
gesetzgebung" einzugehen. Solange die zivilisatorischen Bedingungen noch nicht erfüllt sind, die ein Volk in seiner Gesamtheit
nicht nur willens, sondern auch fähig machen, die Pflichten und

Aufgaben zu erfüllen, die eine Demokratie ihm auferlegt, schien es ihm durchaus angebracht, institutionelle Vorkehrungen zu treffen, die der „Minderheit der Gebildeten" die Möglichkeit geben, korrigierend auf die Volksmeinung einzuwirken (Kap. 4, 6 und 7). Oberstes Kriterium für jede politische Institution ist Mill zufolge letztlich eben nicht der Grundsatz der gleichen Rechte für alle als solcher. In erster Linie „erweist sich der Wert einer Regierungsform" für ihn vielmehr darin, daß sie „... die Sittlichkeit und Einsicht des Volkes hebt." (Kap. 2) Und dies trifft auf sein Plädoyer zugunsten der demokratischen Repräsentativverfassung nicht weniger zu als auf die Fülle der Argumente, mit der er in der Schrift *The Subjection of Women* für die Befreiung der Frauen aus rechtlicher wie gesellschaftlicher Unterdrückung eintrat.

In dieser Schrift, die im 19. Jahrhundert als „veritable bible" (Mary R. Beard) der Frauenbewegung weit über die Grenzen Englands hinaus in hohem Ansehen stand und heute zumindest im Pantheon der feministischen Literatur ihren festen Platz gefunden hat, hält Mill den verschiedenen Formen der Ungleichbehandlung, denen sich eine Frau zu seiner Zeit noch ausgesetzt sah, zweierlei entgegen: Vom Standpunkt der Gerechtigkeit aus betont er, wie unbillig es sei, den Frauen Rechte und Chancen vorzuenthalten, die das andere Geschlecht für sich wie selbstverständlich in Anspruch nimmt. Die Annahme, es gäbe zwischen den Geschlechtern natürliche Unterschiede, die dies rechtfertigen könnten, hält er durch nichts für bewiesen. Und im Hinblick auf die Frage, welcher gesellschaftliche Nutzen mit der Überwindung patriarchalischer Strukturen einherginge, hat er größten Wert darauf gelegt, hervorzuheben, daß es auch im Hinblick darauf um die Menschheit besser stünde, wenn die Frauen frei von Fremdbestimmung wären. Nicht nur würde damit für „die befreite Hälfte der Menschheit ... ein unaussprechlicher Gewinn an besonderer Glückseligkeit einhergehen" – auch im Hinblick auf den Mann würde die „moralische Regeneration der Menschheit in Wahrheit erst dann beginnen, wenn ... Menschen lernen ihre stärksten Sympathien mit ihnen an Rechten wie an Bildung gleichstehenden Menschen zu kultivieren." (Kap. 4)

Indem sich Mill zugunsten seiner politischen Ansichten und Forderungen nicht einfach auf den Gerechtigkeitsstandpunkt (die natürliche Freiheit und Gleichheit aller Menschen) berief, sondern gesamtgesellschaftliche Nutzenerwägungen zum Dreh- und Angelpunkt seiner Argumentation machte, sind die genannten beiden Schriften aber auch noch in anderer Hinsicht ideengeschichtlich bemerkenswerte Zeugnisse ihrer Zeit. Sie machen deutlich, welches argumentativen Aufwandes es im 19. Jahrhundert immer noch bedurfte, um den Ideen und Prinzipien der Aufklärung, der Amerikanischen und Französischen Revolution allgemeine Geltung und Durchsetzung zu verschaffen. Da die Beweislast zugunsten einer Liberalisierung und Demokratisierung der politischen und gesellschaftlichen Herrschaftsverhältnisse nach wie vor bei deren Befürwortern lag, mußte Mill sozusagen philosophisch eigene Wege gehen und konnte sich nicht allein auf die naturrechtlich-vertragstheoretische Argumentation der liberalen politischen Denker des 17. und 18. Jahrhunderts stützen.

Im Unterschied zu dem, was man aus heutiger Sicht am ehesten erwarten würde, knüpfte Mill zur Untermauerung seiner politischen Ansichten und Forderungen also nicht am Hauptstrang des Aufklärungsdenken an, sondern setzte vielmehr eine Denktradition fort, die bis dahin mit wenigen Ausnahmen (z.B. bei David Hume) kaum zur Geltung kam und sich erst an der Wende zum 19. Jahrhundert (in Gestalt der utilitaristischen Philosophie von Mills geistigem Ziehvater Jeremy Bentham) immer stärker bemerkbar machte. Selbst dann sollte diese Tradition jedoch ein Nebenstrang des Aufklärungsdenkens bleiben und außerhalb des englischen Sprachraums kaum oder nur sehr bedingt Wurzeln schlagen.

Was Wunder also, daß Mills eigene philosophische Wege – seine utilitaristische Argumentationsweise – heute vielfach wie „Umwege" anmuten und auf den zeitgenössischen Leser immer dann ganz besonders befremdlich wirken, wenn Mill mit dem Nützlichkeitsprinzip – der Wohlfahrt und dem menschlichen Glück, die für ihn aus einer freiheitlich-demokratischen Ordnung für die Gesellschaft folgen – auch die Vorstellung von einer moralischen Verbesserung und Vervollkommnung der Menschen verbindet. Obwohl hinter diesem Glauben an eine erzieherische Wirkung demokratischer Verhältnisse „in bezug auf Urteilskraft, Sittlichkeit, Selbsttätigkeit und Leistungsfähigkeit" (*Considerations*, Kap. 2 und 3) letztlich kein anderer Fortschrittsglaube steht als der, der heute noch mitschwingt, wenn man die westliche Welt als „Zivilisationsmodell" preist, so ist man am Ende des 20. Jahrhunderts aufgrund vielerlei Erfahrung doch geneigt, gegenüber so hohen Erwartungen skeptisch zu sein. Für das 19. Jahrhundert hingegen, in dem man der ideellen Lebensplanung noch den Vorzug vor der pragmatischen Lebenshaltung gab, hat Mill damit genau den richtigen Ton getroffen. Indem er unter dem Einfluß einer Vielzahl zeitgenössischer Denker und Dichter (Wordsworth, Macaulay, Coleridge, Carlyle, Goethe, W. von Humboldt, Schule der Saint-Simonisten, Owen, Comte, Tocqueville u. a. m.) die utilitaristische Philosophie Jeremy Benthams letztlich so modifizierte, daß sie seiner gewandelten Auffassung vom menschlichen Glück als einem Zustand geistig-kultivierten Wohlbefindens entsprach, der sich nicht allein nach hedonistischen Kriterien bewerten lasse (systematisch vor allem dargelegt in der Schrift *Utilitarianism*), hat er sowohl den romantisch-konservativen und klassisch-humanistischen wie den sozialreformerisch-frühsozialistischen Kräften und Strömungen seiner Zeit in seinem Werk auf seine Weise Ausdruck und Stimme verliehen. Daß Mill im übrigen alles andere als blind gegenüber den sozialen Nöten seiner Zeit, dem Schicksal der Arbeiter und anderer Unterprivilegierter war, geht besonders deutlich aus seinen *Principles of Political Economy* (IV. und V. Buch) und einigen anderen einschlägigen Arbeiten hervor, zu denen auch die *Chapters on Socialism* gehören, die 1879 von Mills Stieftochter Helen Taylor posthum herausgegeben wurden, in denen Karl Marx aber noch keine Beachtung fand.

II

Wenn es richtig ist, daß die *Considerations* und die Schrift *The Subjection of Women* für das politische Selbstverständnis von heute aus den genannten Gründen nicht den gleichen philosophischen Stellenwert haben wie die politischen Schriften eines Hobbes oder Locke, Rousseau oder Kant, dann fragt sich natürlich, warum dies nicht in gleichem Maße auch für Mills Schrift *On Liberty* gilt? Warum hat diese Schrift die Probe der Zeit sozusagen sehr viel besser bestanden als die beiden anderen?

Mill selbst hat sich in seiner *Autobiography* (Kap. 7) überzeugt davon gezeigt, daß der Essay *On Liberty* von allen seinen Werken am ehesten die Zeiten überdauern könnte (mit der möglichen Ausnahme, wie er schreibt, seines philosophisch-erkenntnistheoretischen Hauptwerkes *A System of Logic*). *On Liberty* enthalte nämlich eine „einfache Wahrheit", deren Bedeutung im Zuge der Entwicklung moderner Gesellschaften immer deutlicher hervortreten werde: die Wahrheit nämlich, daß die eigentliche Gefahr für die Freiheit der Menschen in einer Demokratie nicht vom Staat, sondern von der Gesellschaft selbst ausgehe. Wenn die „Gesellschaft selbst der Tyrann" ist, dann ist – wie es in *On Liberty* (Kap. 1) heißt – der „Schutz gegen die Tyrannei der Behörde" eben nicht genug: „… es braucht auch Schutz gegen die Tyrannei des vorherrschenden Meinens und Empfindens, gegen die Tendenz der Gesellschaft durch andere Mittel als zivile Strafen ihre eigenen Ideen und Praktiken als Lebensregeln denen aufzuerlegen, die eine abweichende Meinung haben, die Entwicklung in Fesseln zu schlagen, wenn möglich die Bildung jeder Individualität, die nicht mit ihrem eigenen Kurs harmoniert, zu verhindern und alle Charaktere zu zwingen, sich nach ihrem eigenen Modell zu formen."

Mills Problem in *On Liberty* ist also nicht mehr die Freiheit in einem rein politischen Sinne (die Unabhängigkeit von bzw. der Schutz vor staatlicher Macht), das das Hauptthema von Locke und Montesquieu bis zu Rousseau und Kant, die amerikanischen Verfassungsväter und Sieyes gewesen war und mit dem Mill selbst sich in den *Considerations* in Form seines Plädoyers zugunsten der Demokratie als der „besten Regierungsform" auseinandergesetzt hat. Sein Problem ist hier vielmehr die Freiheit im Sinne individueller Unabhängigkeit gegenüber allen (staatlichen wie gesellschaftlichen) Anfechtungen und Zwängen, die sich unter modernen bzw. demokratischen Zivilisationsbedingungen besonders durch die sog. Macht der öffentlichen Meinung, die Tyrannei der Mehrheit, den Trend zur Vermassung, den Terror der Moden und die Tendenz zur kollektiven Mittelmäßigkeit bemerkbar machen. Dagegen einen Damm zu errichten und die Bedeutung hervorzuheben, die die freie Entfaltung der Persönlichkeit – die „Individualität als eins der Elemente der Wohlfahrt" (Kap. 3) – sowohl für das Glück des einzelnen wie das der Gesellschaft hat, ist Mills eigentliches Anliegen.

So gesehen kann über die Aktualität dieser Schrift also gar kein Zweifel bestehen. *On Liberty* erhebt nichts weniger als den Anspruch, eine Antwort auf die Frage geben zu können, wo die Grenze zwischen der Freiheit des einzelnen und dem Recht der Gesellschaft auf soziale Kontrolle (sei es in Form von staatlichen Gesetzen oder in Form von moralischem Zwang) verläuft. Kann die Schrift den Anspruch aber auch einlösen?

Die Tatsache, daß gerade die Sekundärliteratur zu *On Liberty* so überaus zahlreich ist, spiegelt nicht nur die besondere Relevanz dieser Schrift wider, sondern auch die Schwierigkeit, sie richtig zu verstehen. Zwei Probleme der Interpretation stehen dabei im Mittelpunkt: Zum einen stellt sich die Frage, wie leistungsfähig das Kriterium ist, mit dem Mill die Grenze zwischen individueller Freiheit und dem Recht auf soziale Kontrolle zieht; und zum anderen ist strittig, für wie gut begründet dieses Kriterium angesehen werden kann, d. h. ob es sich tatsächlich vom utilitaristischen Standpunkt aus rechtfertigen läßt.

Mills Freiheitsprinzip besagt, daß man „einen Menschen nicht rechtmäßig zwingen (kann), etwas zu tun oder zu lassen, weil dies besser für ihn wäre, weil es ihn glücklicher machen, weil er nach Meinung anderer klug oder sogar richtig handeln würde", sondern einzig und allein, um „die Schädigung anderer zu verhüten" (Kap. 1). Sein Abgrenzungskriterium läuft insofern auf ein Schadensprinzip hinaus und stellt eine Verwahrung gegenüber einem paternalistischen Prinzip dar. Die Frage ist allerdings, ob man zwischen Handlungen, die nur einen selbst betreffen, und Handlungen, die anderen schaden können, so unterscheiden kann, daß es immer möglich ist, erlaubte Handlungen von nicht-erlaubten ganz klar abzugrenzen. Wann immer Menschen in der Gemeinschaft mit anderen Menschen leben, ist jeder mehr oder weniger stark von dem betroffen, was andere tun oder lassen. Mills Freiheits- bzw. Schadensprinzip greift daher nur in den Fällen, in denen eine Schädigung anderer ganz offensichtlich ist bzw. sich die Nicht-Erlaubtheit der Verletzung der Interessen anderer allein aus der Tatsache ergibt, daß man gewisse Interessen „… entweder ausdrücklich durch gesetzliche Verfügung oder durch schweigendes Übereinkommen als Rechte betrachten sollte." (Kap. 4) Wie kann man jedoch sicher sein, in einem solchen Fall frei von der Tyrannei der demokratischen Mehrheit oder der Macht der öffentlichen Meinung zu sein?

Die Lösung für dieses Problem dürfte in der richtigen Einschätzung der Bedeutung liegen, die Mill zufolge der „Freiheit des

Gedankens und der Diskussion" (Kap. 2) zukommt. Da niemand unfehlbar ist – die Frage, was richtig oder falsch ist, vielmehr immer der Erörterung bedarf –, stellt die Meinungs- und Pressefreiheit, die Freiheit der Wissenschaft und der Kunst sozusagen eine Garantie dafür dar, daß es nicht zur Vorherrschaft bestimmter Überzeugungen und Lehren kommen kann, sofern es dafür keine guten, sich im freien Austausch der Gedanken bewährende Gründe gibt. Das heißt Handlungen, die so gesehen nicht unumstritten sind, sollten zumindest gesetzlich nicht verboten werden, sondern sich allenfalls dem Einwand des moralischen Vorwurfs gegenübersehen. Allerdings stellt sich selbst bei dieser Lösung des Problems der Anwendbarkeit des Freiheitsprinzips die Frage, ob Mill, indem er das Verbot der Schädigung von Interessen in Rechtskategorien (gesetzliche wie moralische) faßt, zugunsten der Geltung seines Freiheitsprinzips überhaupt noch utilitaristisch argumentieren kann. Da er darauf ausdrücklich besteht, sollte man jedenfalls nicht ohne weiteres unterstellen, in *On Liberty* sei Mills Rekurs auf das Nützlichkeitsprinzip als die „letzte Berufungsinstanz in allen ethischen Fragen" (Kap. 1) nur noch als ein Lippenbekenntnis zu verstehen.

Ob die Freiheit für Mill einen Wert an sich darstellt, weil man im Hinblick auf bestimmte Interessen ein Recht auf individuelle Unabhängigkeit hat, oder ob es sich für ihn dabei um eine Sache handelt, deren Wert sich erst daraus ergibt, daß sie die Bedingung der „Nützlichkeit im weitesten Sinne" erfüllt („begründet in den ewigen Interessen der Menschheit als eines sich entwickelnden Wesens", Kap. 1), ist eine Frage, die deshalb schwer zu entscheiden ist, da Mills utilitaristische Position gerade auch in *On Liberty* einen sehr differenzierten Glücksbegriff beinhaltet. Glück ist für Mill im Gegensatz zu Jeremy Bentham eben nicht ein Zustand des Wohlbefindens, der sich lediglich aus einer Bilanzierung von Freude und Leid bzw. der Maximierung von Lust und der Minimierung von Unlust ergibt, sondern vielmehr ein Zustand, der sich aus vielen Dingen bzw. Gütern zusammensetzt, die alle für sich allein erstrebenswert sind. Und zu diesen Gütern gehört neben Gesundheit und materiellem Wohlergehen, Wahrheit und Sittlichkeit (Tugend) eben auch die Freiheit – d. h. individuelle Unabhängigkeit, soweit man damit anderen nicht schadet. Sowohl in seiner Schrift *Utilitarianism* (Kap. 4) wie in seiner *Autobiography*

(Kap. 5) hat Mill dies mit den Worten zum Ausdruck gebracht, daß man als Mensch nur dann glücklich werden könne, wenn man das Glück nicht direkt erstrebt, sondern auf dem Weg über Güter, die einem auch als solche etwas bedeuten, weil sie „nicht nur Mittel zum Zweck", sondern auch „Teile des Zwecks" sind.

III

Die eingangs gestellte Frage, warum die sog. Mill-Renaissance, zu der es in den letzten 50 Jahren kam, bislang weitgehend auf den englischen Sprachraum beschränkt geblieben ist, läßt sich zusammenfassend jetzt noch einmal wie folgt beantworten: Obwohl Mill selbstverständlich auch außerhalb der angelsächsischen Welt den Rang eines Klassikers des politischen Denkens einnimmt, ist es ganz offensichtlich so, daß in seinem Fall zwei Voraussetzungen nicht gegeben sind, um als einer der geistigen Väter der liberalen Demokratie in gleicher Weise reüssieren zu können wie die politischen Denker des 17. und 18. Jahrhunderts. Als ein liberaler politischer Denker des 19. Jahrhunderts vermag Mill für sich zum einen nicht die Originalität in Anspruch zu nehmen, die den Aufklärungsdenkern als den Begründern des politischen Liberalismus zukommt; und als ein erklärter Utilitarist vertritt er zum anderen eine Denktradition, die unter dem Einfluß Kants vor allem im deutschen Geistesleben nicht nur niemals richtig Fuß zu fassen vermochte, sondern mit der sich Mill trotz seiner Modifikationen am Bentham'schen Utilitarismus auch leicht dem Verdacht aussetzt, fälschlicherweise von einem Vorrang des Guten (Nützlichen) vor dem Rechten (Gerechten) auszugehen. Selbst für *On Liberty* als derjenigen seiner politischen Schriften, die über diesen Verdacht noch am ehesten erhaben ist und mit der sich Mills Ruf als Klassiker bezeichnenderweise auch in erster Linie verbindet, fehlt es außerhalb des englischen Sprachraums somit zwar nicht an Interesse und an der notwendigen Relevanz, wohl aber an der geistesgeschichtlichen Voraussetzung, um auch hier eine ähnlich breit angelegte und differenzierte Interpretationskultur hervorbringen zu können, wie sie für die englischsprachige Mill-Rezeption charakteristisch ist. Es kommt daher nicht von ungefähr, daß 2006 – dem Jahr, in dem sich Mills Geburtstag zum zweihundertsten Male jährte – auf dem deutschsprachigen Markt ein Band mit dem Titel *John Stuart Mill: Der vergessene politische Ökonom und Philosoph* erschien, während die Cambridge University Press aus demselben Anlaß den Sammelband *J.S. Mill's Political Thought: A Bicentennial Reassessment* herausbrachte, in dem schon in der Einleitung ganz selbstverständlich davon die Rede ist: „... it is now clear that Mill ranks among the most influential of modern political thinkers".

Blickt man zum Schluß noch kurz auf die Anfänge der Mill-Rezeption im 19. Jahrhundert zurück, so ergibt sich in letzter Konsequenz in etwa das gleiche Bild. Wie die zahlreichen Übersetzungen und Mehrfachauflagen zeigen, die von Mills politischen Schriften vielfach noch zu seinen Lebzeiten in Deutschland und anderswo erschienen sind (auch eine russische und eine chinesische Übersetzung von *On Liberty* findet sich darunter), war der Einfluß, den Mill außerhalb Englands auf die demokratischen und frauenrechtlichen Reformbestrebungen und -bewegungen des 19. Jahrhunderts hatte, zwar alles andere als unerheblich gewesen. Der Bericht, den Jenny Hirsch 1872 in der zweiten Auflage ihrer deutschen Übersetzung von *The Subjection of Women* über den „gegenwärtigen Stand der Frauenfrage" gibt, belegt dies beispielsweise ebensosehr wie Theodor Gomperz' Ausgabe der *Gesammelten Werke* und seine „Erinnerungen" an J. St. Mill oder die Würdigung, die Mills Leben und Lebenswerk durch Samuel Saengers Buch erfuhren, das 1905 in der Reihe „Frommanns Klassiker der Philosophie" erschienen war. Gerade in diesem Buch ist aber auch davon die Rede, daß die Zeit, in der Mill in Deutschland die „uneingeschränkteste Wertschätzung" fand, vorbei sei, und „er heute meist nur genannt" werde, „um sein Unvermögen zu beleuchten, Kant zu verstehen." Ehe es zu einer regelrechten Rezeptionstradition in Deutschland kommen konnte, war der Faden also fast schon wieder abgerissen und wurde auch dann nicht mehr ohne Vorbehalte aufgenommen, als auch die Einwände schon längst vergessen waren, die der junge Heinrich von Treitschke 1861 in seiner Schrift *Die Freiheit* vorgebracht hatte, in der er Mill dafür kritisierte, daß er die Vorteile individueller Unabhängigkeit übertrieben und ihre Nachteile für den Bestand von Gemeinschaften (insbes. des Staates) unterschätzt hätte.

Obwohl Mills *On Liberty* damit eine ähnliche Kritik erfuhr wie 1873 durch James F. Stephens Buch *Liberty, Equality, Fraternity*, hatte er als ein utilitaristisch argumentierender Philosoph also schon damals auf dem Kontinent trotz und erst recht natürlich wegen seines liberalen und demokratischen Gedankenguts einen noch schwereren Stand als in seiner Heimat. In geradezu paradox-apologetischer Verkehrung machte sich dies nicht zuletzt in Else Wentschers Einleitung zur deutschen Übersetzung von *On Liberty* von 1928 bemerkbar, in der es heißt: „Spürt man in Mills Schriften jederzeit mehr das allgemein-germanische als das spezifisch englische Element, so gilt das in besonderem Maße von dem Essay der ‚On Liberty‘. Goethes Menschheitsideal, Schillers Gedanke der ästhetischen Erziehung, Humboldts Individualismus und das Wesen von Schleiermachers Monologen kommen darin zum Ausdruck."

Was die einen geflissentlich übersehen, heben andere mithin lobend hervor und können gleichwohl nur bedingt etwas daran ändern, daß Mills „breadth and complexity" des politischen Denkens, die erst jüngst wieder als „often underappreciated" herausgestellt wurden (Urbinati/Zarkaras 2007), nicht die ungeteilte Resonanz finden, die man ihnen auch und gerade unter den Bedingungen der konkurrenz- und alternativlos gewordenen liberalen Demokratie gerne wünschen würde.

Theo Stammen

Karl Marx (1818–1883)

Zeittafel

1818	5. Mai: Karl Marx in Trier geboren.
1835	Abitur in Trier, Beginn des Jurastudiums in Bonn
1836	Verlobung mit Jenny von Westphalen. Studium in Berlin: Jura und Philosophie. Kontakt mit Linkshegelianern.
1838	Vater Heinrich Marx stirbt. Zerwürfnis mit der Familie.
1841	Philosophische Promotion in absentia in Jena.
1842	Redakteur der „Rheinischen Zeitung". Trifft Arnold Ruge.
1843	Heirat in Kreuznach. Ab Ende Oktober Exil in Paris.
1844	*Deutsch-französische Jahrbücher*. Zerwürfnis mit Ruge. *Ökonomisch-philosophische Manuskripte*. Älteste Tochter Jenny geboren. Beginn der Zusammenarbeit/Freundschaft mit Friedrich Engels.
1845	*Die Heilige Familie*. In Brüssel nach Ausweisung aus Frankreich. Studienreise mit Engels nach England. Beginn der gemeinsamen Arbeit an der *Deutschen Ideologie*.
1847	*Misère de la Philosophie* gegen Proudhon. Mitglied des Bundes der Kommunisten. Geburt des Sohnes Edgar.
1848	*Manifest der Kommunistischen Partei*. Ausweisung aus Belgien. In Köln Chefredakteur der „Neuen Rheinischen Zeitung.
1849	Beginn des Londoner Exils. Geburt des Sohnes Guido.
1852	*Der 18. Brumaire des Louis Bonaparte*, Kölner Kommunistenprozeß. Auflösung des Bundes der Kommunisten.
1853	*Enthüllungen über den Kommunistenprozeß zu Köln.*
1855	Geburt der Tochter Eleanor.
1859	*Zur Kritik der politischen Ökonomie.*
1861	Besuch bei Lassalle in Berlin.
1863	Tod der Mutter Henriette Marx.
1864	Gründung der Internationalen Arbeiter-Assoziation; dafür: *Address and Provisional Rules*.
1865	Bruch mit dem Allgem. Deutschen Arbeiterverein. *Lohn, Preis, Profit*.
1867	*Das Kapital*, erster Band.
1868	Auseinandersetzung Marx – Bakunin in der Internationalen
1871	Pariser Kommune. *Der Bürgerkrieg in Frankreich*.
1875	Vereinigung der deutschen Arbeiterparteien in Gotha: *Kritik des Gothaer Programms*.
1877	Mitarbeit an Engels' *Anti-Dühring*.
1881	Tod von Jenny Marx.
1882	Reisen nach Algier, der Schweiz und Frankreich.

I

Als Karl Marx 1818 in Trier geboren wurde, lag die nationaldeutsche Erhebung der Befreiungskriege gegen Napoleon erst wenige Jahre zurück. Den konservativen Mächten Rußland, Österreich und Preußen war es auf dem Wiener Kongreß noch einmal gelungen, eine Ordnung der europäischen Verhältnisse zu restaurieren, die auf dem vorrevolutionären Prinzip monarchischer Legitimität beruhte und die Ideen der Französischen Revolution von 1789 unterdrückte. Im Deutschen Bund trat man unter Metternich in die Epoche der Restauration ein, die in den bürgerlich-liberalen und nationaldeutschen Kräften, vor allem auch in der akademischen Jugend, die Hoffnungen auf nationalstaatliche Einigung enttäuschte. In dieser Epoche des „Widerspiels von progressiver Bewegung und restaurativer Beharrung" (Schnabel) wächst der junge Marx auf.

Als Marx 1836 nach Berlin kam, war Hegel schon fast fünf Jahre tot; gleichwohl beherrschte seine Philosophie nach wie vor die Berliner Universität; sein Erbe war indes zwischen den sog. Rechts- und Linkshegelianern umstritten. Gaben die Rechtshegelianer, die politisch liberale Ideen vertraten, sich mit einer bloß repräsentativen Funktion der Philosophie zufrieden, so drängten die Linkshegelianer danach, aus Hegels „*Vollendung* der Philosophie" deren „Verwirklichung" zu folgern. Darunter verstanden sie als erste Stufe die radikale Kritik von Religion, Philosophie und Politik – kurz: aller geistigen und politischen Grundlagen des Zeitalters. Durch die Teilnahme an den philosophischen Diskussionen des linkshegelianischen „Doktorclubs" geriet Marx erstmals in intensive Berührung mit Hegels Philosophie, die ihn sowohl anzog als auch ihm widerstrebte. Diese Doppelbeziehung bestimmte Marxens Verhältnis zu Hegel anhaltend und beeinflußte seine theoretische Entwicklung maßgeblich. So zunächst bei dem Bemühen, praktische Konsequenzen aus der vollendeten Philosophie zu ziehen: für Marx war es „ein psychologisches Gesetz, daß der in sich frei gewordene *theoretische* Geist zur *praktischen* Energie wird, als Wille aus dem Schattenreich des Amenthes hervortretend, sich gegen die weltliche, ohne ihn vorhandene Wirklichkeit wendet". (I, 71)

Deshalb wendet er sich, nachdem unter den in Preußen obwaltenden politischen Verhältnissen an eine akademische Karriere nicht zu denken war, ab 1842 der publizistischen Tätigkeit als Redakteur an der „Rheinischen Zeitung" in Köln zu: sie ist als eine erste Stufe im Prozeß der Verwirklichung der Philosophie zu verstehen. Hier, an der „Rheinischen Zeitung", einem bürgerlich-liberalen Blatt mit oppositioneller Einstellung zur preußischen Regierung, hatte Marx erstmals Gelegenheit, sich kritisch mit den realen sozialen und ökonomischen Verhältnissen seiner Umwelt auseinanderzusetzen. Es dauerte seine Tätigkeit bei der „Rheinischen Zeitung" allerdings nur kurze Zeit, bereits im März 1843, kurz bevor die Zeitung von der preußischen Zensur verboten wurde, schied Marx wegen der bedrückenden Zensurverhältnisse aus der Redaktion aus. „Es ist schlimm, Knechtsdienste für die Freiheit zu verrichten ... Ich bin der Heuchelei, der Dummheit, der rohen Autorität und unseres Schmiegens, Rückendrehens und Wortklauberei müde geworden ... *In Deutschland kann ich nichts mehr beginnen*" (MEW, 27, 415), schrieb er an Arnold Ruge.

Die Lebensphase von 1843 bis 1845 hat die geistige und politische Entwicklung von Marx entscheidend geprägt. Seine Beiträge im einzigen Band der mit Arnold Ruge herausgegebenen *Deutsch-Französischen Jahrbücher* (1844), die Aufsätze *Zur Judenfrage* und *Zur Kritik der Hegelschen Rechtsphilosophie – Einleitung*, sind dafür Beleg. Hier hatte Marx die publizistische Plattform gefunden für die erstrebte rücksichtslose Kritik des Bestehenden, „rücksichtslos sowohl in dem Sinn, daß die Kritik sich nicht vor ihren Resultaten fürchtet und ebensowenig vor dem Konflikt mit den vorhandenen Mächten" (I, 447).

Speziell in der *Kritik der Hegelschen Rechtsphilosophie* gedieh dieses Verfahren der Kritik zu äußerster Schärfe und Konzentration. Ausgangspunkt ist hierfür die Religionskritik von Bruno Bauer und Ludwig Feuerbach. Marx resümiert die Resultate seiner Vorgänger und transponiert sie auf eine völlig andere Ebene. War die Religion für Feuerbach noch ein individuell-anthropologisches Phänomen, so wird sie bei ihm zu einem sozialpathologischen Problem; sie ist nichts anderes als Ausdruck der verkehrten Welt, in der die Menschen leben. „Die Religion ist der Seufzer der gedrängten Kreatur, das Gemüt einer herzlosen Welt, wie sie der Geist geistloser Zustände ist. Sie ist das *Opium des Volkes*" (I, 488). Mit dieser „Entlarvung" der Religion ist für Marx die Aufgabe der Religionskritik erledigt, und er kann den Blick von den durch die Religion verursachten Scheinproblemen weg auf die wirklichen Probleme lenken. Die „Kritik des Himmels verwandelt sich damit in die Kritik der Erde, die Kritik der Religion in die Kritik des Rechts, die Kritik der Theologie in die *Kritik der Politik*" (I, 489).

Diese Kritik der Politik begann bereits in dem Fragment *Kritik des Hegelschen Staatsrechts*, das die §§ 261–313 von Hegels *Rechtsphilosophie* einer scharfsinnigen Analyse unterzieht. Geht Hegel von der *Idee des Staates* aus, so kehrt Marx die Verhältnisse im Sinne einer radikaldemokratischen Position um. Die Familie und (vor allem) die moderne bürgerliche Gesellschaft „machen sich selbst zum Staat; sie sind das Treibende, ... die Voraussetzungen des Staates, sie sind die eigentlich Tätigen", „die wirklichen *Subjekte*" der Geschichte, aus denen sich der demokratische Staat konstituiert. „So ist die Demokratie das Wesen aller Staatsverfassung, der sozialisierte Mensch, als eine besondere Staatsverfassung" (I, 262 f.). Wichtig ist, daß für Marx die Kritik der Hegelschen Staatsphilosophie ihre Relevanz daher bezieht, daß sie eigentlich die Kritik und Destruktion des preußischen Staates darstellt, als dessen philosophischer Repräsentant Hegel galt. Die Kritik des Hegelschen Staatsrechts mündet unmittelbar in politische Praxis, in eine „*Revolution*, die Deutschland nicht nur auf das offizielle Niveau der modernen Völker erheben soll, sondern auf die *menschliche Höhe*, welche die Zukunft dieser Völker sein wird" (I, 497).

Hier vollzieht Marx einen folgenreichen Schritt in seiner politischen Anthropologie, indem er – noch bevor er durch die Schriften von Friedrich Engels und den französischen Sozialisten von der realen Existenz eines *Industrieproletariats* in England und Frankreich überhaupt Kenntnis erhält – philosophisch den Begriff des Proletariats als das „passende Element" oder die „natürliche Grundlage" der kommenden Revolution deduziert. Marx entdeckt so in seinem dialektisch-philosophischen Verfahren das Proletariat als „eine Klasse mit *radikalen* Ketten ..., einen Stand, welcher die Auflösung aller Stände ist, eine Sphäre, welche ... kein *besonderes Recht* in Anspruch nimmt, weil kein *besonderes Un-*

recht, sondern das *Unrecht schlechthin* an ihr verübt wird, ... welche mit einem Wort der völlige Verlust des Menschen ist, also nur durch die *völlige Wiedergewinnung des Menschen* sich selbst gewinnen kann" (I, 503). Das kann sich nur in einer umfassenden *Revolution* vollziehen, für deren Gelingen Proletariat und Philosophie zusammenwirken müssen. Denn „die Philosophie kann sich nicht verwirklichen, ohne die Aufhebung des Proletariats, das Proletariat kann sich nicht aufheben ohne die Verwirklichung der Philosophie" (I, 505).

II

Die anthropologischen Grundlagen dieser revolutionären Philosophie hat Marx in den Pariser Jahren in den *Ökonomisch-philosophischen* oder *Pariser Manuskripten* entwickelt, die fast 90 Jahre unbekannt blieben und erst 1932 ediert wurden. Sie haben seither als „das einzige Dokument, das in sich die ganze Dimension des Marxschen Geistes umspannt", die Marxinterpretation des 20. Jh. bis in die Gegenwart maßgebend bestimmt (S. Landshut). Was Marx in diesen fragmentarischen Texten liefert, dient dem Zwecke, sich über die realen Bedingungen zu verständigen, unter denen das Proletariat in der Geschichte erscheint und wie es sich in einem revolutionären Akt aus der kollektiven Entfremdung befreien kann. Sein Denken bewegt sich daher in *zwei* Richtungen: einmal bemüht er sich darum, das *Problem* der menschlichen Entfremdung unter den Bedingungen der bürgerlichen Gesellschaft möglichst umfassend darzustellen; zum anderen Wege zur *Aufhellung* eben dieser Entfremdung und zur *Selbstverwirkli-chung* des Menschen in einer klassenlosen Gesellschaft aufzuzeigen. Das Besondere an diesen Texten ist, daß ihre „philosophischen" Begriffe stets zugleich auch „soziologisch" und „ökonomisch", die „soziologischen" und „ökonomischen" stets zugleich auch „philosophisch" gemeint und auf die erfahrbare konkrete Gegenwart analytisch bezogen sind.

Das trifft auf besondere Weise auf die zentrale Analyse der menschlichen *Arbeit* zu. Es geht ihm darum, „das Elend, welches aus dem Wesen der heutigen Arbeit selbst hervorgeht, zu begreifen" (I, 518). Dieses Erkenntnisinteresse führt zur umfassenden phänomenologischen Erfassung der vier verschiedenen Weisen menschlicher *Entfremdung*, deren *erste* Erscheinungsform so gefaßt wird: „Der Gegenstand, den die Arbeit produziert, ihr Produkt, tritt als ein fremdes Wesen, als eine vom Produzenten unabhängige Macht gegenüber" (I, 561), weil die Arbeiter im Prozeß der kapitalistischen, arbeitsteiligen Produktionsform sich das Produkt seiner Arbeit nicht mehr aneignen kann, sondern veräußern muß. Aus dieser Entfremdung des Arbeiters vom Produkt seiner Arbeit entsteht notwendigerweise als *zweite* Form die Entfremdung des Arbeiters von seiner Arbeit als von seiner wesenhaften menschlichen Tätigkeitsform. Dem Arbeiter wird in der kapitalistischen Arbeitsorganisation die Arbeit als Tätigkeit äußerlich, nicht mehr zu seinem Wesen gehörig, so daß der Arbeiter sich nicht länger in seiner Arbeit begreift und bejaht, sondern verneint, sich nicht mehr wohl, sondern unglücklich fühlt. Außer der Arbeit fühlt er sich bei sich, und in der Arbeit fühlt er sich außer sich. „Sie (die Arbeit) ist daher nicht (mehr) die Befriedigung eines Bedürfnisses, sondern sie ist nur ein Mittel, um Bedürfnisse außer ihrer zu befriedigen ... sie gehört einem anderen, sie ist der Verlust seiner selbst" (I, 564 ff.).

Hieraus folgt zwingend die *dritte* Form menschlicher Entfremdung als Selbstentfremdung des Menschen von seinem Wesen. Dadurch, daß das Produkt der Arbeit dem Arbeiter genommen wird und die wesentliche menschliche Tätigkeit, die Arbeit, zum äußerlichen Zwang wird, ist das Verhältnis des so unter den Bedingungen der bürgerlich-kapitalistischen Gesellschaft und Produktion arbeiten müssenden Menschen zu sich selbst entscheidend gestört: Sein eigenes Wesen wird ihm etwas äußerliches, ist nicht mehr Ziel und Inhalt seines Lebens, sondern lediglich noch Mittel. „Die entfremdete Arbeit kehrt das Verhältnis dahin um, daß der Mensch, eben weil er bewußtes Wesen ist, seine Lebenstätigkeit (= Arbeit, T. St.), sein Wesen nur zu einem Mittel für seine Existenz macht" (I, 567).

Die weitere, *vierte* und letzte Form der menschlichen Entfremdung ist die Entfremdung des Menschen von seinen Mitmenschen. Gerade in diesem durch entfremdete Arbeit zerstörten Verhältnis des Menschen zum anderen Menschen offenbart sich der eigentlich unmenschliche Charakter der bürgerlichen Gesellschaft. Wenn dem Menschen die Arbeit als seine wesenhafte Tätigkeit eine Qual geworden ist, so muß sie einem anderen Menschen zum Genuß und Lebensfreude werden. „Nicht die Götter, nicht die Natur, nur der Mensch selbst kann diese fremde Macht über den Menschen sein" (I, 570). Auf diese Weise ist der Nachweis erbracht, daß unter den Bedingungen der bürgerlich-kapitalistischen Gesellschaft der Mensch in seiner Arbeit als Tätigkeit sein wahres menschliches Wesen nicht mehr gewinnen kann, sondern verlieren muß.

Für Marx hängt diese vierstufige Entfremdung des Menschen primär mit der Einrichtung von *Privateigentum* an Produktionsmitteln zusammen. „Das Privateigentum" ist „das *Produkt*, das *Resultat*, die notwendige Konsequenz der entäußerten Arbeit" (I, 571); zugleich hilft das Privateigentum mit dazu, daß sich die menschliche Arbeit weiter entfremdet; es ist mithin „die Realisation dieser Entäußerung" (I, 572). So besteht also zwischen entäußerter Arbeit und Privateigentum eine Wechselwirkung, die zugleich erklärt, warum die Aufhebung des Privateigentums an Produktionsmitteln die *conditio sine qua non* der Aufhebung der menschlichen Entfremdung ist. „Die positive Aufhebung des *Privateigentums*, als die Aneignung des *menschlichen* Lebens, ist daher die positive Aufhebung aller Entfremdung, also der Rückkehr des Menschen aus Religion, Familie, Staat etc. in sein *menschliches*, d. h. *gesellschaftliches* Dasein" (I, 595).

Der positive Ausdruck dieser Aufhebung des Privateigentums ist der Kommunismus, der sich über die Stufe des „rohen Kommunismus" und über die Stufe des politischen (demokratischen oder despotischen), aber noch unvollendeten, weil immer noch mit dem Privateigentum, „mit der Entfremdung des Menschen affizierten" (I, 593) Kommunismus entfaltet wird. Dieser Kommunismus ist die „positive Aufhebung des Privateigentums als menschlicher Selbstentfremdung und darum (die) wirkliche Aneignung des menschlichen Wesens durch und für den Menschen, (die) vollständige Rückkehr des Menschen für sich als eines gesellschaftlichen, d. h. menschlichen Menschen" (I, 593 ff.). Die Analyse der bürgerlichen Gesellschaft in den *Pariser Manuskripten* am Leitfaden der menschlichen Selbstentfremdung weitet sich zur sozialen *Prophetie* und *Utopie*. Marx hat damit auf einer höheren Ebene den Punkt erreicht, der in der *Kritik des Hegelschen Staatsrecht* durch die „wahre Demokratie" markiert war; ihr entspricht der „Kommunismus" der *Ökonomisch-philosophischen Manuskripte*.

Marxens heftige antipreußische Agitation aus Paris brachte ihm 1845 durch Intervention der preußischen Regierung die Ausweisung aus Frankreich ein; er wandte sich mit Frau und Kind nach Brüssel, wo er als „Ew. Majestät sehr bescheidener und sehr gehorsamer Diener" (MEW, 27, 601, Brief an den belgischen König) mit Erfolg um politisches Asyl nachgesucht hatte. Um weiteren Nachstellungen der preußischen Regierung zu entgehen, beantragte er im gleichen Jahr die *„Entlassung* aus dem Königlichpreußischen Untertanenverband behufs der *Auswanderung* nach den Vereinigten Nordamerikanischen Staaten" (MEW, 27, 604), an die er aber wohl nie ernsthaft dachte. Die Entlassung wird ihm postwendend gewährt; und so war Marx hinfort bis zu seinem Lebensende ein *Staatenloser*.

III

Über Europa beginnen sich damals die Gewitterwolken einer neuen *Revolution* zusammenzuziehen. Der schlesische Weberaufstand von 1844 wird von Marx noch in Paris als ein *Vorzeichen* der von ihm prognostizierten allgemeinen Revolution begrüßt. In Brüssel arbeiten Marx und Engels eng auf zwei Gebieten zusammen: einmal erarbeiten sie in zwei Werken – *Die heilige Familie* (1845) und die *Deutsche Ideologie* – auf der Basis der Kritik an ihren früheren linkshegelianischen Weggefährten L. Feuerbach, Br. Bauer und M. Stirner die Grundlagen ihres *Historischen Materialismus* in systematischer Form; Voraussetzung dafür ist die Annahme, „daß die Menschen imstande sein müssen zu leben, um ‚Geschichte machen' zu können" (II, 28). Dieses Leben produzieren die Menschen selbst, in dem sie die Lebensmittel dafür produzieren. Von der Produktion der materiellen Bedingungen des Lebens hängt alles andere ab. Insbesondere die menschlichen Vorstellungen oder Ideen sind von den materiellen Grundlagen und Bedingungen der Existenz abhängig. Sie sind bedingt vom jeweiligen Entwicklungsstand der Produktivität und der Produktionsverhältnisse. Die Argumentation gipfelt in dem klassischen Satz: „Das Bewußtsein kann nie etwas anders sein als das bewußte

Sein, und das Sein der Menschen ist ihr wirklicher Lebensprozeß" (II, 23). Im Historischen Materialismus wird „von den wirklichen Menschen ausgegangen und aus ihrem wirklichen Lebensprozeß auch die Entwicklung der ideologischen Reflexe dieses Lebensprozesses dargestellt ... Die Moral, Religion, Metaphysik und sonstige Ideologie und die ihnen entsprechenden Bewußtseinsformen behalten hiermit nicht länger den Schein der Selbständigkeit ... *Nicht das Bewußtsein bestimmt das Leben,* sondern das Leben bestimmt das *Bewußtsein"* (II, 23).

Daneben engagieren sich Marx und Engels von Brüssel aus in der damals entstehenden Organisation einer internationalen sozialistischen Arbeiterbewegung; hier versuchten die beiden, ihren sogenannten „wissenschaftlichen Sozialismus" gegen verschiedene Spielarten des utopischen und religiösen Sozialismus durchzusetzen und zugleich zu popularisieren. Dazu erhielten sie im Herbst 1847 die Gelegenheit, als der aus dem „Bund der Gerechten" entstandene Londoner „Bund der Kommunisten" sie beauftragte, auf der Basis ihres Historischen Materialismus das definitive Programm der Bewegung auszuarbeiten und vorzulegen. Auf der Grundlage der von Engels verfaßten *Grundsätze des Kommunismus* (1847) stellte Marx bis Februar 1848, also nur wenige Tage vor Ausbruch der Pariser Februar-Revolution, das *Manifest der kommunistischen Partei* fertig, das in rhetorisch beeindruckender Form die Grundgedanken seiner vorher entwickelten revolutionären Philosophie unter die Massen bringen sollte. Sein Motto: „Proletarier aller Länder, vereinigt euch!" wirkte anfänglich noch kaum; seine spätere politische Brisanz beruhte nicht zuletzt darauf, daß es sich aller moralischen Appelle enthielt und statt dessen in einer sich streng wissenschaftlich gebenden Analyse die Grundgesetze der Weltgeschichte im Allgemeinen, der bürgerlichen Gesellschaft im Besonderen vorstellt und aus ihnen dann die Konsequenzen für die unausweichliche revolutionäre Umgestaltung der ökonomischen, gesellschaftlichen und politischen Verhältnisse und die Selbstbefreiung der Menschen durch das Proletariat zog.

Die zuerst in Paris, dann in vielen anderen europäischen Hauptstädten (Berlin und Wien z.B.) ausbrechende 48er Revolution schien zunächst den Erwartungen und Voraussagen von Marx Recht zu geben: Das Ende der bürgerlich-kapitalistischen Gesellschaftsepoche schien hereingebrochen. Marx und Engels gingen unverzüglich nach Deutschland zurück und versuchten von Köln aus durch die „Neue Rheinische Zeitung" publizistischen Einfluß auf das revolutionäre Geschehen im Deutschen Bund, vor allem in Berlin und Wien, zu bekommen. Doch vergebens: Bereits 1849 brach die Revolution überall zusammen; die alten Mächte in Preußen und Österreich gewannen erneut die Oberhand. Das Bürgertum, repräsentiert in der Frankfurter Paulskirchenversammlung, konnte die erhoffte politische Umgestaltung Deutschlands zu einem liberalen und nationalen Verfassungsstaat nicht durchsetzen. Das Proletariat, im industriell zurückgebliebenen Deutschland noch kaum existent, konnte im Geschehen der Revolution überhaupt keine relevante Rolle spielen.

IV

War schon das liberale Bürgertum in Deutschland über den Ausgang der 48er Revolution stark enttäuscht, so erst recht Karl Marx und seine Freunde: ihre Hoffnungen, angeblich durch Erkenntnisse des wissenschaftlichen Sozialismus zur festen Gewissheit erhärtet, brachen zusammen. Trotz allen Einsatzes – Marx reiste in der Revolution nach Berlin und Wien – und seiner intensiven Versuche, die Revolution durch seine Publizistik zu radikalisieren, hatten sich nicht nur in Deutschland, hier aber besonders die proletarischen Kräfte als zu schwach erwiesen, die bürgerliche Revolution in eine proletarische Revolution hinüberzutreiben. Marx, staatenlos, wurde aus Deutschland ausgewiesen und ging mit seiner Familie über Paris nach London, das ihm bis zu seinem Tode zum Aufenthaltsort wurde. Der „Bund der Kommunisten" löste sich 1852 auf, damit ging der mühsam geschaffene organisatorische Rückhalt in der sozialistischen Arbeiterbewegung verloren, und Marx und Engels mußten „ganz von vorne wieder anfangen" (VI, 841).

Zwei Fragen beschäftigten beide in der nächsten Zeit vor allem: Warum war die 48er Revolution nach hoffnungsvollem Beginn überall so schnell zusammengebrochen? Und wann werden, den Entwicklungsgesetzen des Kapitalismus entsprechend, die Bedingungen für eine erfolgreiche politische, soziale und ökonomische Umwälzung der Verhältnisse erneut geschaffen sein? Die Antwort auf die erste Frage: die seit 1849 überall in Europa wiedereinsetzenden wirtschaftlichen *Prosperität* hatte die Revolution zum Scheitern gebracht. Für Marx stand fest, daß eine Krise des kapitalistischen Wirtschaftssystems die unabdingbare Voraussetzung für eine erfolgversprechende politische und soziale Revolution sei.

Was die zweite Frage betraf, war durch den Fehlschlag der 48er Revolution die Herrschaft des Proletariats von einem *Nahziel* zu einem *Fernziel* geworden. Um das kapitalistische System erneut zu erschüttern, bedurfte es einer neuen ökonomischen *Krise*, genauer: einer *Kette* aufeinanderfolgender Krisen sowie einer neuen Strategie: einer „Revolution in Permanenz". Aufgabe der Sozialisten sei es, „die Revolution permanent zu machen, so lange, bis alle mehr oder weniger besitzenden Klassen von der Herrschaft verdrängt seien" (MEW, 7, 248). Diese neue Strategie bestimmte für die nächsten Jahre sowohl die publizistische als auch das politische Arbeit von Marx. In der *Inauguraladresse* für die *Internationale Arbeiter Assoziation* (IAA) (1864) heißt es, „daß das Elend der Arbeiterklasse sich in den Jahren 1848–1864 nicht vermindert hat, obwohl diese Periode in der Entwicklung der Industrie und im Wachstum des Handels unerreicht dasteht"; er ruft zum allgemeinen Kampf für die „Befreiung der Arbeiterklasse" auf, dessen Erfolg einerseits von einer *Organisation*, andererseits von der internationalen *Solidarität* der Arbeiter abhänge (III/2, 866 f.). Als diese „Erste Internationale" scheiterte, zog Marx daraus den Schluß, daß sich im Zeitalter der Nationalstaaten die Arbeiterbewegung zunächst auf *nationaler* Ebene organisieren und agitieren müsse, bevor an eine internationale Integration ihrer Kräfte zu denken sei. Er wandte sich daher erneut der Entwicklung der Arbeiterbewegung in Deutschland zu. Der Entstehung der „Sozialistischen Arbeiterpartei Deutschlands", die sich 1875 auf dem Gothaer Parteitag bildete, mußte er freilich vom Standpunkt seines „revolutionären Sozialismus" kritisch gegenüberstehen; seine *Kritik des Gothaer Programms* (1891 posthum von Engels publiziert) gibt davon Zeugnis.

Das eigentliche wissenschaftliche Fundament seines „revolutionä-ren Sozialismus" legte Marx jedoch in seiner umfassenden *Kritik der politischen Ökonomie*, deren Ausarbeitung er von 1850 bis zu seinem Lebensende (1883) ununterbrochen betrieb – ohne indes damit zum Abschluß zu kommen. Der gesamte Umfang dieser, teils publizierten, teils unpublizierten Schriften, Fragmente, Ex-zerpte etc. wird wohl erst im Rahmen der neuen historisch-kritischen Marx-Engels-Gesamtausgabe (= neue MEGA) er-schlossen und interpretierbar werden. Hier können lediglich die wichtigsten Etappen der Ausbildung dieser *Kritik der politischen Ökonomie* skizziert, sodann deren entscheidende inhaltlichen Aspekte vorgestellt und schließlich an einem zentralen Textstück im Zusammenhang mit Marxens Geschichts- und Gesellschafts-theorie interpretiert werden.

Auf der Basis des *Kommunistischen Manifests* hatte Marx 1849 in einer Artikelserie der „Neuen Rheinischen Zeitung" unter dem Titel *Lohnarbeit und Kapital* seine ökonomischen Studien wie-deraufgenommen; ihnen folgte 1857 eine *Einleitung zu einer Kri-tik der politischen Ökonomie*, die sich im Kontext von Hegels *Lo-gik* mit methodischen Fragen und inhaltlich mit dem dialektischen Zusammenhang von Produktion, Distribution, Austausch und Konsumtion befaßte, damals aber nicht publiziert wurde (vgl. VI, 802 ff.): Auch die nachfolgenden *Grundrisse der Kritik der politi-schen Ökonomie* (Rohentwurf 1857/8; erst 1939/1941 veröffent-licht), zeugen von den Schwierigkeiten, die Fülle des Materials in einer systematischen Gliederung unterzubringen. Statt dessen er-scheint 1859 im Druck *Zur Kritik der Politischen Ökonomie – Erstes Heft*, in dem Marx die Mehrwerttheorie erstmals ausarbei-tet. Die zu diesem Thema nachfolgenden weitläufigen Studien werden zu Lebzeiten nicht mehr veröffentlicht; erst 1910 wurden sie von Karl Kautsky als *Theorien über den Mehrwert* komplett in vier Bänden aus dem Nachlaß herausgegeben. Dagegen erscheint das zweite Heft von *Zur Kritik der politischen Ökonomie* 1861 als Band 1 des Hauptwerks *Das Kapital*, dem weitere drei Bände fol-gen sollten. Die ersten drei Bände sollten der systematischen und methodischen Kritik der bürgerlichen politischen Ökonomie gewidmet sein; die Bände zwei und drei gab Engels postum 1885 und 1894 aus dem Nachlaß des verstorbenen Freundes heraus. Das abschließende vierte Buch kann vom Thema her durch die *Theorien über den Mehrwert* repräsentiert gelten.

Das Hauptwerk *Die Kritik der politischen Ökonomie,* das im *Kapital* seine endgültige Ausgestaltung finden sollte, ist mithin ein unvollendeter *Torso;* das macht es nicht leicht, die inhaltlichen Schwerpunkte im Zusammenhang zu betrachten. Soviel steht fest, daß das Kapital, das Geld als die eigentliche Personifikation des bürgerlich-kapitalistischen Zeitalters und der mit ihm untrennbar verbundenen menschlichen Selbstentfremdung und Verdinglichung zu gelten hat. Unter der universalen Herrschaft des Kapitals werden alle menschlichen Verhältnisse zu Waren- und Tauschverhältnissen; „im Geld hat die Entfremdung des menschlichen Wesens ihren äußersten Ausdruck erhalten" (S. Landshut).

Unter dieser verkehrenden Wirkung des Kapitals steht die bürgerliche Gesellschaft, speziell die Arbeitswelt, in zunehmenden Maße; Marx, dessen Absicht es ist, das ökonomische Bewegungsgesetz der modernen Gesellschaft zu enthüllen, schreitet in seiner Analyse vom Verhältnis der Arbeit zum Kapital fort und untersucht die pervertierenden Wirkungen des Kapitals auf die Arbeit. Er erkennt, daß sich der Wert einer jeden produzierten Ware nach der in sie investierten Arbeit bemißt, daß aber der Kapitalist am Markt in der Regel einen höheren Preis erzielt und auf diese beständig einen Mehrwert gewinnt und akkumuliert. In dieser Akkumulation von Kapital und Mehrwert liegt ein entscheidender Bewegungsvorgang des Kapitals; er löst mit innerer Notwendigkeit als weiterer Vorgang die Konzentration des Kapitals in immer weniger Händen aus. Im Konkurrenzkampf werden die schwächeren Partner nach und nach ausgeschaltet, das Kapital versammelt sich bei immer weniger Kapitalisten, während die gesamte andere Gesellschaft in einen unaufhaltsamen Prozeß des Abstiegs, d. h. der Verproletarisierung und letztlich der Verelendung hineingerät.

Diesen Vorgang der Verelendung interpretiert Marx dialektisch: das Kapital, indem es immer weniger Kapitalisten gehört und eine immer größere Masse von Proletariern erzeugt, schafft im Proletariat zugleich seine eigenen Totengräber. Denn: Im Proletariat entsteht eine industrielle Reservearmee, die bei der fortschreitenden

Konzentration des Kapitals und der gleichzeitigen Verelendung der Massen eine Krise des kapitalistischen Systems und schließlich eine Revolution heraufführt. Die Herrschaft der wenigen über die vielen werde damit zu Ende sein, und an ihre Stelle werde die Herrschaft der vielen über die wenigen treten: die *Diktatur des Proletariats*. Die Gesellschaft werde jetzt selbst die zum gesellschaftlichen Eigentum gewordenen Produktionsmittel in die Hände nehmen und die Produktion als gesellschaftliche neu organisieren. Damit werde sich die Gesellschaft definitiv aus ihrer Selbstentfremdung befreien.

Diese komplexen politökonomischen Studien verstand Marx – trotz ihrer theoretischen Abstraktheit – als programmatische Grundlage der internationalen Arbeiterbewegung und ihrer revolutionären Praxis, was von Seiten der Arbeiterbewegung nicht leicht einzusehen war und zu Mißverständnissen führte. Bedeutsam ist aber, daß diese Untersuchungen – trotz der zeitlichen Distanz – den entscheidenden Grundgedanken der Frühschriften festhalten, daß die Menschen unter den Lebensbedingungen der modernen, bürgerlich-kapitalistischen Welt entfremdet sind und daß diese vierfache Entfremdung der Menschen durch theoretische und politische Arbeit „aufzuheben" sei. Dieser philosophisch-anthropologische Zusammenhang wird in der nachfolgenden Textpassage aus dem Vorwort zur *Kritik der Politischen Ökonomie – Erstes Heft* (1859) dokumentiert, die Marx selbst als „das allgemeine Resultat" und zugleich auch als „Leitfaden" zu seinen philosophisch-ökonomischen Untersuchungen gekennzeichnet hat; sie enthält in der Tat alle wesentlichen Grundgedanken seiner Gesellschafts- und Geschichtstheorie in knappster Formulierung. Deswegen sei dieser Text hier im Wortlaut geboten:

„In der gesellschaftlichen Produktion ihres Lebens gehen die Menschen bestimmte, notwendige, von ihrem Willen unabhängige Verhältnisse ein, Produktionsverhältnisse, die einer bestimmten Entwicklungsstufe ihrer materiellen Produktivkräfte entsprechen. Die Gesamtheit dieser Produktionsverhältnisse bildet die ökonomische Struktur der Gesellschaft, die reale Basis, worauf sich ein juristischer und politischer Überbau erhebt, und welcher bestimmte gesellschaftliche Bewußtseinsformen entsprechen. Die Produktionsweise des materiellen Lebens bedingt den sozialen, politischen und geistigen Lebensprozeß überhaupt. Es ist nicht das Bewußtsein der Menschen, das ihr Sein, sondern umgekehrt ihr gesellschaftliches Sein, das ihr Bewußtsein bestimmt. Auf einer gewissen Stufe ihrer Entwicklung geraten die materiellen Produktivkräfte der Gesellschaft in Widerspruch mit den vorhandenen Produktionsverhältnissen oder, was nur ein juristischer Ausdruck dafür ist, mit den Eigentumsverhältnissen, innerhalb deren sie sich bisher bewegt hatten. Aus Entwicklungsformen der Produktivkräfte schlagen diese Verhältnisse in Fesseln derselben um. Es tritt dann eine Epoche sozialer Revolution ein. Mit der Veränderung der ökonomischen Grundlage wälzt sich der ganze ungeheure Überbau langsamer oder rascher um. In der Betrachtung solcher Umwälzungen muß man stets unterscheiden zwischen der materiellen naturwissenschaftlich treu zu konstatierenden Umwälzung in den ökonomischen Produktionsbedingungen und den juristischen, politischen, religiösen, künstlerischen oder philosophischen, kurz, ideologischen Formen, worin sich die Menschen dieses Konflikts bewußt werden und ihn ausfechten. So wenig man das, was ein Individuum ist, nach dem beurteilt, was es sich selbst dünkt, ebenso wenig kann man eine solche Umwälzungsepoche aus ihrem Bewußtsein beurteilen, sondern muß vielmehr dieses Bewußtsein aus den Widersprüchen des materiellen Lebens, aus dem vorhandenen Konflikt zwischen gesellschaftlichen Produktivkräften und Produktionsverhältnissen erklären. Eine Gesellschaftsformation geht nie unter, bevor alle Produktivkräfte entwickelt sind, für die sie weit genug ist, und neue höhere Produktionsverhältnisse treten nie an die Stelle, bevor die materiellen Existenzbedingungen derselben im Schoß der alten Gesellschaft selbst ausgebrütet worden sind. Daher stellt sich die Menschheit immer nur Aufgaben, die sie lösen kann, denn genauer betrachtet wird sich stets finden, daß die Aufgabe selbst nur entspringt, wo die materiellen Bedingungen ihrer Lösung schon vorhanden oder wenigstens im Prozeß ihres Werdens begriffen sind. In großen Umrissen können asiatische, antike, feudale und modern bürgerliche Produktionsweisen als progressive Epochen der ökonomischen Gesellschaftsformation bezeichnet werden. Die bürgerlichen Produktionsverhältnisse sind die letzte antagonistische Form des gesellschaftlichen Produktionsprozesses, antagonistisch nicht im Sinne von individuellem Antagonismus, sondern eines aus den gesellschaftlichen Lebensbedingungen der Individuen hervorwachsenden Antagonismus, aber die im Schoß der bürgerlichen Gesellschaft sich entwickelnden Produktivkräfte schaffen zugleich die materiellen Bedingungen zur Lösung dieses Antagonismus. Mit dieser Gesellschaftsformation schließt daher die Vorgeschichte der menschlichen Gesellschaft ab." (VI, 838–40).

Dieser kompakte Text läßt sich leicht – zum besseren Verständnis – in einzelne Argumentationsschritte untergliedern. Der *erste* Schritt formuliert eine *universalgeschichtliche Perspektive*, in deren Zentrum die philosophische Bestimmung des Menschen als gesellschaftlich produzierendes (arbeitendes) Wesen steht, das im Vollzug seines Lebens Produktionsverhältnisse entwickelt, die in geschichtlich-konkreten Situationen je bestimmten Produktionskräften entsprechen; beide zusammen bilden die ökonomische Gesamtstruktur der Gesellschaft oder die Gesellschaftsformation, die – als reale Basis des Lebens – auch die gesellschaftlichen Bewußtseinsformen bestimmt; insofern bestimmt das gesellschaftliche Sein das Bewußtsein.

Darauf baut der *zweite* Argumentationsschritt auf und entwickelt das „Bewegungsgesetz der Geschichte". Aus der Spannung bzw. dem Widerspruch zwischen den eher dynamischen Produktivkräften und den eher statischen Produktions- und Eigentumsverhältnissen entsteht eine ökonomische und gesellschaftliche Krise, die eine „Epoche der sozialen Revolution" einleitet, die die überholten Produktionsverhältnisse überwindet. Der *dritte* Argumentationsschritt betont, daß diese Revolution nicht vom (geistigen) Überbau, sondern von der (materiellen) Basis ausgeht: von den realen Widersprüchen zwischen Produktivkräften und Produktionsverhältnissen, die sich auf gesellschaftspolitischer Ebene als Klassenkämpfe artikulieren.

Der *vierte* Argumentationsschritt beschreibt den historischen Prozeß im Ganzen; jeglicher revolutionärer Subjektivismus oder Voluntarismus wird von Marx abgelehnt. Der *fünfte* und *letzte* Argumentationsschritt schlägt noch einmal den Bogen zum ersten Schritt zurück. Er untergliedert die Weltgeschichte im Ganzen von der Frühzeit bis zur Gegenwart von ihren ökonomischen Grundlagen her in vier große Epochen, die durch die asiatische, antike, feudale und moderne bürgerliche Produktionsweise gekennzeichnet werden. Jede dieser Produktionsweisen hat zunächst eine progressive Rolle im geschichtlichen Prozeß zu spielen, wird dann in ihrem Verlauf durch die entstehenden ökonomischen und gesellschaftlichen Widersprüche in die nächst fortgeschrittenere Produktionsweise weitergetrieben. In diesem Schema ist die Epoche der bürgerlichen Produktionsweise die „letzte antagonistische", von Klassenkämpfen beherrschte Epoche, die in sich selbst im Proletariat ihren Überwinder produziert. Das Proletariat ist für Marx daher der „Stand der Befreiung" der Menschheit. Mit der „Aufhebung" der bürgerlichen Gesellschaft durch das Proletariat endet für Marx die „Vorgeschichte der menschlichen Gesellschaft", und danach kann die eigentliche Geschichte der Menschheit als Geschichte der von den Formen der Entfremdung emanzipierten Menschen beginnen.

VI

Marx hat in seinem Werk keine geschlossene und systematische *Staatslehre* hinterlassen. Im vorgesehenen Gesamtplan seiner *Kritik der Politischen Ökonomie* war zwar ein eigenes Buch über den „Staat" vorgesehen, wurde aber nicht ausgeführt. Seine Bemerkungen und Aussagen zu Staat und Politik sind statt dessen über sein Gesamtwerk, von den Frühschriften bis zu den Spätwerken verstreut; sie haben ihren systematischen Ort im Kontext seiner kritischen Gesellschafts- und Geschichtstheorie und erfahren wiederholt ihre Konkretion durch die Analysen geschichtlicher Ereignisse wie der Revolution von 1848 oder der französischen Commune von 1870/71. Dabei ist das primäre „realsoziologische" Erkenntnisziel die Bestimmung von Stellung und Funktion des Politischen bzw. des Staates im Kontext von Entwicklung und Aufrechterhaltung der menschlichen Entfremdung unter den Bedingungen bürgerlich-kapitalistischer Produktionsverhältnisse. Für die politische Theorie von Marx ist die Frage von Wichtigkeit, welche Rolle der Staat in diesem das gesellschaftliche Leben bestimmenden Klassenkampf spielt. Im *Kommunistischen Manifest* hatte er bereits aufgewiesen, daß sich die bürgerliche Gesellschaft bei ihrem Aufstieg den Staat zum Instrument ihrer Herrschaft gemacht hat: „Jeder dieser Entwicklungsstufen der Bourgeoisie war begleitet von einem entsprechenden politischen Fortschritt: unterdrückter Stand unter der Herrschaft der Feudalherren, hier unabhängige städtische Republik, dort dritter steuerpflichtiger Stand der Monarchie, dann zur Zeit der Manufaktur Gegengewicht gegen den Adel in der ständischen oder in der absoluten Monarchie und Hauptgrundlage der großen Monarchien überhaupt, erkämpfte sie sich endlich seit der Herstellung der großen Industrie und des Weltmarktes im modernen Repräsentativstaat die ausschließliche politische Herrschaft. Die moderne Staatsgewalt ist nur ein *Ausschuß*, der die gemeinschaftlichen Geschäfte der ganzen Bourgeoisieklasse verwaltet" (II, 819–820).

Diese These vom Staat als Ausschuß oder Instrument in der Hand der herrschenden bürgerlichen Klasse blieb weitgehend die Grundlage der Marxschen Staatslehre und bestimmte auch das Verhältnis des Proletariats zum politischen System; sie wurde in dieser Form später in die marxistische Staatslehre von Lenin und Stalin aufgenommen und weiterentwickelt.

Schon für Marx ergab sich aus diesem Staatsbegriff die Konsequenz, zur Befreiung des Proletariats als Klasse eine umfassende, alle Verhältnisse umwerfende *Revolution* zu fordern. Daher gewinnt der Revolutionsbegriff eine strategische Funktion, in deren Zentrum letztlich die politische Machtergreifung des Proletariats steht. Wichtig ist, daß er kein Anhänger eines voluntaristischen Revolutionsbegriffs ist; vielmehr hängt der Erfolg einer sozialistischen Revolution von den ökonomischen Rahmenbedingungen entscheidend ab: sie müssen „reif" sein für die Revolution.

Unter dieser Voraussetzung hat die Revolution in der Regel notwendigerweise gewaltsamen Charakter; Marx geht davon aus, daß die herrschende bürgerliche Klasse nicht freiwillig ihre Positionen räumen würde; allerdings sehen Marx und (vor allem) Engels auch die Möglichkeit eines friedlichen Übergangs. Ziel der Revolution ist primär die „Eroberung" und Inbesitznahme der Staatsmacht und der politischen Institutionen durch das Proletariat und das Umfunktionieren derselben für die Zwecke der proletarischen Umwälzung, die durch die Diktatur des Proletariats durchgesetzt werden muß. In der *Kritik des Gothaer Programms* hatte Marx entsprechend betont: „Zwischen der kapitalistischen und der kommunistischen Gesellschaft liegt die Periode der revolutionären Umwandlungen der einen in die andere. Der entspricht auch eine politische Übergangsperiode, deren Staat nichts anderes sein kann als die *revolutionäre Diktatur des Proletariats*"

(MEW, 19, 28). Textstellen wie diese lassen erkennen, daß Marx die Diktatur des Proletariats für eine notwendige Übergangsform der politischen Machtorganisation auf dem Wege zur kommunistischen Gesellschaft hielt.

Diese kommunistische Gesellschaft, auch *Kommunismus* bezeichnet, wurde nur in Umrissen und andeutungsweise geschildert. Diese Hinweise heben hervor, daß den Kommunismus einerseits die Abschaffung der bürgerlichen Eigentumsverhältnisse auszeichnen. Andererseits ist vom „Reich der Freiheit" die Rede, das dort beginnt, „wo das Arbeiten, das durch Not und äußere Zweckmäßigkeit bestimmt ist, aufhört" (MEW, 25, 828). Das „Reich der *Freiheit*" setzt mithin „*Freizeit*" voraus, die aus der Verkürzung der für die Notwendigkeiten des Lebens aufzubringenden Arbeitszeit gewonnen werden kann. Hinzu kommt noch, daß in der vollendeten kommunistischen Gesellschaft als einem „Reich der Freiheit" der Staat als eine der Gesellschaft gegenüberstehende Ordnungsmacht seine notwendige Funktion verliert: der Staat kann aufgehoben werden, „*absterben*". Auf Engels geht die viel zitierte Stelle zurück: „An die Stelle der *Regierung über Personen* tritt die *Verwaltung von Sachen* und die Leitung von Produktionsprozessen" (MEW, 20, 262). Hier streift die Prognose von Marx und Engels das *Utopische* – dazu wurden sie offensichtlich durch die Rousseausche Idee einer möglichen Identität der Regierenden und Regierten verleitet.

VII

Durch den Zusammenbruch des Sozialismus als Ideologie und System (1989 ff.) hat die *Wirkungs- und Rezeptionsgeschichte* der Marxschen Gesellschafts- und Geschichtstheorie einen markanten Einbruch erfahren. Vor diesem Datum gehörte die Wirkungsgeschichte in Gestalt der verschiedenen *Strömungen des Marxismus* zum Erscheinungsbild des ausgehenden 19. und des gesamten 20. Jahrhunderts. Im Kontext dieser ideengeschichtlichen Skizze kann die Wirkungsgeschichte nur sehr knapp und kursorisch angedeutet werden.

Lange blieb für sie die realgeschichtliche Tatsache von Bedeutung, daß die Marxschen Lehren in den verschiedenen Ausformungen als *Marxismus* die maßgebliche Grundlage der Ideologie und Programmatik der europäischen Arbeiterbewegung und -parteien, dann (nach der Oktoberrevolution 1917 in Rußland) des Sowjetkommunismus und der von ihm abgeleiteten Strömungen des Weltkommunismus (z. B. in China) waren.

Grundlegend wichtig für die breite politische Wirkung ist der Transformationsprozeß, den die ursprüngliche Philosophie von Karl Marx durchgemacht hat. I. Fetscher hat diesen Prozeß unter dem Titel „Von der Philosophie des Proletariats zur proletarischen Weltanschauung" analysiert und nachgezeichnet, wie „die kritische Theorie von Karl Marx ... sich bis zur Unkenntlichkeit verändert (habe), bevor sie zum Mittel der *Indoktrination* und *Disziplinierung* von Parteimitgliedern und Staatsangehörigen kommunistischer Länder gemacht werden konnte". Die Transformation des ursprünglichen Marxismus zum Marxismus-Leninismus und Stalinismus verfolgte den Zweck, in der Dogmatik der Sowjetideologie ein effektives Legitimations- und Integrationsinstrument zu gewinnen. Die Umformung zu einer Herrschaftsideologie bildete die entscheidende Voraussetzung für die weltgeschichtliche Wirkung des Marxismus bis zum Zusammenbruch des Sozialismus als Herrschaftssystem und -ideologie.

Doch dies ist nur die *eine* Seite der Wirkungsgeschichte von Marx. Daneben darf man nicht vergessen, daß es parallel dazu und oft im Konflikt damit immer wieder Versuche gegeben hat, sein originales humanistisches oder philosophisches Anliegen, wie es vor allem in den philosophischen *Frühschriften* artikuliert ist, neu zu beleben und zu aktualisieren. Die intensivsten und zugleich theoretisch anspruchsvollsten und folgenreichsten Versuche dazu finden sich in den 20er und frühen 30er Jahren im Zusammenhang mit der erstmaligen Edition früher Marx-Schriften; sie verbinden sich mit den Namen von Georg Lukács, Karl Korsch, Ernst Bloch, Herbert Marcuse und Max Horkheimer. Sie wurden seit den 50er Jahren im Frankfurter Institut für Sozialforschung als „Kritische Theorie" der „Frankfurter Schule" unter Adorno, Horkheimer und Habermas weitergeführt.

Mit dem Zusammenbruch 1989 ff. ist der Marxismus sowohl in seiner orthodoxen Fassung als auch in seinen neomarxistischen Spielarten in seine wohl größte Krise geraten. Seine Wirkungs- und Rezeptionsgeschichte scheint damit ausgangs des 20. Jh. an ein definitives Ende gekommen zu sein. Hat damit Marx als „Klassiker des Politischen Denkens" im Rahmen der politischen Ideengeschichte ausgedient und jegliche Relevanz verloren? – Das dürfte wohl nicht der Fall sein. Eine solche Einschätzung würde von einer falschen Zuordnung von Theorie und Praxis in der politischen Ideengeschichte ausgehen.. Ein Indiz dafür ist vielleicht die Tatsache, daß die zweite *„Marx-Engels-Gesamtausgabe" (neue MEGA)* nach zehn Jahren Unterbrechung seit 1999 fortgesetzt wird und kontinuierlich Fortschritte macht.

So könnte das Ende des Marxismus als dogmatische Herrschaftsideologie nach 1989 u.a. auch die *Chance* zu einer neuen ideengeschichtlichen Beschäftigung mit dem Werk von Karl Marx eröffnen, mit einem Werk, das immer noch nicht in seiner ganzen Materialbreite vorliegt und das jetzt im Kontext der politischen Ideengeschichte des 19. und 20. Jh. in seiner Leistung und Bedeutung – von aktuellen politischen Implikationen und Optionen befreit – unverstellt erfahrbar und interpretierbar werden kann.

Volker Gerhardt

Friedrich Nietzsche (1844–1900)

Zeittafel

1844	Geb. am 15. Okt. in Röcken bei Lützen, stammt aus einem Pfarrhaus
1850–64	Schulbesuch in Naumburg; von 1858–64 als Externer in Schulpforta
1864–67	Studium der Theologie und Philologie in Bonn, nach 2 Semestern Philologiestudium in Leipzig
1868–69	Militärdienst in Naumburg; Reitunfall; Invalidität; Privatgelehrter in Leipzig
1869–78	Professor für Klassische Philologie in Basel; Doktordiplom der Universität Leipzig ohne Disputation; häufige Erkrankungen, Beurlaubungen und Reisen
1869–76	Freundschaft mit Richard Wagner; Werbeschriften für das Unternehmen in Bayreuth, bei dessen Eröffnung 1876 die Verbindung zerbricht; *Die Geburt der Tragödie aus dem Geiste der Musik* (= GT, 1872); *Fünf Vorreden zu fünf ungeschriebenen Büchern,* darunter *Vorrede „Der Griechische Staat"* (= GS, geschr. 1872); *Philosophie im tragischen Zeitalter der Griechen* (geschr. 1873); *Über Wahrheit und Lüge im aus-sermoralischen Sinne* (1873)
1874–79	Veröffentlichung der vier *Unzeitgemäßen Betrachtungen* (= UB) Wegen angegriffener Gesundheit Bitte um Entlassung aus Universitätsdienst; Beginn des unsteten Wanderlebens (Italien, Frankreich, Schweiz; nur gelegentlich in Deutschland); *Menschliches, Allzumenschliches* (= MA I; 1878); *MA. Vermischte Meinungen und Sprüche* (= MA II, 1879); *Der Wanderer und sein Schatten* (= WS, 1880; später auch in MA II); *Morgenröthe* (= M, 1881); *Die Fröhliche Wissenschaft* (= FW, 1882)
1882	„Einschlag" des Wiederkunftsgedankens (Zarathustra); *Also sprach Zarathustra* (= Z, 1883 – 85)
1886–88	*Jenseits von Gut und Böse* (= J, 1886); *Zur Genealogie der Moral* (= GM, 1887); *Der Fall Wagner* (1888); gleichzeitig entstehen die nach dem Zusammenbruch veröffentlichten Texte *Götzen-Dämmerung* (1889), *Der Antichrist* (1895), *Nietzsche contra Wagner* (1895), *Ecce homo* (1908) Zusammenbruch in Turin; Beginn einer progressiven Demenz; nach Anstaltsaufenthalten in Basel und Jena, Pflege durch die Mutter in Naumburg, ab 1897 durch die Schwester Elisabeth Förster-Nietzsche in Weimar
1900	Tod in Weimar am 25. August

I

Nirgendwo hat Friedrich Nietzsche auch nur ein Interesse an einer „Theorie" des Politischen erkennen lassen. Gleichwohl wird man ihm mit Blick auf die Entwicklung der politischen Theorie über die klassischen Bestände hinaus und wegen seiner eminenten Wirkung einen Platz in der Geschichte des politischen Denkens zuweisen müssen.

Die Politik erscheint bei Nietzsche stets als Nebensache und ist lediglich im Zusammenhang der Natur oder der Kultur, unter Bedingungen der Physiologie oder der Kunst von Belang. Er hat die Perspektive des Künstlers, den an der Politik letztlich nur interessiert, welche Chancen sie der Kultur eröffnet. In der (für Cosima Wagner geschriebenen) *Vorrede* zu *Der Griechische Staat* gelangt Nietzsche von einer grundsätzlichen Besinnung auf das Verhältnis von Natur, menschlichem Dasein und gesellschaftlicher „Configuration" zu einer Zweckbestimmung des Staates, der nichts anderes als ein „*Mittel des Genius*" sein und damit als elementare Bedingung kultureller Produktivität gelten können soll. Die „ungeheure Nothwendigkeit des Staates" liege darin, dass er die Gesellschaft „im Spiegel des Genius" erlöse (GS; 1, 770 f.). Der Staat sei „nur die eiserne Klammer, die den Gesellschaftsprozeß erzwingt" (772).

Nietzsche setzt sich polemisch von den auf Recht und Gerechtigkeit, Frieden und wechselseitige Anerkennung gründenden Tendenzen seines Zeitalters ab und verspottet die Rede von der „Würde des Menschen" oder von der „Würde der Arbeit" (764). Er zielt auf eine Position exklusiver Minderheit, die gleichwohl über Mehrheiten herrschen soll. Auf diese Weise stellt er sich von vornherein ins Abseits konsensfähiger politischer Ansichten. Der „Trieb nach Gerechtigkeit" (768) missachte die Natur, die überall nur den „entsetzlichen Existenz-Kampf" der Einzelnen gebiete (765). Die „Kommunisten", „Socialisten" und „Liberalen" übersähen – natürlich aus eigenem Machtkalkül –, „dass auch das Menschending ein schmähliches und klägliches Nichts" ist (765). Einen Wert hat das Dasein nur in der Steigerung der schöpferischen Kräfte. Um aber den Genius möglich zu machen, bedarf es der Sklaverei. Nietzsches Prognose ist, dass die Kultur seines Zeitalters bald an ihr Ende komme. Warum? Weil die Sklaverei abgeschafft sei.

Mit der Kritik an der eigenen Epoche wird sogleich das Gegenbild der an Härte, Realismus und schöpferischer Kraft überlegenen Antike beschworen. Sie erkannte den Staat als „die fressende Fackel des Menschengeschlechts" (771), und sie wusste, dass alles Recht aus der Gewalt entspringt (770). Aber es war ihr möglich, die Gewalt ästhetisch zu überspielen, und ihre politischen Hoffnungen auf den „militärischen Genius" zu werfen, den Nietzsche als den „ursprünglichen Staatengründer" versteht (775).

Das ist eine gezielte Provokation: „Ich kann nicht umhin, in der gegenwärtig herrschenden Nationalitätenbewegung und der gleichzeitigen Verbreitung des allgemeinen Stimmrechts vor allem die Wirkungen der *Kriegsfurcht* zu sehen." (774) Nationalismus und demokratische Bewegung, Liberalismus, Ökonomismus und das jüdische Finanzkapital sind die Gegner, wenn es heißt: „Der Krieg [ist] für den Staat eine ebensolche Nothwendigkeit wie der Sklave für die Gesellschaft" (774). So überhöht Nietzsche den Krieg in direktem Anschluss an Heraklit erneut zum „Vater aller Dinge".

Man kann diese Rechtfertigung der Politik „ästhetisch" nennen, muss aber hinzufügen, dass die Ästhetik Nietzsches ihre Rechtfertigung wiederum nur im (exzeptionell geführten) menschlichen Leben hat. Platon ist sein wichtigster Gewährsmann; er empfiehlt die *Politeia* als die kühnste Schöpfung des menschlichen Geistes, weil sie auf etwas Göttliches ohne die Hilfe der Götter zielt. Die Romantisierung des Kampfes, die sich im ästhetischen Bellizismus Nietzsches Luft macht, ist ein denkbar ungeeigneter Ausgangspunkt für eine Theorie der Politik. Denn offenbar wird die Abgrenzung des Politischen von anderen Formen des gesellschaftlichen Handelns bereits vorausgesetzt. Man muss schon wissen, was der Staat ist, wenn man ihn, wie es bei Nietzsche geschieht, als Kunstwerk bezeichnet.

II

Der Grundimpuls in Nietzsches Denken ist das Verlangen nach *Selbsterkenntnis des Menschen*. Auch hier folgt er dem sokratisch-platonischen Vorbild und stellt sich als Philosoph wie als Psychologe in den Zusammenhang des gesellschaftlichen Lebens. Bei aller Erkenntnis stößt der Mensch immer auf sich selbst und betreibt eine „Anmenschlichung" aller Dinge an seine eigenen Bedingungen. In Übereinstimmung mit seinen Thesen in der kleinen Abhandlung *Über Wahrheit und Lüge im außermoralischen Sinne* hat Nietzsche insbesondere in den Aphorismen der frühen achtziger Jahre an die unaufhebbare menschliche Selbstbefangenheit erinnert: „Der Mensch verhüllt uns die Dinge". „Warum sieht der Mensch die Dinge nicht? Er steht selber im Wege: er verdeckt die Dinge." (*Nachlass* (= N) 1880, 6[432]; 9,309; M 438; 3,268) „Wir *erkennen* immer nur *uns selber*, in einer bestimmten Möglichkeit der Veränderung [...]" (N 1880, 6[419]; 9,305). Die Welt ist ein *„Inventarium der menschlichen Erfahrungen"* (N 1883/4, 24[27]; 10,656).

Die Selbsterkenntnis verweist notwendig auf den sozialen Zusammenhang. Es wäre Nietzsche nie in den Sinn gekommen, das Faktum der Sozialität zu leugnen. Zum Menschen wird der Mensch immer erst im Umgang mit anderen Menschen. Die Evolution der Kultur ist eine sich in gesellschaftlichen Gegensätzen vollziehende Selbsterziehung des Menschen. Dem können sich die „grossen Individuen", die „Ausnahmemenschen" am allerwenigsten entziehen, denn gerade sie wirken als die „höchsten Exemplare" ihrer Gattung (2.UB 9; 1,317). Die elementare Gesellschaftlichkeit des Menschen spielt auch eine konstitutive Rolle bei der Genese von Sinn. Die Welt entstehe frühestens im Verhältnis von zwei Menschen. Die „Interpretation unserer Zustände" sei das von uns angeeignete „Werk der Anderen" (N 1880, 6[350]; 9,286). Und das „Bedürfnis nach Wahrhaftigkeit" zeigt sich überhaupt erst mit der „Societät" (N 1872/3, 19[177]; 7,473; vgl. FW 354; 3,590ff.). Der Mensch entsteht in einem immer schon sozialen Akt tätiger Sinnfestlegungen, in dem er zugleich seine Gesellschaft errichtet. Durch Unterschiede und Gemeinsamkeiten nach Maßgabe seiner Wertschätzungen grenzt er sich einen Raum für gegenseitiges Handeln aus, in welchem dann auch die Institutionen entstehen, die uns längst zur zweiten Natur geworden sind. Insbesondere die Gleichförmigkeit von Recht und Staat hat hier ihren Ursprung.

Alles, was auf diese Weise entsteht, rechnet Nietzsche zur Kultur. Alle menschlichen Leistungen wachsen in einer Kultur zusammen. Sie ist nicht nur das gedachte Integral der Sinnproduktion, sondern sie gibt dem Menschen tatsächlich die Stabilität, die er benötigt, um wirksam und schöpferisch auf Künftiges auszugreifen. Kultur ist „das System alles Dessen, was die Menschheit zu ihrem Fortbestehen nöthig hat" (MA II, 186; 2,461). Und sie ist ihm in dieser Funktion so wichtig, dass er zuweilen sogar einen „Cultus der Cultur" für zulässig hält, um jeglichem Götzendienst vor Menschen oder Göttern Einhalt zu gebieten. Sofern es überhaupt in der Hand des Menschen liegt, den „Zusammen- und Fortklang alles Menschlichen" zu sichern, hat er für den Bestand der Kultur einzutreten – notfalls sogar als deren „Soldat" (MA II, 183; 2,459).

III

Ist der Zusammenhang zwischen Mensch und Gesellschaft unter dem Gestaltungsanspruch der Kultur so weit geklärt, kann die wichtigste Voraussetzung für Politik verständlich werden: die Bedingung möglicher Verbindlichkeit politischen Handelns. Denn wenn der politische Zusammenschluss nicht aus der bloßen Mechanik physischer Kräfte erfolgt, dann muss eine Kohäsion der beteiligten Individuen vorhanden sein, die sie in ihrem Sinn, in ihrer Selbst- und Weltdeutung aufeinander verweist. Nietzsches Grundidee ist, dass die leitende Verbindlichkeit durch die Gestaltungskraft eines großen Individuums zustande kommt. Es ist der Genius, in dessen Bann die Individuen sich wie von selbst zu einem Ganzen formen. Der Ausnahmemensch inauguriert die übergreifenden Zwecke, die durch Mitwirkung anderer eine politische Gestalt annehmen. Der „militärische Genius", die Urgestalt des politischen Führers, formt den politischen Körper durch die Überzeugungskraft seiner leitenden Idee.

In dieser Konzeption bewertet Nietzsche die Selbstständigkeit der einzelnen Teile gering, er verachtet das Menschenrecht und die persönliche Würde. Dennoch hat Nietzsche um 1880 eine Vorstellung von der Gegenseitigkeit politischer Verbindlichkeit. Ausgehend von der sophistischen Lehre der Entstehung des Rechts aus der Gewalt war ihm Ende der siebziger Jahre deutlich geworden, dass die pure Gewalt nicht ausreicht, einen Zustand des Rechts zu begründen. Denn Recht lässt sich nicht ohne die wechselseitige Anerkennung der betroffenen Parteien denken. Man braucht zumindest die Fiktion einer Gegenseitigkeit von Geben und Nehmen. Dafür verwendet Nietzsche die Formel vom „Princip des Gleichgewichts": „*Gleichgewicht* ist also ein sehr wichtiger Begriff für die älteste Rechts- und Morallehre; Gleichgewicht ist die Basis der Gerechtigkeit." (MA II WS 22; 2, 555). „Die Gemeinde ist im Anfang die Organisation der Schwachen zum *Gleichgewicht* mit gefahrdrohenden Mächten. Eine Organisation zum Uebergewicht wäre räthlicher, wenn man dabei so stark würde, um die Gegenmacht auf einmal zu *vernichten*." (557) Das aber sei, so Nietzsche, nur im Fall eines einzelnen „Schadenthuers" angebracht. In den schwer überschaubaren gesellschaftlichen Lagen sei es günstiger, sich ungefähr auf der Höhe der erwarteten Gegenmacht zu halten. Denn dabei brauche man nicht alle Kraft auf die Vernichtung des Gegners zu konzentrieren und es bleibe genügend Kraft für die Verfolgung anderer Interessen.

So waltet im politischen Zusammenschluss ein ökonomisches Kalkül im Umgang mit den eigenen Kräften. Man wird klüger, indem man sich mit anderen gegen andere zusammenschließt. Die „Verklügerung", die Nietzsche im Übergang von der „Seeräuber-Moral" zur „Kaufmannsmoral" zu beobachten meint (557), setzt sich im Zusammenschluss von „Gemeinden" fort. In seiner mittleren Werkphase betont er die Funktion politischer Zusammenschlüsse; hier urteilt er auch milde und verständnisvoll über die politischen Zeittendenzen. Da erscheinen ihm die Griechen als die „*Staats-Narren* der alten Geschichte" (WS 232; 2, 658) und die Modernen befinden sich offenbar auf dem besseren Weg: „Ziel und Mittel der Demokratie" werden gelobt (WS 292 u. 293; 2, 683 ff.), die „Ausbeutung des Arbeiters" wird als ein „Raub-Bau auf Kosten der Zukunft" verurteilt (WS 286; 2, 682) und es wird eine radikale Empfehlung zur Realisierung des „wirklichen Friedens" gegeben: nämlich auf dem Höhepunkt der Macht einfach alle Waffen abzuschaffen (WS 284; 2, 678). In dieser Zeit setzt Nietzsche seine politischen Hoffnungen auf den „guten Europäer" (MA I, 475; 2, 309).

Obgleich er im selben Zusammenhang den ermattenden Völkern den Krieg als das beste „Heilmittel" empfiehlt (WS 187; 2, 634), so scheint Nietzsche in dieser Zeit seiner Rolle als „Soldat der Cultur" (MA II 183; 2, 459) ein wenig müde; er lässt sich in einem entspannt plaudernden Ton über Alltägliches aus, hält die „Demokratisirung Europa's" für unaufhaltsam (WS 275; 2, 671), erkennt die Verdienste des „allgemeinen Stimmrechts (WS 276; 2, 672 f.) an und sieht die „Menschheit im Ganzen" auf dem Weg zur „Genialität". Dass die von sich selbst ausgehenden Einzelwesen einen kohärenten politischen Körper bilden können, liegt im „Vernunfträderwerk der Selbsterhaltung" der Individuen, die sich aus eigenem Interesse mit anderen zusammenschließen, so dass dann dieses „Räderwerk" auch auf der Ebene der Organisation arbeiten kann (MA II WS 33; 2, 565 ff.). Die Kohäsion einer „Gemeinde" ergibt sich aus dem die Einzelnen verbindenden „Willen zum Leben", ihrem „Willen zum Glück" oder ihrem „Egoismus".

Natürlich spricht Nietzsche auch von älteren Formen gesellschaftlichen Lebens, die längst vor der Artikulation individueller Interessen entstanden sind. Doch da sich unter diesen Bedingungen noch kein Verständnis individueller Moral herausgebildet hat, schreibt er diesen Formationen das Attribut des Politischen nicht zu. Es scheint eine Parallele zwischen individueller Selbständigkeit und der Ausbildung eines genuin politischen Bewusstseins zu geben. Erst wo Menschen selbstbewusst mit eigenen Ansprüchen hervortreten, entsteht das Problem des Politischen. Folglich kann man erst dann von politischer Organisation sprechen, wenn es eine Selbstgefährdung sozialer Verbände durch die ausdrücklich vertretenen Interessen Einzelner gibt. Damit aber wird die Frage nach der inneren Kohäsion eines politischen Verbandes zu einem besonderen Problem: Wie können sich eigenständige Individuen als Teil einer Organisation verstehen, die über sie verfügt als seien sie nur Mittel zu einem übergeordneten politischen Zweck? Die Frage verschärft sich für Nietzsche mit dem Übergang von der Konzeption individueller „Selbsterhaltung" zum „Willen zur Macht". Denn hier unterstellt er eine dynamische Einheit, die sich ganz aus sich selbst bestimmen können soll.

IV

Eine Lösung findet sich erst beim späten Nietzsche und zwar bei der Begründung der Tugendlehre in der Abhandlung *Zur Genealogie der Moral* mit der Wendung vom „Thier, das versprechen darf" (GM 2, 1; 5, 291). Schon früh hat er den Menschen als das Tier bezeichnet, das nicht vergessen kann. Der Mensch muss sich erinnern. Ohne die Erinnerung und ohne den sich damit zugleich öffnenden Blick in die Zukunft, ohne das Vergleichen, Nachdenken und Überdenken käme der Mensch nicht zum Handeln. Doch der Entschluss zur Tat, die eigentliche Entscheidung und das Tun selbst kommen wiederum nicht ohne ein partielles Vergessen zustande. Das historische Tier muss den in der Erinnerung ausgeweiteten Horizont selbst wieder begrenzen, muss sich zum „unhistorischen Thier" machen, um wirklich handeln zu können. Diese „aktive Vergesslichkeit" ist es nun, durch die der Mensch allererst zum Menschen wird. Denn sie ist eine „Thürwärterin", eine „Aufrechterhalterin der seelischen Ordnung, der Ruhe, der Etikette: womit sofort abzusehn ist, inwiefern es kein Glück, keine Heiterkeit, keine Hoffnung, keinen Stolz, keine *Gegenwart* geben könnte ohne Vergesslichkeit" (GM 2,1; 5, 291 ff.). Durch sie erschließt der Mensch sich nicht nur die Dimension der Zeit, sondern auch die der Gesellschaft. Erst durch sie wird er fähig zur Politik.

Ihre Zukunft können Menschen nur dann verlässlich angehen, wenn es Individuen gibt, die über das Vertrauen, die Macht und die Selbstdisziplin verfügen, die es ihnen erlauben, wirklich versprechen zu können. Die Konsequenz dieser These für Nietzsches Politikverständnis entfaltet sich in zweierlei: Erstens findet das Versprechen zwischen Individuen statt, die schon eine lange gesellschaftliche Entwicklung hinter sich haben. Versprechen darf nur jemand, der seiner selbst und seiner Mittel so mächtig ist, dass sein Wort Vertrauen verdient. Zweitens: Wer etwas verspricht, der gibt nicht nur sich selbst einen Wert, sondern er bewertet auch eine künftige Handlung, auf die er sich verpflichtet und von anderen verpflichten lässt. Im Versprechen wird ein Sinn festgestellt, der beiden Seiten zum Maßstab werden kann. Der versprochene Sinn generiert ein verantwortetes Dasein, das aber heißt: sowohl die Herrschaft über sich selbst wie auch die Ordnung in der Gemeinschaft mit anderen. So entsteht das Recht und mit ihm auch der politische Körper.

In der *Genealogie der Moral* wird aber zunächst ein anderer Effekt betont, nämlich die Konsolidierung starker Individuen unter dem selbst erzeugten Druck des sozialen Verbandes. Nietzsche knüpft große Erwartungen an die Selbststeigerung des versprechenden Subjekts durch einen weit in die Zukunft ausgreifenden Sinn. Er hält es für möglich, auf diesem Wege die außengeleitete Moral, die, wie er es nennt, „Sittlichkeit der Sitte", also die „sociale Zwangsjacke" der Konformität, zu überwinden und das höchste denkbare Stadium menschlicher Kultur zu erreichen, nämlich den selbstständigen, ganz auf seine Sinnlichkeit und seinen Sinn vertrauenden individuellen Menschen. Er spricht vom *„souveränen Individuum"* (GM 2,2; 5, 293).

V

Aus Nietzsches Konzeption von Mensch und Gesellschaft können wir auch den leitenden Gedanken seiner keineswegs einheitlichen, in manchem treffenden, in vielem maßlosen Äußerungen zur Politik erschließen. Politik wird überall dort möglich, wo sich die Kräfte einer Kultur in souveränen Individuen konzentrieren. Und sie wird überall dort gemacht, wo diese Individuen im bewussten Vorgriff ihre Zukunft organisieren. Die Politik basiert so auf dem Versprechen, das man Personen mit starkem Willen abnimmt. Ihnen traut man es zu, über die inneren und äußeren Machtmittel zu verfügen, durch die sich künftige Handlungen bestimmen lassen. In ihnen artikuliert sich das Selbstvertrauen einer Gesellschaft, über ihr eigenes Geschick entscheiden zu können. Das politische Versprechen impliziert einen Zugewinn an Macht und Gestalt. Also ist die Politik das Medium, in dem sich die bewusste Steigerung der Kultur vollzieht.

Dabei darf man nicht verschweigen, dass Nietzsche dem Bewusstsein, auch dem Bewusstsein „großer Individuen", nicht viel zutraut. Der Politik als bewusster Steigerung der Kultur sind daher enge Grenzen gesetzt. Das mangelnde Vertrauen in rationale Kalküle führt daher zu einer Unterbewertung politischer Institutionen. So werden an der von Nietzsche selbst gezogenen Grenze gleichermaßen die Stärke und die eklatante Schwäche seiner politischen Reflexionen offenbar.

Die Einbindung der Politik in die Kultur steht bereits mit provozierender Schärfe in seinen ersten philosophischen Notizen zur *Geburt der Tragödie*. Die für ihn höchste und stärkste Kultur, nämlich die Kultur der Griechen, ist „schon a priori" (!) von einem Menschentypus geschaffen worden, den er als den „politischen Menschen an sich" apostrophiert (GS; 1, 771). Abgesehen von den Griechen kenne die Geschichte „kein zweites Beispiel einer so furchtbaren Entfesselung des politischen Triebes, einer so unbedingten Hinopferung aller anderen Interessen im Dienste des Staateninstinktes" (GS; 1, 771). Die einzige Ausnahme, die Nietzsche hier einräumen möchte, nämlich die der Renaissance in Italien, unterstreicht nur die originäre Einheit von kultureller und politischer Hochleistung.

Dieser provokativ herausgestellte Konnex zwischen Kultur und Politik wird in späteren Schriften zwar gelockert, aber nirgendwo aufgekündigt. Trotz der Ausrichtung auf das Ideal der frühen Griechen geht auch an Nietzsche die Leistungsdifferenzierung der modernen Welt nicht vorüber, und so trennt er schärfer zwischen dem der Kunst ergebenen Künstler und dem staatshörigen Politiker. Er beklagt mit Jacob Burckhardt den Substanzverlust der politischen Welt seines Jahrhunderts und reklamiert für den freien Geist das Recht, der Politik fernzubleiben (MA I, 438/440/469; 2,370ff.). Der Staat gilt ihm nun nicht mehr als das „Gesamtorgan" einer menschlichen Gemeinschaft (MA I, 473; 2,307). Der Staat figuriert als der „neue Götze", als das „Kälteste aller Kalten Ungeheuer": „Viel zu Viele werden geboren: für die Überflüssigen ward der Staat gefunden!" (Z, I: *Götzen*; 4, 61 f.). Zarathustras Bannfluch scheint auf die Politik als Ganzes zu zielen.

Auch wenn sich Nietzsche in den letzten vier Jahren seines bewussten Schaffens der Politik wieder annähert und sogar eine „große Politik" proklamiert, wird erkennbar, wie zeitkritisch und zugleich zeitgebunden seine Abwertung politischer Mittel ist. Er hat sich von Verfallserscheinungen der Politik distanziert, die er von seiner antiken Warte aus zu erkennen glaubte, aber nicht von der kulturstiftenden Leistung der Politik überhaupt. Es werden „umfänglichere Herrschafts-Gebilde" in Aussicht gestellt, eine Erdherrschaft bisher unbekannten Ausmaßes, der alle Errungenschaften des „demokratischen Europas" bloß dazu dienen, „uns am ‚Menschen' selbst als Künstlers zu gestalten" (N 1885/86, 2 [57]; 12, 87 f.). Mensch und Kultur sollen zu einer neuen Synthese gebracht werden. Und das Mittel ist hier erneut: die Politik. Deshalb verheißt Nietzsche *seiner* Epoche: „[...] die Zeit kommt, wo man über Politik umlernen wird" (N 1885/86, 2 [57]; 12, 88). Diese neue Lektion hat im Kern eben das zum Inhalt, was der junge Nietzsche am griechischen Staat zu demonstrieren suchte.

In Zeiten, in denen der materiale Gehalt der Politik vollständig in universalistischen Illusionen zu verdampfen scheint, kann es heilsam sein, sich an Nietzsches fragmentarische Äußerungen zur Politik zu erinnern. Die Elemente des Zwangs und der Gewalt gehören notwendig zur Politik. Sie kann, selbst unter den Bedingungen des Rechts und des Friedens, auf Herrschaft nicht verzichten, die, zusammen mit den differenzierten sachlichen Anforderungen bei der Organisation hochentwickelter Gesellschaften, auch auf Rangordnungen zwischen menschlichen Leistungen angewiesen bleibt. Dabei wird man wohl immer auch auf die exzeptionelle Wirksamkeit einzelner Individuen hoffen müssen, an denen sich der Richtungssinn politischen Handelns kristallisiert. Die exponierte Stellung des Individuums – sei es nun „groß" oder „klein" – hat darüber hinaus den unschätzbaren philosophischen Vorteil, an den tragischen Untergrund alles menschlichen Handelns zu erinnern. Anlass dafür gibt die Politik auch hundert Jahre nach Nietzsche genug.

VI

Die unabweisbaren Schwächen in Nietzsches politischer Aphoristik haben ihren Grund vor allem in der Unterschätzung der Leistungen politischer Institutionen. Darin kommt nicht nur ein historisches Fehlurteil über die Vorzüge des Rechts und den Wert politischer Verfassungen zum Ausdruck, sondern es zeigt sich auch, dass Nietzsche selbst keinen eigenen praktischen Zugang zum politischen Handeln hat. So muss es ihm entgehen, dass unser Vertrauen in die politischen Einrichtungen selbst eine Realität des politischen Lebens ist. In diesem Punkt hat er seine anthropologisch verfahrende Psychologie einfach nicht weit genug getrieben. Wohl hat er wie kein anderer vor ihm die grundlegende Bedeutung des Versprechens für die Selbstorganisation des Individuums und der Gesellschaft erkannt. Aber ihm ist entgangen, in welchem Umfang die Fähigkeit zu versprechen in menschlichen Gemeinschaften nicht nur nötig, sondern tatsächlich möglich ist.

Nietzsche hat das Bestehende scharfsinnig durchschaut, hielt es damit aber bereits für überwunden. So fiel es ihm leicht, sein eigenes Zeitalter zu verwerfen und alle seine Erwartungen auf eine Zukunft zu setzen, die nur durch eine radikale Wende zu erreichen ist. Damit ist er politisch in die Nähe der Euphoriker des Revolutionären geraten, mit denen Ende des 18. Jahrhunderts die Zeit der Ideologien ihren Anfang nahm.

Die eher der Ästhetik als der Ethik verpflichtete Akrobatik der Umwertung hat manchen von Nietzsches Anhängern in die Arme der Fanatiker der Rasse, der Nation und des Klassenkampfs getrieben, obgleich seine Schriften beste Einsichten zu deren Kritik enthalten. Nietzsche selbst, das wird man nachträglich mit einiger Sicherheit behaupten dürfen, hätte sich zu keiner dieser Bewegungen bekannt. Er fand die Antisemiten seiner Zeit verächtlich, hat den Nationalismus lächerlich gemacht und konnte den Sozialisten und Kommunisten, die er über weite Strecken seines Werks einfach ignoriert, nichts abgewinnen. Nachträglich spricht für ihn, dass es den Nationalsozialisten nie gelungen ist, mehr als bloß ein paar seiner Zitate für sich in Anspruch zu nehmen. Deshalb haben sie auch vermieden, Nietzsches Werk als ganzes zu empfehlen; jedem mitdenkenden Leser wäre aufgefallen, dass Nietzsches brillante Intellektualität mit der dumpfen Volksideologie der NSDAP unvereinbar ist.

Da Nietzsche aber vieles von dem kritisiert, wogegen auch die kommunistischen, nationalistischen und rassistischen Ideologen polemisieren, bietet seine glänzende Aphoristik zahlreiche Einsichten, die sich im politischen Kampf gegen die bestehenden Verhältnisse verwenden lassen. Außerdem hat ihn seine extremistische Rhetorik von Macht und Härte, von Einsamkeit und Kälte – nicht zu vergessen: seine psychologisch treffende, ethisch-politisch verhängnisvolle und persönlich ruinöse Kritik des Mitleids – in eine ungute Nähe zum Dezisionismus gebracht, mit dem ihn sachlich nichts verbindet. Nur aus sehr weiter Entfernung kann man eine Verwandtschaft zwischen der gewissenlosen Schneidigkeit eines Carl Schmitt und der existenziellen Geistigkeit Nietzsches zu entdecken meinen.

Nietzsches erklärte Distanz gegenüber Vernunft und Aufklärung, die er selbst zwar niemals aufgegeben und die er dennoch allgemein zu diskreditieren vermochte, tat ein übriges, um ihn als einen Vordenker blanker Kraft, übersteigerten Wollens, bloßen Lebens, schierer Größe, reiner Bewegung oder des Krieges an sich erscheinen zu lassen. So konnten sich die zahlreichen politischen Extreme des 20. Jahrhunderts aus seinem Werk beinahe beliebig bedienen. Moderate Positionen jedoch, die dem Ausgleich und der politischen Mitte zuneigen, finden sich bei ihm selten. Die wenigen positiven Bemerkungen über die Demokratie, die es aus den späten siebziger Jahren immerhin gibt, sind kaum beachtet worden. Und das Lob des „guten Europäers" hat erst in der zweiten Hälfte des 20. Jahrhunderts Beachtung gefunden.

Nietzsches Werk spielt schon früh eine Rolle in den deutschen Arbeiterbildungsvereinen; es inspiriert die Syndikalisten in Frankreich und übt auf die italienischen Faschisten großen Einfluss aus; Mussolini gehört zu seinen frühen Propagandisten. In den Vereinigten Staaten, wie in Skandinavien, gilt Nietzsche als versprengter Aristokrat. Dass der in den Staaten hoch geschätzte Ralph Waldo Emerson, ein Vorläufer des demokratisch und sozial optierenden Pragmatismus, einen beachtlichen Einfluss auf Nietzsche gehabt hat, wird lange Zeit übersehen. Es wird erst zur Kenntnis genommen, nachdem es die amerikanische Linke, von Marx enttäuscht, eine Zeit lang mit Nietzsche versucht.

Das geschieht nach 1968, nachdem auch in Frankreich Nietzsche an die Stelle von Marx gerückt worden ist. Aus dem szientifischen Dogmatismus des historischen Materialismus wird ein artistischer Relativismus, der alle Wahrheit und jede Verbindlichkeit in Abrede stellt, sich aber dennoch als herrschende wissenschaftliche Meinung etabliert. Es gelingt auch in der Nachfolge Zarathustras, als irgendwie links zu erscheinen. Der in dieser sich zunächst poststrukturalistisch, später postmodern nennenden Bewegung vertretene Individualismus, kommt Nietzsches eigener Auffassung noch am nächsten. Da sich diese Bewegung, allein schon wegen Ihrer Kritik am Konzept der Person, nicht ausdrücklich zur rechtlichen Tradition des Liberalismus bekennen kann, bleibt sie ortlos und unbestimmt, wie sich vor allem an der postmarxistischen Gesellschaftskritik Foucaults erkennen lässt. Mit Nietzsche ist sie durch den ideologiekritischen Anspruch auf Entlarvung der gesellschaftlichen Verhältnisse und in dem – ebenfalls allen politischen Kontexten enthobenen – Pathos des „freien Geistes" verbunden. Anhaltspunkte für die politische

Praxis, von der Kritik der Psychiatrie einmal abgesehen, bietet sie nicht.

Nietzsches Geringschätzung der politischen Institutionen entbehrt selbst nicht der Tragik. Dies weniger wegen der Missverständnisse, die seine verbale Kraftmeierei im 20. Jahrhundert nach sich gezogen hat, sondern vornehmlich wegen seiner eigenen Einsicht in die Genese und in die elementare Funktion, die Gleichheitsprinzip und rechtliche Ordnung im Aufbau der Gesellschaften haben. Er verfügt über eine weitreichende Einsicht in den Zusammenhang von menschlichem Handeln, Gesellschaftlichkeit und juridischer Kodifizierung. Daran kann nach der Textlage kein Zweifel sein; unser systematisierender Überblick sollte dies kenntlich machen. Um so bedauerlicher ist es, dass Nietzsche aus seinen eindringenden anthropologischen Reflexionen keine schlüssige Konsequenz für eine Lehre von der Politik zu ziehen vermochte.

Michael Zöller

Max Weber (1864–1920)

Zeittafel

Darüber, ob ein Autor als Klassiker gelten darf, entscheiden in einem andauernden Plebiszit diejenigen, die sich auf ihn beziehen. Max Weber hat die Deutungen der modernen Welt stärker geprägt als irgendein anderer Autor. Die Auslegung seiner Schriften blüht so kräftig, daß man seine Meinung auch zu solchen Fragen erforscht, die er nicht behandelt hat und viele seiner Thesen und Begriffe sind als gesunkenes Kulturgut in den allgemeinen Ideenhaushalt eingegangen: die Wahlverwandtschaft von Protestantismus und Kapitalismus, die Freiheit der Wissenschaft von wertenden Stellungnahmen, das staatliche Gewaltmonopol. Diese Resonanz deutet schon auf die Kontroversen, die Weber und sein Werk stets begleitet haben. Erschien die *Protestantische Ethik* den einen als Beleg für die methodische Eigenständigkeit der Kulturwissenschaften, so galt sie den anderen als Ausdruck eines antimaterialistischen Wunschdenkens. Werten viele Webers Herrschaftssoziologie als Grundlage einer realistischen Politikwissenschaft, so kritisieren andere sie als Bruch mit der Einheit von Politik und Ethik. Kommt die politische Neutralität der Wissenschaft den Befürwortern wie eine wissenschaftliche und demokratische Selbstverständlichkeit vor, so sehen die Kritiker eine Trennung von Wissenschaft und Politik zum Schaden beider.

Auch über Webers Rang und seine politische Orientierung gehen die Meinungen auseinander. Während Gregor Schöllgen nur den Repräsentanten der Wilhelminischen Zeit sieht, der zum Verständnis der Gegenwart nichts mehr beiträgt (Schöllgen, 1998 II), erklärt Wilhelm Hennis: „Es komme was da wolle, an Webers Größe gibt es nichts zu zweifeln" (Hennis, 1998). Beide könnten sich auf Karl Jaspers berufen, dessen anfängliche Bewunderung („der größte Deutsche unseres Zeitalters") später in Enttäuschung umschlug: die Wissenschaft sei Weber „im Grunde gleichgültig" gewesen und das ganze Werk erscheine als „ein titanisches Bemühen ins Leere" (Schöllgen, 1998 II). Als seine Schriften nach und nach ins Englische übersetzt wurden, kam es auch im Ausland zu entgegengesetzten Bewertungen. Irving Louis Horowitz schilderte bereits 1965, wie Weber bei Talcott Parsons als konservativer Repräsentant Preußens, bei Robert Merton jedoch als liberaler

Europäer und als Gegner des Nationalismus erscheine, wozu Horowitz bemerkte, er sei „such a magnificent ambiguity that he can easily uphold both interpretations" (Horowitz, 351).

Tatsächlich kann man Weber als den letzten Verteidiger des Individuums und der Autonomie der Politik oder auch als den Propheten der unentrinnbaren bürokratischen Rationalisierung aller Lebensbereiche schildern, als Kritiker einer deterministischen Auffassung der Geschichte wie als einen Autor, der selbst dieser Versuchung erlegen ist. Dennoch sind zwei Linien der Interpretation erkennbar: Die dominierende Richtung betont Einheitlichkeit des Werkes (Rationalisierung als durchgängiges Leitmotiv) bei Uneinheitlichkeit der politischen Ansichten (Entwicklung vom jugendlichen Chauvinisten zum Liberalen). Die Kritiker bezweifeln die Geschlossenheit des Werkes (und Webers Interesse daran) und erkennen die Konstante in der Unverbesserlichkeit des Politikers, der bis zuletzt alles dem nationalen Machtinteresse unterordnete.

Der Versuch, Weber auf wenigen Seiten als politischen Denker zu präsentieren, wird durch diese verworrene Lage nicht erleichtert. Er war zweifellos ein homo politicus, der mehrere Anläufe zu einer politischen Karriere nahm und alles, womit er sich befaßte, politisch sah, doch hat er keine Theorie der Politik entworfen. Wenn es um seinen Beitrag zum politischen Denken oder zum Verständnis des politischen Betriebes geht, bleibt nur der Weg, sein Leben und sein Werk als Ganzes zu betrachten. Es kommt hinzu, daß der Streit um seine „Fragestellung" ein Streit um die Zentralität einzelner Schriften ist, weshalb man in diesem Falle die Schilderung des Werkes noch weniger von den Interpretationen trennen kann als sonst.

I

Max Weber kam 1864 in Erfurt zur Welt und erhielt als der Erstgeborene den Vornamen des Vaters. Die Eltern, Dr. jur. Max Weber und Helene Weber, geborene Fallenstein, hatten im Jahr davor geheiratet und waren nach Erfurt gezogen, weil Max Weber sen. dort zu einem städtischen Dezernenten gewählt worden war. Über Helenes Mutter Emilie, die aus der Frankfurter Hugenotten-Familie Souchay stammte, bestand bereits eine Beziehung nach Erfurt, denn einer der örtlichen Politiker, Robert Lucius, war ebenfalls mit den Souchays verwandt. Weber sen. kam aus einer ostwestfälischen Familie von Textilfabrikanten, doch setzte er diese Tradition nicht fort. Er war ein nationalliberaler Berufspolitiker und verkörperte diesen später von seinem Sohn beschriebenen Typus mit Selbstbewußtsein.

Während der Vater in einem kulturkämpferischen Sinne Protestant war, sich sonst aber für Religion kaum interessierte, verkörperte die Mutter ebenso wie ihre Schwestern Ida und Emilie, die beide mit Straßburger Professoren verheiratet waren, eine Verbindung von calvinistischer Religiosität und sozialethischer Beunruhigung. Idas Mann, der Historiker Hermann Baumgarten, fügte dem noch ein linksliberales Element hinzu, denn im Gegensatz zu Weber sen. war er stets ein „48er" geblieben, der sich mit Bismarcks Reich nicht abfinden mochte. Die Baumgartens wurden für den jungen Max Weber wichtige Vertraute und bildeten ein Gegengewicht zu dem dominierenden Vater. Doch daraus folgt noch nicht, daß Max Weber sobald er eigene Ansichten entwickelte, gegen den borniertnen und genußfreudigen Vater die Partei der zartfühlenden Mutter und ihrer Ideale ergriff. Gegenüber solchen Darstellungen ist schon deshalb Vorsicht geboten, weil sie stark durch die bislang einzige und von der Witwe verfasste Biographie geprägt sind.

Vorerst jedenfalls absolvierte Max Weber seine ganze Schulzeit in Berlin und blieb noch lange im väterlichen Haus und in väterlichen Spuren. Nach dem Abitur begann er 1882 in Heidelberg mit dem Jura-Studium, hörte daneben Professoren wie den Ökonomen Karl Knies und den Philosophen Kuno Fischer und wurde ein biertrinkendes und mensurenschlagendes Mitglied einer Burschenschaft, was dem Achtzehnjährigen eine deutliche Gewichtszunahme und die später durch einen Vollbart überdeckte Verunzierung des Gesichts einbrachte. Im folgenden Jahr zog er nach Straßburg, wo er den einjährigen Wehrdienst ableistete und gleichzeitig die Vorlesungen seines Onkels und anderer Professoren besuchte.

Nach zwei Jahren im Südwesten kehrte er 1884 nach Berlin zurück und blieb nun abgesehen von einem Göttinger Examenssemester und mehreren Reserveübungen für weitere neun Jahre im

Elternhaus, bis er 1893 heiratete. Er legte 1886 das erste juristische Examen ab, begann mit der Arbeit an einer rechtsgeschichtlichen Dissertation über mittelalterliche Handelsgesellschaften, leistete an einem Berliner Gericht den Referendardienst, wurde als Rechtsanwalt zugelassen und 1889 promoviert. Gleich anschließend arbeitete er an einer weiteren rechtshistorischen Studie, die zur Habilitation und damit in eine Universitätslaufbahn führen sollte, doch streckte er seine Fühler auch in andere Richtungen aus. Er bemühte sich vergeblich um eine Dezernentenstelle bei der Stadt Bremen und suchte verschiedene Schnittstellen zwischen Politik und Wissenschaft auf. So wurde er Mitglied des Vereins für Socialpolitik, besuchte die Evangelisch-Sozialen Kongresse, woraus die Freundschaft mit Friedrich Naumann entstand, arbeitete an der Zeitschrift Evangelisch-Soziale Zeitfragen mit, die sein Vetter Otto Baumgarten herausgab und erhielt den Auftrag, für eine im Umkreis des Vereins für Socialpolitik entworfene Landarbeiter-Enquete die ostelbischen Gebiete zu bearbeiten.

All das wirkt wie ein Einschwenken auf die sozialethische Linie, doch dieser Schein trügt. Weber klagt über moralisierende Pfarrer und vermißt den Sinn für die Wirklichkeit, worunter er stets die Machtfragen versteht. Er wird nicht müde, darauf hinzuweisen, daß das deutsche Volk sich seinen Platz erkämpfen müsse. Wenn Naumanns Umkreis von einem Bündnis zwischen Bürgertum und Arbeiterschaft träumt und die Gründung einer Zeitung oder gar einer National-Sozialen Partei vorbereitet, dann ist Webers Einwand (es gehe um die Machtinteressen des deutschen Volkes und das hätten die Beteiligten nicht begriffen) so vorhersehbar, daß man fragen kann, warum er sich überhaupt beteiligt (Marianne Weber, 231 ff.). In seinem Beitrag zu der Landarbeiter-Enquete kritisiert er die Großagrarier nicht aus einer marktwirtschaftlichen, sondern wiederum aus einer völkischen Position. Er empfindet die ökonomischen und sozialen Strukturen des deutschen Ostens deshalb als Ärgernis, weil das System der Großgüter kein deutsches Bauerntum entstehen läßt und stattdessen Polen ins Land zieht, von denen er noch 1896 sagt, „wir" hätten sie erst „zu Menschen gemacht" (PS, 28). Er polemisiert stets gegen die Sehnsucht nach „Frieden und Menschenglück" oder eine Politik der nationalen Behaglichkeit und fordert stattdessen immer wieder eine solche „der nationalen Größe" und des „Kampfes um die Erhaltung und Emporzüchtung der nationalen Art". So wird er 1893 Mitglied des Alldeutschen Verbandes und tritt 1899 wieder aus – nicht als Folge eines Gesinnungswandels, sondern weil der Verband die Interessen des Deutschtums nicht entschieden genug vertreten habe (Schöllgen, 1998 I, 108 ff.).

Die Jahre 1892 und 1893 bringen berufliche und private Weichenstellungen. Weber beendet nicht nur die Enquete, sondern auch seine Schrift *Die römische Agrargeschichte in ihrer Bedeutung für das Staats- und Privatrecht,* mit der er sich für Römisches, Deutsches und Handelsrecht habilitiert. Er löst sich aus einer seit der Straßburger Zeit anhaltenden Romanze mit der Cousine Emmy Baumgarten und heiratet Marianne Schnitger, eine entfernte Verwandte des Vaters. Ein Jahr nach der Habilitation wird der Privatdozent in Berlin zum Außerordentlichen Professor für Handelsrecht und Deutsches Recht ernannt und nach einem weiteren Jahr erhält er den Ruf auf den Freiburger Lehrstuhl für Nationalökonomie. Mit seiner 1895 gehaltenen Antrittsvorlesung *Der Nationalstaat und die Volkswirtschaftspolitik* formuliert Weber eine Art politischer Wissenschaft, die ganz auf der Linie der in Deutschland vorherrschenden Historischen Schule der Nationalökonomie liegt. Doch geht es ihm weniger um die „Sociale Frage" oder um „Socialpolitik", weil er auch diese nur als Machtfragen betrachtet. Er sieht die Wirtschaft als im Dienst der Politik stehend, die wiederum den nationalen Machtinteressen dient. Seine Freiburger Zeit währte nur kurz. Im Jahre 1894 wurde ihm der Heidelberger Lehrstuhl des scheidenden Karl Knies angeboten.

Doch nach dem Umzug nach Heidelberg, als alles zum Besten zu stehen scheint, gerät er in eine Krise, um die sich mancherlei Spekulationen ranken. Genannt werden dabei die jahrelange Selbstüberforderung, ein Streit, zu dem es zwischen Vater und Sohn während eines Besuches der Eltern in Heidelberg kommt, und der nicht mehr beigelegt werden kann, bevor der Vater stirbt, schließlich die Besonderheit einer sexuell unerfüllten Ehe und vermutete Schuldgefühle gegenüber Emmy. Am Ende des Wintersemesters 1898 fällt Weber, der schon lange über Schlaflosigkeit und Erschöpfung klagt, in einen kritischen Zustand, der als Zusammenbruch beschrieben wird. Es folgen vier Jahre eines Hin und Her zwischen Beurlaubungen, Sanatoriumsaufenthalt, Auslandsreisen, Wiederaufnahme der Lehrtätigkeit und neuerlichen

Zusammenbrüchen, bis er schließlich 1903 den Lehrstuhl aufgibt und der Fakultät von nun an für 15 Jahre nur noch als Honorarprofessor angehört. Befreit von den Lehrverpflichtungen eines Ordinarius für Nationalökonomie, auf die er als Jurist trotz des wirtschaftsrechtlichen Schwerpunktes und weitreichender Interessen auch kaum vorbereitet war, erholt Weber sich zusehends. Auch zwischen 1898 und 1903 hatte er kontinuierlich Aufsätze veröffentlicht (Käsler, 1978, 46), aber nun folgt auf die klärende Entscheidung ein wahrer Produktivitätsschub. Er reist in die USA und legt zwei seiner wichtigsten Arbeiten vor.

Im Archiv für Sozialwissenschaft, das Weber zusammen mit Werner Sombart und Edgar Jaffé herausgibt, erscheint 1904 als eine Erläuterung der Redaktionspolitik sein Aufsatz *Die ‚Objektivität' sozialwissenschaftlicher und sozialpolitischer Erkenntnis.* Diese lange Abhandlung (später als „Objektivitätsaufsatz" zitiert, wodurch die Anführungszeichen unsichtbar wurden) enthält seine sogenannte Methodenlehre einschließlich der Beschreibung des Idealtypus. 1905 schließlich veröffentlicht er die *Protestantische Ethik,* die eine endlose Folge von Kritik und Gegenkritik auslöst und ihn nach und nach weltberühmt macht. In Heidelberg, wohin 1908 auch sein Bruder Alfred berufen wurde, scharen Max Weber und seine Frau einen Kreis um sich, zu dem neben seinem Freund, dem Theologen Troeltsch, die Soziologen Simmel und Sombart, die Philosophen Windelband und Rickert und junge Gelehrte wie Jaspers gehören. Webers Arbeitsplanung wird erheblich verändert, als der Verleger Siebeck, bei dem bereits das „Archiv" erscheint, ihn überredet, einen mehrbändigen *Grundriss der Sozialökonomik* herauszugeben und selbst zu einer als *Wirtschaft und Gesellschaft* bezeichneten Abteilung einen Band beizusteuern. Diese Verpflichtung nimmt unvorhergesehene Ausmaße an, weil Beiträge nicht geliefert werden oder nicht den Erwartungen entsprechen, sodaß er selbst weitere Anteile übernimmt. So entstanden zwischen 1911 und Webers Tod 1920 immer wieder Teile jener Manuskripte, die Marianne Weber später „nach eigenen Vorstellungen" (Käsler, 1978, 49) arrangierte und unter dem Titel *Wirtschaft und Gesellschaft* veröffentlichte. Sie bezeichnete das Ergebnis als sein Hauptwerk.

In den nächsten Jahren arbeitet Weber an Manuskripten für den *Grundriss* und am Projekt eines Vergleichs der Weltreligionen, der die *Protestantische Ethik* weiterführen soll, doch der Krieg lenkt ihn wieder in andere Richtungen. Er wird als Reserveoffizier reaktiviert und organisiert die Einrichtung mehrerer Lazarette. Danach interessiert er sich ergebnislos für politische Aufgaben, um dann wieder an seinen Schreibtisch zurückzukehren. Aber auch dort beschäftigt ihn der Krieg und die Hoffnung auf die Nachkriegspolitik. In Artikeln für die Frankfurter Zeitung, später zusammengefaßt als *Parlament und Regierung im neugeordneten Deutschland. Zur Politischen Kritik des Beamtentums und Parteienwesens* (PS 306–443), schildert er die Bürokratisierung der Politik und die Führungsunfähigkeit der Honoratiorenparteien. Er propagiert eine parlamentarisierte Monarchie als Voraussetzung dafür, daß Deutschland Weltmacht bleibe, denn ein „Herrenvolk" habe in dieser Hinsicht keine Wahl (PS 441 f.). Das Thema Bürokratie bestimmt auch, zusammen mit der Frage nach der Regierungsfähigkeit der Sozialisten, die Schrift *Der Sozialismus* (SuS 481–516). Doch zunächst kommt es auf eine realistische Kriegsführung an, weshalb er das Fehlen klarer Kriegsziele ebenso kritisiert, wie den U-Boot-Krieg, der zum Kriegseintritt der USA und damit zur Niederlage Deutschlands führen muß (PS 146–154).

Weber sieht wohl, daß die politische und publizistische Aktivität zu Lasten der wissenschaftlichen Pläne geht und daß er die zu einem Vergleich der Weltreligionen unerläßlichen Teile über Christentum und Islam vorerst nicht beenden kann. So veröffentlicht er ab 1916 im „Archiv" die Studien über Hinduismus, Buddhismus und Judentum. Da diese Stücke aber noch keine Zusammenfassung rechtfertigen, in der er die *Protestantische Ethik* weiterführen und auf die Kritik eingehen könnte, schreibt er eine Einführung und faßt die Wechselwirkung zwischen Religion und Gesellschaft, oder Ideen und Interessen in die Metapher von den Weichenstellern: Weltbilder und Ideen haben „sehr oft als Weichensteller die Bahnen bestimmt, in denen die Dynamik der Interessen das Handeln fortbewegte" (RS 252). Schon hier ist deutlich, daß das Thema Religion und rationale Weltgestaltung im Zentrum seiner Überlegungen steht und dies wird noch klarer als er 1920 den Text der *Protestantischen Ethik* für die *Gesammelten Aufsätze zur Religionssoziologie* überarbeitet und dabei mit dem Hinweis auf „Entzauberung" und „Rationalisierung" weit über das Thema Kapitalismus hinausgeht. Diese Stichworte finden sich

dann auch 1919 in der Rede *Wissenschaft als Beruf* (WL 582–613),
wo er den Hinweis auf die rationalisierte Welt mit dem Thema des
unauflösbaren Kampfes der Werte verbindet.

Nach dem Krieg erscheint es ungewiß, ob Max Weber und seine
Frau Marianne wie bisher von ihrem Vermögen leben können.
Schon deshalb wäre es denkbar, daß Weber wieder einen Lehrstuhl übernimmt, zumal er nun auch erwarten kann, daß man ihm
bei der Beschreibung der Aufgaben entgegenkommt. So liest er
probeweise in Wien und wartet auf ein Angebot aus München,
doch er legt sich noch nicht fest, denn es drängt ihn in die Politik.
Er beteiligt sich an dem Versuch, den Kaiser zum rechtzeitigen
Rücktritt zu bewegen und damit die Monarchie zu retten, reist als
Berater mit der deutschen Delegation zu den Friedensverhand-
lungen, wird in Berlin zu ersten Beratungen über eine neue Verfassung zugezogen und tritt in Naumannns Deutsche Demokratische Partei ein. Schließlich bemüht er sich darum, in Frankfurt als
Kandidat nominiert zu werden, scheitert aber an den dortigen
Parteimatadoren. Nach der Reichstagswahl vom Januar 1919
nimmt er den Ruf nach München an. Der Lehrstuhl, den zuvor
Lujo Brentano innehatte, erhält nun die Bezeichnung: Gesell-
schaftswissenschaft, Wirtschaftsgeschichte und Nationalökonomie. Die Webers ziehen nach München, doch Max Weber stirbt
dort bereits im folgenden Sommer an einer Lungenentzündung.

II

Max Weber entwarf kein System, sondern folgte den Fragen, die
ihn umtrieben – weshalb er sich in den Auftragsarbeiten an eine
formale Gliederung hält und oft umständlich formuliert. Es gibt
aber drei politische Fragen, an denen er leidenschaftlich interessiert ist. Sie durchziehen alle seine Arbeiten und fließen allmählich
ineinander, wobei sie sich von seinen politischen Ansichten und
Absichten ebenso lösen, wie von dem Konstrukt seiner Methode.
Am Ende entsteht daraus keine Theorie, aber ein immer bedrän-
genderes großes Thema. Es entspricht seinem Schwanken, diese
drei Fragen als Alternativen zu formulieren. Dabei geht es erstens
darum, ob die Wissenschaft das Mittel zur Lösung praktischer, also moralischer und politischer Probleme ist, oder ob eine in die-

sem Sinne politische Wissenschaft nur den Schein erzeugt, Politik durch die wissenschaftliche Verwaltung von Sachen zu ersetzen (der Traum des Karl Marx). So gesehen hätte man die Freiheit des wertenden Urteilens verloren und sich dafür ein weiteres Stück bürokratischer Rationalisierung eingehandelt. Eine zweite Alternative dreht sich um die Frage, ob Kultur insgesamt aus solchen Werturteilen, also aus Entscheidungen für bestimmte Deutungen der Wirklichkeit entsteht, oder ob sie umgekehrt Ausdruck von Interessen ist – und falls das Verhältnis beider weder idealistisch noch materialistisch zu beschreiben ist, sondern als Wechselwirkung, dann will der Kulturprotestant wissen, was die Religion zur Gestalt der modernen Welt beigetragen hat und was künftig an ihre Stelle tritt. Schließlich drittens: Wenn die Religion kraftlos geworden ist und die Wissenschaft den Menschen nicht sagen kann, was sie tun sollen, was leistet dann die Politik? Kann sie Werte begründen oder ist sie nur der intensivste Ausdruck des Kampfes der Werte ohne zwischen ihnen entscheiden zu können? Kann man sie durch ihre Zwecke oder nur durch ihre Mittel definieren?

Die umfassendste Auseinandersetzung mit der Rolle der Wissenschaft legt Weber 1904 mit dem *Objektivitätsaufsatz* vor, der als Summe seiner Methodenlehre gilt, doch darf man „Methode" in Anführungszeichen setzen, so wie er es mit der „Objektivität" tut, denn es geht um mehr. Er zeigte zunächst für Methodenfragen so wenig Interesse, wie es für die Historische Schule, zu deren „Kindern" er sich zählte (WL 208), typisch war. Ganz in deren Stil präsentierte er in seinen ersten Arbeiten die Daten als direktes Abbild der Wirklichkeit, aus der die Wissenschaft ebenso unmittelbare politische Empfehlungen ableitet. Noch in der Freiburger Antrittsvorlesung hatte er alle Methodenprobleme dadurch umgangen, daß er die nationalen Interessen zum Maßstab erklärte, doch für einen Ordinarius der Nationalökonomie genügte das nicht mehr. Also arbeitet er sich nun in den sogenannten Methodenstreit ein, der 1883 damit begonnen hatte, daß Carl Menger, das Haupt der Österreichischen Schule, die Theorie- und Begriffslosigkeit Gustav Schmollers und seiner Historischen Schule darstellte. Auch Menger betonte, daß die Sozialwissenschaften andere Methoden benötigen als die Naturwissenschaften (weshalb er verschiedene Formen der Typenbildung unterschied), doch bestand er auf dem Ziel, Gesetzmäßigkeiten des sozialen Handelns zu beschreiben. Der Historischen Schule dagegen ging es um die Einmaligkeit und Besonderheit der jeweiligen Wirklichkeit (die deutsche Ökonomie löst deutsche Probleme) und darum, daß der Preis für schärfere Begriffe in einer Entfernung von den Gegenständen bestehe. Erkenntnisgewißheit bezogen sie aus dem Glauben an die Geschichte, die jeweils neue „Wirtschaftsstufen" hervorbringt.

Weber sah mehrere sich überlagernde Konflikte. Zunächst den Gegensatz zwischen einer naturalistischen und monistischen Auffassung (die Soziales wie Naturgegenstände betrachtet, die man zählen und messen kann, so daß es auch nur eine einheitliche Methode gibt) und dem Historismus (der Betonung des historischen Charakters und der Einmaligkeit). In dieser, zwischen Menger und Schmoller unstrittigen Frage, hat Weber keinen Zweifel: er rühmt den gewaltigen „Damm", den die „deutsche idealistische Philosophie, die Leistungen der deutschen historischen Rechtsschule und die Arbeit der historischen Schule der deutschen Nationalökonomie dem Eindringen naturalistischer Dogmen entgegenbauten" (WL 187). Die erkenntnistheoretische Naivität der Historischen Schule und die damit verbundene Ungeniertheit politischer Urteile will er aber nicht mehr unterstützen. Die Wissenschaft liefere weder ein getreues Abbild der Wirklichkeit, noch folge die Praxis schon aus der Theorie. Gegen solche Auffassungen, die der „Masse der Spezialarbeiter der Historischen Schule noch tief im Blute" steckten, müsse man an den „Grundgedanken der auf Kant zurückgehenden Erkenntnislehre" erinnern, daß „Begriffe vielmehr gedankliche Mittel zum Zweck der geistigen Beherrschung des empirisch Gegebenen sind und allein sein können" (WL 208 f.).

Hier kommen nun die Debatten um den Begriff des Wertes ins Spiel (Weber spricht vom „Schmerzenskind" unserer Disziplin; WL 209). Einerseits hat die Österreichische Schule die Subjektivität aller Wertbegriffe betont und damit die individuellen Wahlakte in den Mittelpunkt der ökonomischen Theorie gerückt. Andererseits versuchen die Neukantianer, Werte philosophisch nachzuweisen und damit die Kulturwissenschaften auf eine objektive Grundlage zu stellen. Weber spricht sich emphatisch für die Subjektivität der Werte aus, freilich indem er eher Nietzsche als den Österreichern folgt, denn ihm kommt es auf die Aspekte der Entscheidung und des Kampfes an. Die Gegenstände der Kulturwissenschaften werden überhaupt erst dadurch konstituiert, daß wir sie für bedeutsam erklären, ihnen einen bestimmten Wert zusprechen. Umgekehrt sind wir Kulturmenschen, weil wir „mit der Fähigkeit und dem Willen" begabt sind, „bewußt zur Welt Stellung zu nehmen und ihr einen Sinn zu verleihen" (WL 180). „Kultur ist ein Wertbegriff" (WL 175) und ihr jeweiliger Inhalt ist „ein vom Standpunkt des Menschen aus mit Sinn und Bedeutung bedachter endlicher Ausschnitt aus der sinnlosen Unendlichkeit des Weltgeschehens" (WL 180).

Aus der Festlegung auf die Subjektivität der Werte ergibt sich nun alles Weitere. Sie bedeutet für den Einzelnen, daß es keine Gewißheit, sondern nur Entscheidungen gibt (das Webersche Entschiedenheitspathos), und für die Wissenschaft folgt daraus, daß sie die Wertentscheidungen rekonstruieren soll, aus denen die Wirklichkeit entstanden ist (das Konzept der „verstehenden" Soziologie). Weil es dabei nicht um das Durchschnittliche, sondern nur um das Typische gehen kann, hilft auch nicht die Statistik weiter, sondern ein Gedankenexperiment: Man fragt sich, welche Wertentscheidungen die Beteiligten bewußt oder unbewußt getroffen haben müssen, damit bestimmte Verhaltensweisen oder bestimmte soziale Institutionen entstehen konnten, man deutet soziale Gegebenheiten als unbeabsichtigte Folgen absichtsgeleiteter Entscheidungen (Der Idealtypus als Methode).

Weber versucht nun zwischen österreichischer Skylla (das Formulieren von ‚Gesetzen' biete noch keine „geschichtliche Erkenntnis der Wirklichkeit") und deutscher Charybdis (das „Aneinanderreihen historischer Beobachtungen" führe noch nicht zu ‚Gesetzen') (WL 187) einen mittleren Kurs zu steuern, auch wenn sein Vorschlag, der Idealtypus, stärker von Menger inspiriert ist, als er zu erkennen gibt (Cubeddu, 77 ff.). Idealtypen werden gewonnen „durch einseitige Steigerung eines oder einiger Gesichtspunkte ... zu einem in sich einheitlichen Gedankengebilde" (WL 191). Sie bieten also die Möglichkeit, klare Begriffe zu bilden, ohne Gesetzmäßigkeiten zu behaupten. Es handelt sich um Konstrukte und deshalb warnt Weber vor der „Gefahr, daß Idealtypus und Wirklichkeit ineinander geschoben werden" (WL 203).

Man kann den Objektivitätsaufsatz mehrmals lesen und wird dennoch einen Bruch finden. Weber fordert strengere wissenschaftliche Maßstäbe und scheint sich gegen die Historische Schule zu wenden, wenn er betont, daß eine „methodisch korrekte Beweisführung … auch von einem Chinesen als richtig anerkannt werden muß" (WL 155), wenn er der Meinung widerspricht, die „Nationalökonomie produziere Werturteile aus einer wirtschaftlichen Weltanschauung heraus" (WL 149), oder wenn er vor einer „Vermischung wissenschaftlicher Erörterung der Tatsachen und wertender Raisonnements" (WL 157) warnt. Daneben aber stehen Stellen, die aus Furcht vor der „glaubensfrohen Stimmung des naturalistischen Monismus" und vor der „Götterdämmerung" der Werte (WL 186/187) so formuliert sind, als ginge es darum, die Werturteile vor der Wissenschaft zu schützen und nicht umgekehrt. Schon hier, wo die Rationalität der Wissenschaft zur Diskussion steht, taucht also der Verdacht auf, die Rationalität könne sich aus einem Mittel der Weltbeherrschung in die Beherrscherin der Welt verwandeln.

Vorerst aber ist es wichtiger, daß Weber mit dem Idealtypus einen eigenen Standpunkt gewonnen hat, so daß nun *Die protestantische Ethik und der Geist des Kapitalismus* als Paradebeispiel folgen kann. Der Zusammenhang zwischen Kapitalismus und Religion hatte zuvor nicht nur in der Wissenschaft, etwa bei Sombart, sondern auch in der Kulturkampfpolemik eine Rolle gespielt. Weber behandelt das Thema als Beispiel dafür, daß man „objektive" Strukturen auf kulturelle Konzepte wie Weltanschauungen und ethische Normen zurückführen kann. Gerade der Kapitalismus, der Inbegriff ökonomischer Rationalität, könne nicht aus der Absicht zu eben diesem Ergebnis, also nicht aus rationaler Planung der rationalen Planung entstanden sein. Ergäbe er sich nämlich schon aus dem Motiv der Nutzenmaximierung, dann müßte er sich überall entwickelt haben und mit den Interessen der Individuen harmonieren.

Der Kapitalismus (den Weber hätte definieren können als ein ökonomisches Handeln, das sich an der planmäßigen Mehrung des Kapitals orientiert) sei aber nur im „Okzident" (RS 6 ff.) entstanden und er laufe darauf hinaus, sich abzumühen, ohne die Früchte zu genießen. Es komme daher nur das Motiv infrage, daß den Betreffenden „das Geschäft mit seiner steten Arbeit ‚zum Leben unentbehrlich' geworden sei". Nur dies mache „das vom persönlichen Glücksstandpunkt aus angesehen, so Irrationale dieser

Lebensführung" verständlich, „bei welcher der Mensch für sein Geschäft da ist, nicht umgekehrt" (RS 54). Zu klären bleibt „die Herkunft jenes irrationalen Elements, welches ... in jedem ‚Berufs'-Begriff liegt" (RS 202), und diese Suche führt in die Geschichte einer stufenweisen Umwandlung der jenseitig orientierten Askese in die innerweltliche Askese der rationalen Selbst- und Weltbeherrschung. Der Calvinismus markiert dabei den Dreh- und Angelpunkt, denn er begründet die Forderung nach kontrollierter Lebensführung noch religiös, lenkt aber das Handeln bereits in weltliche Bahnen.

Man könnte nun das kulturwissenschaftliche Programm etwa in folgender Weise beschreiben: Alle Konzepte sozialen Handelns – ob in ökonomischer, politischer oder sonstiger Sprache vorgetragen – sind kulturelle Konzepte, also Wertentscheidungen, deren Sinn und deren zumeist religiöser Ursprung sich uns erschließt, wenn wir in einem idealtypischen Gedankenexperiment nach dem Motiv fragen. Doch weder formuliert Weber dieses Programm, noch befolgt er es. Er bewegt sich in eine andere Richtung, weil die Protestantische Ethik nicht nur in seiner Sicht der Kulturgeschichte sondern auch in seiner eigenen Arbeit einen Scheitelpunkt bildet. Dies wird an einer rückblickenden Bemerkung deutlich, die er, wie Friedrich Tenbruck herausfand, erst 1920 in die *Protestantische Ethik* einfügte, als sie in den *Gesammelten Aufsätzen zur Religionssoziologie* wieder abgedruckt wurde: hier habe der „große religionsgeschichtliche Prozeß der Entzauberung der Welt seinen Abschluß" (Tenbruck, 667) gefunden. Das soll nicht nur heißen, daß von da ab „der siegreiche Kapitalismus dieser Stütze nicht mehr" bedarf, sondern auch, daß das Prinzip der Rationalisierung sich von seinem Ursprung ebenso verselbständigt wie von uns. „Der Puritaner wollte Berufsmensch sein, wir müssen es" (RS 203). Wieder taucht die Frage nach den Nebenkosten der Rationalisierung auf. Einstweilen wird sie unter wechselnden Namen wie „Intellektualisierung" oder „Bürokratisierung" abgehandelt, bis Weber 1919 und 1920 in *Wissenschaft als Beruf* und in den Ergänzungen und Erläuterungen zu den religionssoziologischen Schriften das Begriffspaar Entzauberung und Rationalisierung etabliert – wobei das Bild eines unentrinnbaren sich über die Köpfe der Menschen hinweg vollziehenden Schicksals entsteht und „Idealtypus und Wirklichkeit" genau in dem Sinne „ineinander geschoben werden", vor dem er gewarnt hatte.

So kann man auch in *Wirtschaft und Gesellschaft,* besonders wo es um Politik und Herrschaft geht, hinter den Formalbegriffen ein ganz anderes Thema entdecken. Verstreut über die Kapitel I, III, VIII, und IX finden sich Teile einer Politischen Soziologie, die vom (auf das Verhalten anderer bezogenen) sozialen Handeln über den Verband (als Personengruppe; WG I, 12) und die Anstalt (einem Verband mit Verhaltensregeln; WG I, 15) zu Macht (als „Chance, den eigenen Willen auch gegen Widerstreben durchzusetzen"; WG I, 16 und IX, 1) und Herrschaft führt. Herrschaft heißt diese Chance, wenn sie sich auf einen bestimmten Verband bezieht (WG I, 16) und daher ist sie „ein Sonderfall von Macht" (WG IX, 1) Die Herrschaft wird schließlich „politisch" wenn sie sich in einem Gebiet „durch Anwendung und Androhung physischen Zwangs seitens des Verwaltungsstabes" dauerhaft durchsetzt. Was noch fehlt, um mit diesem politischen Herrschaftsverband Staat zu machen, ist der Anstaltscharakter (die Ausdrücklichkeit der Regeln) und daß er „erfolgreich das Monopol legitimen Zwanges in Anspruch nimmt" (WG I, 17).

Wir sind voll und ganz zu Thomas Hobbes zurückgekehrt und da es die Mittel sind, die ein Handeln als politisch qualifizieren, ist über die Ziele nicht mehr zu sagen, als daß sie in den Bereich der Werte und ihres ewigen Streites gehören. Meinungen kommen nur als Motive der „Fügsamkeit" vor. Während Herrschaft als solche voraussetzungslos definiert wird, können ihre konkreten Formen als verschiedene Motive des Gehorsams und als korrespondierende Legitimitätsansprüche unterschieden werden. Es handelt sich um „traditionale Herrschaft", die auf Loyalität stößt, solange das Herkömmliche respektiert wird, „rationale Herrschaft", die sich auf das Prinzip der Legalität stützt und „charismatische Herrschaft", die an der Qualität einer Person hängt (WG III, 2). Alles weitere dreht sich um die fatale Alternative auf die Weber seine Soziologie der Politik zugespitzt hat: Ist das Charisma eine dauerhafte Alternative zur legalen Herrschaft, die sich in Bürokratie ausdrückt (so daß die Meinung verständlicher würde, Weber habe von dem starken Präsidenten der Weimarer Verfassung charismatische Führung erwartet) oder läuft alles auf die bürokratische Herrschaft hinaus? Das Charisma, das Weber den „traditional gebundenen Epochen" (WG III, 10) zuordnet, wäre dann ein revolutionäres Element, das zur beschleunigten Modernisierung und Bürokratisierung traditionaler Systeme beiträgt und damit seine Funktion erfüllt hat. Dabei hätten sich die idealtypischen Begriffe der Herrschaftssoziologie ebenso in Stufen einer schicksalhaften evolutionären Entwicklung verwandelt, wie dies schon mit den religionssoziologischen Begriffen geschehen ist, die alle im Sog der Entzauberung verschwanden.

Tatsächlich erweist die Bürokratisierung sich als weitere und wichtigste Form der Rationalisierung. Als die „formal rationalste Art der Herrschaftsausübung" bleibt sie keineswegs auf die öffentliche Verwaltung beschränkt, sondern sie bestimmt unser gesamtes „Alltagsleben". Dafür nennt Weber drei Gründe. Erstens biege das Eigeninteresse des Verwaltungsstabes jede andere Form der Herrschaft wieder in die ihm gemäße zurück, zweitens seien alle Beteiligten an der Kalkulierbarkeit der Verhältnisse interessiert und schließlich repräsentiere die Bürokratie nicht nur Verfahrensrationalität sondern eine eigene substantielle Rationalität. Als „Herrschaft kraft Wissen" sei sie jeder anderen Organisation sozialer Zusammenarbeit überlegen. Nur der „kapitalistische Unternehmer" übertreffe sie an „Fachwissen und Tatsachenkenntnis", und daher sei er „die einzige wirklich gegen die Unentrinnbarkeit der bureaukratischen rationalen Wissensherrschaft (mindestens: relativ) immune Instanz", aber auch dies nur „innerhalb seines Interessenbereiches" (WG III, 5).

Weber formuliert hier also die entscheidende Begründung für die „Schicksalhaftigkeit der Bureaukratie", die in diesem Jahrhundert auch als Legitimation des Leistungsstaates diente: Komplexität scheint die Zentralisierung des Wissens zu erzwingen und dezentrale Organisationsformen kommen deshalb gar nicht in den Blick. Daher bleibt diese Soziologie der Politik aber auch an jene Zeit gebunden, deren Organisationen den Zentralisierungszwang verkörperten – und in der man zwar nicht mehr an die „Objektivität" der Wissenschaft glaubte, aber die Objektivität bürokratischen Wissens und die Rationalität bürokratischen Handelns noch nicht in Anführungszeichen setzte. Jedenfalls überschätzt Weber die von Marx unterschätzte Bürokratie, weil er sie zur Endstation auf einem universalhistorischen Weg von der kontrollierten Lebensführung zur rationalen Weltbeherrschung macht. Daher entgeht ihm, wie seine Überlegungen zur Wissenschaft mit Politik und Bürokratie zusammenhängen: der Abschied von objektiven Wertbegriffen (als ein Teil der Subjektivierung aller Erkenntnis) entzieht solchen Systemen die Grundlage, die sich mit der Zentralisierung des Wissens legitimieren.

So schwankt Weber hin und her zwischen der Suche nach Nischen, in denen die Autonomie des Einzelnen und der Politik überleben könnte und seinem (mit Bewunderung für staatliche Macht und bürokratische Rationalität vermischten) Pathos, das aus dem Erkennen des Unvermeidlichen eine heroische Pose macht. Von seinen drei Fragen nach den Kulturmächten Wissenschaft, Religion und Politik bleibt außer dem Vorschlag, auch die Wissenschaft wissenschaftlich zu betrachten, am Ende das Programm einer historisch orientierten Sozialwissenschaft, die Gesellschaft als Kultur und Kultur als Religion entschlüsselt und die deshalb Kulturwissenschaft oder Webersche Sichtweise genannt werden darf.

Literaturhinweise

John Locke

A. Texte

1. Ausgaben

The Works of John Locke. A New Edition, Corrected. In Ten Volumes, London 1823, Nachdruck Scientia Verlag Aalen. (*Immer noch die verbreitetste Ausgabe*); The Clarendon Edition of the Works of John Locke. General Editor: John W. Yolton, Oxford 1975 ff. (*Neue historisch-kritische Gesamtausgabe, noch unvollständig*); Two Treatises of Government. A Critical Edition with an Introduction and Apparatus Criticus by Peter Laslett, Cambridge 1960 u. ö. (*Für ein gründliches Studium seiner politischen Theorie unverzichtbar*); Two Tracts of Government. Edited with an Introduction, Notes and Translation by Philip Abrams, Cambride 1967. (*Frühe, noch nicht liberale Abhandlungen über die Rechte der Obrigkeit*); Essays on the Law of Nature. The Latin Text with a Translation, Introduction and Notes, together with Transcripts of Locke's Shorthand in his Journal for 1676. Edited by W. von Leyden, Oxford 1954 u. ö. (*Naturrechtslehre, zugleich Beginn seines Erkenntniskritizismus*); Ein Brief über Toleranz. Englisch-deutsch, übers., eingel. u. in Anmerkungen erl. v. Julius Ebbinghaus, Hamburg 1957. (*Vorzüglich kommentierte Ausgabe des klassischen Textes.*)

2. Übersetzungen

Zwei Abhandlungen über die Regierung. Übers. v. Hans Jörn Hoffmann. Hg. u. eingel. v. Walter Euchner, Frankfurt 1977; Bürgerliche Gesellschaft und Staatsgewalt. Hg. v. Hermann Klenner, Leipzig 1986. (*Enthält Second Treatise sowie Teile aus Two Tracts u. Essays on the Law of Nature.*)

B. Literatur

1. Bibliografien

John C. Attig, The Works of John Locke. A Comprehensive Bibliography from the Seventeenth Century to the Present, Westpoint, Conn. 1985. Roland Hall, Roger Woodhouse, 80 Years of Locke Scholarship. A Bibliographical Guide, Edinburg 1983; John Harrison, Peter Laslett, The Library of John Locke, Oxford 1965 u. ö.

2. Biografien

Maurice Cranston, John Locke. A Biography, London, New York, Toronto 1957. Paperback Oxford 1985. (*Ausführlichste moderne Biografie*); Udo Thiel, John Locke. Mit Selbstzeugnissen und Bilddokumenten, Reinbek bei Hamburg 1990.

3. Einführungen und Gesamtdarstellungen

Reinhard Brandt, John Locke. Anhänger und Gegner von Locke, in: Grundriß der Geschichte der Philosophie. Hg. v. Jean Pierre Schobinger Bd. 3: Die Philosophie des 17. Jhs. 2. Halbbd: England, Basel, Stuttgart 1988, S. 607–713. (*Vorzügliche, in den zeitgenössischen Zusammenhang gestellte Darstellung nebst Bericht über den Forschungsstand*); Walter Euchner, John Locke zur Einführung, Hamburg 1996. (*Die politische Philosophie im Zusammenhang mit den übrigen Gebieten des Werkes.*)

4. Politische Philosophie

Allgemein: John Locke. Critical Assessments. Ed. by Richard Ashcraft, 4 vol., London, New York 1991. (*Bedeutende Aufsätze zu allen wichtigen Fragen seines Denkens und dessen historischen Umständen sowie zur Wirkungsgeschichte*; John Dunn, The Political Thought of John Locke. An Historical Account of the „Two Treatises of Government", Cambridge 1969. (*Strikt historische Interpretation der politischen Theorie unter Abwehr von – oftmals marxistischen – Deutungen als Vorläufer des besitzindividualistischen Liberalismus*); C. B. Macpherson, The Political Theory of Possessive Individualism, Oxford 1962 u. ö. Dt. Übersetzung: Die politische Theorie des Besitzindividualismus, Frankfurt/M. 1967 u. ö. (*Locke neben Hobbes und Harrington als erste Verfechter eines bürgerlichen „Besitzindividualismus"*); Martin Seliger, The Liberal Politics of John Locke, London 1968. (*Locke als einer der ersten Verfechter konstitutioneller Garantien der Freiheitsrechte.*) John Locke und Immanuel Kant. Historische Rezeption *und gegenwärtige Relevanz.* Hg. v. Martyn P. Thompson, Berlin 1991. (*Beiträge zu einem Locke-Symposium über aktuelle Forschungsfragen.*) *Naturzustand und Sozialvertrag:* Wolfgang Kersting, Die politische Philosophie des Gesellschaftsvertrags, Darmstadt 1994. (*Die Stellung von Lockes Vertragstheorie in der Geschichte des Kontraktualismus*); Hans Medick, Naturzustand und Naturgeschichte der bürgerlichen Gesellschaft. Die Ursprünge der bürgerlichen Sozialtheorie als Geschichtsphilosophie und Sozialwissenschaft bei Samuel Pufendorf, John Locke und Adam Smith, Göttingen 1973. (*Bedeutung für die Entstehung der Sozialwissenschaft im 18. Jh.*); The Social Contract Theorists. Critical Essays on Hobbes, Locke, and Rousseau. Ed. by Christopher W. Morris, Lanham, Boulder, New York, Oxford 1999. (*Die Eigenart des Naturzustandkonzepts im Vergleich zu Hobbes und Rousseau.*

Naturrecht: Walter Euchner, Naturrecht und Politik bei John Locke, Frankfurt/M. 1969 u. ö. (*Das moralphilosophische und politische Denken als Ausdruck des Übergangs vom traditionellen zum bürgerlichen Weltbild*); Leo Strauss, Natural Right and History, Chicago 1953, dt. Übersetzung: Naturrecht und Geschichte, Stuttgart 1956 u. ö. (*Naturrechtslehre und politische Philosophie als konsequenter Bruch mit der Tradition.*)

Eigentum und politische Ökonomie: Manfred Brocker: Arbeit und Eigentum. Der Paradigmenwechsel in der neuzeitlichen Eigentumstheorie, Darmstadt 1992. (*Begründung der Eigentumsentstehung als Vorwegnahme des modernen produktions- und technikorientierten Weltbilds*); Matthew H. Kramer, John Locke and the origins of private property. Philosophical explorations of individualism, community, and equality, Cambridge 1997. (*Kritik der Begrün-*

dung der Arbeitstheorie und Nachweisversuch, dass Lockes Individualismus in Wirklichkeit kommunitaristisch war). Birger P. Priddat; Theologie, Ökonomie, Macht. *Eine Rekonstruktion der Ökonomie John Lockes*, Marburg 1998. (*Die naturrechtlich begründete Ökonomie legitimiert die Geldwirtschaft*). James Tully, A Discourse on Property. John Locke and his adversaries, Cambridge 1980. (*Interpretation der Lockeschen Eigentumstheorie als nichtindividualistisch*). *Toleranz*: John Horton, Susan Mendus (eds.), John Locke. A Letter Concerning Toleration, London, New York 1991 (*Sammelband*).

Zeitgenössischer Kontext und Wirkungsgeschichte: Stephen M. Dworetz, The Unvarnished Doctrine. Locke, Liberalism, and the American Revolution, Durham and London 1990. (*Kritik der Interpretation von Dunn und Pocock*). The Reception of Locke's Politics. From the 1690 to the 1830s. 6 vol. Edited by Mark Goldy, London, Brookfield. Im Erscheinen. (*Dokumentation der Rezeptionsgeschichte, die neue Forschungsimpulse verspricht*). Hugelmann, Frank, Die Anfänge des englischen Liberalismus. John Locke und der first Earl of Shaftesbury, Frankfurt/M., Bern, New York 1992. (*Sorgfältige Rekonstruktion des historischen Hintergrunds*). J. G. A. Pocock, Richard Ashcraft John Locke. Papers read at a Clark Library Seminar 10 December 1977, Los Angeles 1980; Pocock J. G. A., Virtue, Commerce and History. Essays on Political Thought and History, chiefly in the Eighteenth Century, Cambridge 1985. (*Kritik der Interpretation L's als einflussreicher Begründer des ökonomisch orientierten Liberalismus.*)

Dunn, J., A Very Short Introduction, Oxford 2003; Forster, Greg, John Locke's Politics of Moral Consensus, Cambridge 2005. (*Eine Dunn-kritische Untersuchung.*); Lowe, J., Locke, London und New York, 2005. (*Als Einführung für Studierende gedacht.*); Anstey, Peter (ed.), John Locke, Critical Assessments of Leading Philosophers, Series II. In Four Volumes, Abdingdon, Oxon 2006. (*Diese Reihe setzt die von R. Ashcraft herausgegebene Reihe aus dem Jahr 1991 [s. Bibliografie unter „4. Politische Philosophie"].fort.. Der erste Band der neuen Reihe behandelt Moral and Political Philosophie.*); Marshall, J., John Locke, Toleration and Early Enlightenment Culture, Cambridge 2006; Milton, J. R. & Milton, P., John Locke, An Essay Concerning Toleration, and Other Writings on Law and Politics, 1667-1683). Edited with an Introduction, Critical Apparatus, Notes and Transcriptions of Ancillary Manuscripts, Oxford, Clarendon Press 2006. (*Der neueste Band der maßgeblichen Clarendon Ausgabe der Werke Lockes.*); Woolhouse, R. S., Locke. A Biography. Cambridge 2006. (*This authoritative and comprehensive biography sets Locke's life within exiting historical and intellectual contexts.*)

Samuel Pufendorf

A. Texte

Eine vollständige Bibliographie der Schriften (einschließlich Übersetzungen) ist nicht vorhanden. Am brauchbarsten ist: Horst Denzer (s. Literatur), S. 359–373. *Maßgeblich für die weitere Forschung ist die im Entstehen begriffene auf*

10 Bände angelegte historisch-kritische Ausgabe Samuel Pufendorf, Gesammelte Werke, Hg. Wilhelm Schmidt-Biggemann, Berlin 1996 ff. *Bisher erschienen:* Bd. 1: Briefwechsel, Hg. Detlef Döring (1996); Bd 2: De officio hominis et civis, Hg. Gerald Hartung (1997), *enthält auch die dt. Übersetzung von Immanuel Weber von 1691;* Bd. 3: Elementa jurisprudentiae universalis, Hg. Thomas Behme (1999); Bd. 4.1 u. 4.2: De jure naturae et gentium, Hg. Frank Böhling (1998), *der Kommentarband (4.3) steht noch aus.* Band 5: Eris Scandica und andere polemische Schriften über das Naturrecht, hg. Von Fiammetta Palladina (2002); Band 9: Jus feciale divinum, hg. Von Detlef Döring (2004). *Die Reichsverfassungsschrift ist in der Edition zu benutzen:* Samuel Pufendorf, Die Verfassung des Deutschen Reiches, Hg. u. Übers. Horst Denzer, Frankfurt/M. u. Leipzig 1994 *(zweisprachige Edition, lat. Text der Editio princeps mit den wichtigsten Änderungen der Editio postuma; eine preiswerte Ausgabe der dt. Übers. bei Reclam Stuttgart, 1976 u. ö.). Eine Reihe bisher unbekannter oder wenig beachteter Schriften bietet:* Samuel von Pufendorf, Kleine Vorträge und Schriften. Texte zu Geschichte, Pädagogik, Philosophie, Kirche und Völkerrecht, Hg. Detlef Döring, Frankfurt/M. *Alle anderen Publikationen Pufendorfs müssen in den Ausgaben des 17. und 18. Jahrhunderts benutzt werden. Eine moderne Übersetzung von De officio:* Samuel von Pufendorf, Über die Pflicht des Menschen und des Bürgers nach dem Gesetz der Natur, Hg. u. Übers. Klaus Luig, Frankfurt/M. u. Leipzig 1994. *Von De jure gibt es eine deutsche Übersetzung von Immanuel Weber aus dem Jahre 1711.*

B. Literatur

Die folgenden Angaben beschränken sich auf die Literatur der letzten beiden Jahrzehnte. Umfassende, immer noch lückenhafte Bibliographie der bis 1991/92 erschienenen Literatur: Detlef Döring, Pufendorf-Studien. Beiträge zur Biographie Samuel von Pufendorfs und zu seiner Entwicklung als Historiker und theologischer Schriftsteller, Berlin 1992, 214–266. *Eine verlässliche Übersicht über die einzelnen Werke, die Lehre und das Wirken Pufendorfs bietet* Horst Dreitzel im „Grundriss der Geschichte der Philosophie" (Ueberweg), 17. Jahrhundert, Bd. 4 Basel 2001, S. 757–812 und 854–862 (Bibliographie bis ca. 1998). *Einen repräsentativen Überblick über den gegenwärtigen Stand der an Intensität zunehmenden Forschung vermitteln die 3 Sammelbände:* B. Geyer/H. Goerlich (Hg.): Samuel Pufendorf und seine Wirkungen bis auf die heutige Zeit. Baden Baden 1996; Fiammetta Palladini/Gerald Hartung (Hg.), Samuel Pufendorf und die europäische Frühaufklärung, Berlin 1996; Vanda Fiorillo (Hg.), Samuel Pufendorf filosofo del diritto e della politica. Atti del Convegno Internazionale Milano, Neapel 1996. *Eine breiter angelegte Biographie ist nicht vorhanden. Am informativsten sind noch:* Leonhard Krieger, The Politics of Discretion. Pufendorf and the Acceptance of Natural Law, Chicago, London 1965 *(auch wichtig zur Interpretation des Werks, berücksichtigt das gesamte Wirken). Neuester Forschungsstand:* Detlef Döring, Biographisches zu Samuel Pufendorf, in, B. Geyer/H. Goerlich, S. 23–37. *Grundlegend zur Heidelberger Zeit Pufendorfs ist jetzt:* Detlef Döring: Samuel Pufendorf und die Heidelberger Universität in der Mitte des 17. Jahrhunderts, in: Chr. Strohm u. a. (Hgg.): Späthumanismus und reformierte Konfession. Tübingen 2006, 293–323. *Wichtig zur Erschließung der von Pufendorf benutzten Quellen ist:* Fiammetta Palladini, La Biblioteca di Samuel Pufendorf. Catalogo dell'asta di Berlin del settembre 1697. Wiesbaden 1999. *Aus der Zahl der Gesamtdarstellungen seines Naturrechtssystem sind hervorzuheben:* Horst Denzer, Moralphilosophie und Naturrecht bei Samuel Pufendorf., München 1972; Thomas Behme, Samuel von Pufendorf. Naturrecht und Staat, Göttingen 1995; Kari Saastamoinen, The Morality of the Fallen Man: Samuel Pufendorf on Natural Law, Helsinki 1995 *(stellt sein Naturrecht in eine betont lutherische Tradition). Umfangreich ist auch die Literatur zur Reichsverfassungsschrift. Neue Gesichtspunkte bieten vor allem:* Bernd Roeck, Reichssystem und Reichsherkommen. Stuttgart 1984; Detlef Döring, Untersuchungen zur Entstehungsgeschichte der Reichsverfassungsschrift Samuel Pufendorfs, in: Der Staat 33 (1994), 185–206. *Aus der eher spärlichen Literatur zum Historiker:* Leonhard Krieger, Samuel Pufendorf, in: Deutsche Historiker, Bd IX, Göttingen 1982, 7–22. *Zu dem bisher ganz vernachlässigten tagespolitischen Schrifttum* Detlef Döring, Samuel von Pufendorf als Verfasser politischer Gutachten und Streitschriften, in: Zeitschrift für historische Forschung 19 (1992), 189–232. *Über seine Stellung zur Religion und zum eng damit verbundenen Toleranzprinzip* Simone Zurbuchen, Naturrecht und natürliche Religion. Zur Geschichte des Toleranzbegriffs von Samuel Pufendorf bis Jean-Jacques Rousseau, Würzburg 1991; D. Döring, Pufendorf-Studien, S. 55 ff. *Zur weithin noch nicht erforschten Wirkungsgeschichte* Fiammetta Palladini, Discussioni seicentesche su Samuel Pufendorf. Scritti latini: 1663–1700. o. O. (Bologna) 1978; Samuel von Pufendorf 1632–1982. Ett rättshistoriskt symposium i Lund 15–16. 1. 1982. Stockholm 1986 (Rättshistoriska Studien, Bd. 12). Marta Ferronato (Hg.), Dal „De jure naturae et gentium" di Samuel Pufendorf alla codificazione Prussiana del 1794. Mailand 2005.

Montesquieu

A. Texte

Œuvres complètes de Montesquieu, Hg. André Masson, 3 Bde., Paris (Nagel) 1950–1955; Œuvres complètes de Montesquieu, Hg. Roger Caillois, 2 Bde., Paris (Bibliothèque de la Pléiade) 1949–1951 *(Zitiert Pl)*; *Die Société Montesquieu veranstaltet eine historisch-kritische Ausgabe der* Œuvres complètes *in 22 Bänden. Erschienen sind die Bände 2, 8, 13, 18, 1998–2003;* Lettres persanes, Hg. Paul Vernière, Paris (Garnier) 1975; – De l'Esprit des lois, Hg. Robert Derathé, 2 Bde., Paris (Garnier) 1973.

Übersetzungen: Perserbriefe, Übers. Jürgen von Stackelberg, Frankfurt a. M. 1988 (Lp); Größe und Niedergang Roms. Mit den Randbemerkungen Friedrichs des Großen, Hg. Lothar Schuckert, Frankfurt a. M. (Fischer Taschenbuch) 1980 (C); Vom Geist der Gesetze, Übers. Ernst Forsthoff, 2 Bde., Tübingen (UTB 1710/1711) 1992 (Edl); Meine Gedanken. Mes pensées, München 2000.

B. Literatur

1. Bibliographien, Katalog, Zeitschrift

David C. Cabeen, Montesquieu, A Bibliography, New York 1947; Louis Desgraves, Répertoire des ouvrages et des articles sur Montesquieu, Genf 1988; Otto Klapp, Bibliographie der französischen Literaturwissenschaft, Frankfurt a. M. 1960 ff.; Catalogue de la bibliothèque de Montesquieu à La Brède (= Cahiers Montesquieu, 4), Hg. Louis Desgraves/Catherine Volpilhac-Auger, Neapel, Paris, Oxford 1999; Revue Montesquieu 1 (1997) ff. Revue annuelle, Hg. Société Montesquieu, Grenoble. *Enthält Rezensionen und Titel der Neuerscheinungen.*

2. Darstellungen und Untersuchungen

Louis Althusser, Machiavelli, Montesquieu, Rousseau, Hamburg 1987; Raymond Aron, Les étapes de la pensée sociologique, Paris 1967, *deutsche Übersetzung*: Hauptströmungen des klassischen soziologischen Denkens, Hamburg (Rowohlt) 1979; Georges Benrekassa, Montesquieu, la liberté et l'histoire, Paris (Livre de poche) 1987. (B). *Sehr guter Überblick*; Betrand Binoche, Introduction à De l'esprit des lois de Montesquieu, Paris (PUF) 1998. *Konfrontiert Montesquieus Edl mit den Zeitgenossen*; Thomas Chaimowicz, Freiheit und Gleichgewicht im Denken Montesquieus und Burkes, Wien, New York 1985. *Eine konservative Interpretation*; Claus-Peter Clostermeyer, Zwei Gesichter der Aufklärung. Spannungslagen in Montesquieus „Esprit des lois", Berlin 1983. *Viel Literatur*; Jean Dalat, Montesquieu magistrat, 2 Bde., Paris 1971–72; Louis Desgraves, Montesquieu, Frankfurt a.M. 1992. *Ergänzt das Werk Shackletons in biographischer Hinsicht. Umfangreiche Bibliographie;* Louis Desgraves, Chronologie critique de la vie et des œuvres de Montesquieu, Paris (Champion) 1998; Jean Ehrard, L'Ideé de Nature en France à l'aube des Lumières, Paris (Flammarion) 1970; Jean Ehrard, L'Esprit des mots. Montesquieu en lui-même et parmi les siens, Genf (Droz) 1998. *Über Gallier, Inquisition, Fronde, Voltaire, Sklaverei;* Enlightenment Essays in Memory of Robert Shackleton, Hg. Giles Barber/C. P. Courtney, Oxford 1988; L'Europe de Montesquieu. Actes du Colloque de Gênes (= Cahiers Montesquieu, 2), Hg. Alberto Postigliola/Maria Grazia Bottaro Palumbo, Neapel, Paris, Oxford 1995. *Über Boulainvilliers, Föderation, Italien, Voltaire, Orient, Katharina II.;* Frank Herdmann, Montesquieurezeption in Deutschland im 18. und beginnenden 19. Jahrhundert, Hildesheim, Zürich, New York 1990; Michael Hereth, Montesquieu zur Einführung, Hamburg 1995; Kurt Kluxen, Die Herkunft der Lehre von der Gewaltentrennung, in: Zur heutigen Problematik der Gewaltentrennung, Hg. Heinz Rausch, Darmstadt 1969, 131–152; Panajotis Kondylis, Montesquieu und der Geist der Gesetze, Berlin 1996; Walter Kuhfuß, Mäßigung und Politik, München 1975. *Sehr gute Untersuchung der politischen Sprache und Theorie Montesquieus;* Lectures de Montesquieu. Actes du Colloque de Wolfenbüttel (= Cahiers Montesquieu, 1), Hg. Edgar Mass/Alberto Postigliola, Neapel, Paris, Oxford 1993. *Zur Wirkungsgeschichte*; Edgar Mass, Die Leser des „Esprit des lois", Jahrbuch für internationale Germanistik 7 (1975), 36–57; Edgar Mass, Die politische Kritik des Literaten Charles de

Montesquieu, Neues Handbuch der Literaturwissenschaft 13 (= Europäische Aufklärung III), Wiesbaden 1980, 107–124; Edgar Mass, Literatur und Zensur in der frühen Aufklärung. Produktion, Distribution und Rezeption der Lettres persanes (= Analecta Romanica, 46), Frankfurt a. M. 1981; Friedrich Meinecke, Die Entstehung des Historismus (= Werke, 3), München 1959; Detlef Merten (Hg.), Gewaltentrennung im Rechtsstaat. Zum 300. Geburtstag von Charles de Montesquieu, Berlin 1989; Claude Morilhat, Montesquieu. Politique et richesses, Paris (PUF) 1996. *Über Wirtschaftspolitik*; Corrado Rosso, La Réception de Montesquieu ou les silences de la harpe éolienne, Pisa 1989; Robert Shackleton, Montesquieu. A Critical Biography, London 1961. *Grundlegendes Werk*; Céline Spector, Montesquieu. Les „Lettres persanes", Paris (PUF) 1997; Jean Starobinski, Montesquieu. Ein Essay, München, Wien 1991; Helmut Stubbe-da Luz, Montesquieu (= Rowohlts Monographien 50609), Reinbek 1998; Octavian Vuia, Montesquieu und die Philosophie der Geschichte, Frankfurt a. M. 1998; Paul-Ludwig Weinacht, Montesquieu und die doppelte Rechtskultur im alten Frankreich, in: Der Staat 36, 1997, 118–132; Paul-Ludwig Weinacht (Hg.), Montesquieu, 250 Jahre „Geist der Gesetze". Beiträge aus Politischer Wissenschaft, Jurisprudenz und Romanistik, Baden-Baden 1999. *Über Gewaltenteilung, Gesetzesbindung des Richters, Eurozentrismus, Friedrich den Großen, deutsche Übersetzungen des „Esprit des lois".*

Jean-Jacques Rousseau

A. Texte

Umfassendste, wenn auch nicht vollständige wissenschaftliche Edition: Bernard Gagnebin/Marcel Raymond Hg., Oeuvres complètes (OC), Bibliothèque de la Pléiade, Paris 1959–1995. *Sie enthält neben den Texten in der ursprünglichen Orthographie und Interpunktion alle Lesarten und Manuskriptvarianten, Einführungen und Anmerkungen (besonders aufschlußreich für Rousseaus Quellen) zu jedem Werk, bibliographische Angaben und Namensindices. Erschienen sind bisher:* Les Confessions. Autres Textes autobiographiques, 1959 (OC I), La Nouvelle Héloïse. Theâtre – Poésies – Essais littéraires, 1961 (OC II), Du Contrat social. Écrits politiques, 1964 (OC III), Émile. Éducation – Morale – Botanique, 1969 (OC IV), Écrits sur la Musique, la Langue et le Théâtre, 1995 (OC V).

Für anderes (z. B. die Profession de foi du Vicaire savoyard) muß man auf die ältere Gesamtausgabe zurückgreifen: Oeuvres complètes, Paris 1870 (Neudruck Genf 1905), 12 Bde. und 1 Reg.bd. *Die Briefe Rousseaus sind gesammelt in einer kritischen Gesamtausgabe mit Anmerkungen:* Correspondance complète de Jean-Jacques Rousseau, Ed. Ralph A. Leigh, Genf 1965–1989.

Unabhängig vom dritten Band der Pléiade-Ausgabe sind für die politischen Schriften unentbehrlich: für den zweiten Discours die franz.-dt., nach den Handschriften neu edierte Ausgabe von Heinrich Meier: Diskurs über die Ungleichheit – Discours sur l'inégalité, Paderborn ²1990; *für die übrigen politischen Schriften:* C. E. Vaughan (Ed.), The Political Writings of J. J. Rousseau, 2 Bde., Cambridge U. P. 1915, Oxford ²1962.

Zahlreiche, leicht greifbare deutsche Übersetzungen bei Reclam, Meiner und anderen Verlagen. Empfehlenswert: Vom Gesellschaftsvertrag oder Prinzipien des Staatsrechts, Hg. Reinhard Brandt/Karlfriedrich Herb, Berlin 2000; Kulturkritische und politische Schriften in 2 Bänden, Hg. M. Fontius, Berlin 1989; Sozialphilosophische und Politische Schriften, München 1989.

B. Literatur

1. Bibliographien

David C. Cabeen, A Critical Bibliography of French Literature IV (The 18th Century), Syracuse (NY.) 1951, 208–251. *Wichtig zur Geschichte der Rousseauliteratur und zum Forschungsstand:* Albert Schinz, État présent des travaux sur J. J. Rousseau, New York 1941. *Die neuere Literatur wird angezeigt und besprochen in:* Annales de la Société Jean-Jacques Rousseau, Genève 1905 ff. *Ferner* M. Cranston und R. S. Peters (ed.), Hobbes and Rousseau. A collection of critical essays, New York 1972; N. J. Dent, A Rousseau dictionary, Oxford 1992.

2. Darstellungen und Untersuchungen

Die beste und ausführlichste Biographie, die die Confessions mit Rousseaus wirklicher Biographie konfrontiert: Jean Guehenno, Jean Jacques Rousseau, 3 Bde. Paris 1948–1952; daneben jetzt umfangreich: Raymond Trousson, Jean-Jacques Rousseau, 2 Bde., Paris 1988/9.

Rousseau als Philosophen und sein Gesamtwerk behandeln: J. H. Broome, Rousseau, A Study of His Thought, London 1963; Robert Derathé, Le rationalisme de Jean-Jacques Rousseau, Paris 1948; Pierre Burgelin, La philosophie de l'existence de J. J. Rousseau, Paris 1952; C. W. Hendel, Jean-Jacques Rousseau, Moralist, 2 Bde. Oxford (U.P.) 1934, Paperback: Library of Liberal Arts, Indianapolis/New York 1962; Nicholas J. Dent, Rousseau. An introduction to his psychological, social and political theory, Oxford 1989; Jean Starobinski, J.-J. Rousseau. La transparence et l'obstacle, Paris 1971; dt. Rousseau. Eine Welt von Widerständen, München u. a. 1988 (*Standardwerk der franz. kunsthistorischen Schule, mit vielen Verweisen auf die zeitgenössische Kulturszene*); Bronislaw Baczko, Rousseau. Solitude et communauté, Paris 1974.

Zur politischen Philosophie: Raymond Polin, La politique de la solitude. Essai sur J. J. Rousseau, Paris 1971. *Grundlegende Textinterpretationen zu den einzelnen politischen Werken bietet* Roger D. Masters, The Political Philosophy of Rousseau, Princeton (U.P.) 1968; *Eine Gesamtdarstellung der politischen Philosophie unter anthropologischer Fragestellung:* Victor Goldschmidt, Anthropologie et politique. Les principes du système de Rousseau, Paris 1974. *Daneben gibt es in neuerer Zeit kurze Einführungen:* John C. Hall, Rousseau. An Introduction to his Political Philosophy, London (Macmillan) 1973 *und* Ronald Grimsley, Jean-Jacques Rousseau, Brighton 1983. *Neuestens* Olivier Krafft, La politique de Jean-Jacques Rousseau. Aspects méconnus, Paris 1989 *und* Robert Wokler, Social thought of Jean-Jacques Rousseau, New York u. a. 1987; ders. Rousseau, New York 1995.

Den Streit, ob Rousseau als totalitärer oder liberaler Denker zu betrachten sei, tragen aus J. L. Talmon, The Origins of Totalitarian Democracy, London 1952 (dt.: Die Entstehung der totalitären Demokratie, Köln/Opladen 1960); L. G. Crocker, Rousseau's Social Contract, Cleveland 1968 *und* N. N. Shklar, Men and Citizens, Cambridge (U.P.) 1969 *für die totalitäre Interpretation. Gegen diesen Vorwurf verteidigen Rousseau*: John W. Chapman, Rousseau. Totalitarian or Liberal?, New York 1956 *und* Alfred Cobban, Rousseau and the Modern State, London ²1964.

Zur Einordnung Rousseaus in die Ideengeschichte ist grundlegend Robert Derathé, Jean-Jacques Rousseau et la science politique de son temps, Paris 1950, ²1988. *Aspekte der Wirkungsgeschichte behandeln*: Jean Roussel, Jean-Jacques Rousseau en France après la Révolution 1795–1830, Paris 1972, Jean-Jacques Tatin-Gourier, Le Contrat Social en question. Echos et interprétations du Contrat Social de 1762 à la Révolution, Lille (U.P.) 1989 *und* Claus Süssenberger, Rousseau im Urteil der deutschen Publizistik bis zum Ende der Französischen Revolution, Bern 1974. *In deutscher Sprache sind zu nennen*: Iring Fetscher, Rousseaus politische Philosophie. Zur Geschichte des demokratischen Freiheitsbegriffs, Neuwied 1960, Frankfurt a.M. 1981; Otto Vossler Rousseaus Freiheitslehre, Göttingen 1963.

Auf die Philosophie und Pädagogik Rousseaus gehen ein: Hermann Röhrs, Jean-Jacques Rousseau, Vision und Wirklichkeit, Heidelberg 1957, ²1966 *und* Martin Rang, Rousseaus Lehre vom Menschen, Göttingen 1959, ²1965; *auf das Verhältnis Pädagogik – Politik, insbesondere den Naturbegriff*: Robert Spaemann, Rousseau – Bürger ohne Vaterland, München 1980.

Zur Religionsproblematik: Karl Dietrich Erdmann, Das Verhältnis von Staat und Religion nach der Sozialphilosophie Rousseaus (Der Begriffe der Religion Civile), Berlin 1935; *und grundlegend*: Pierre-Maurice Masson, La religion de Jean-Jacques Rousseau, Paris 1916 (Neudruck: Genève 1970), *mit einer ausführlichen chronologischen Bibliographie über R.s Religion. Jüngste Gesamtdarstellung unter Einbeziehung der erzählenden und pädagogischen Schriften*: Michaela Rehm, Bürgerliches Glaubensbekenntnis. Moral und Religion in Rousseaus politischer Philosophie, München 2006.

Neuere Sammelwerke zum 250. Geburtstag: Jean-Jacques Rousseau, Yale French Studies 28 (1961/2); Présence de Jean-Jacques Rousseau, Annales 35 (1963) *und* Rousseau et la philosophie politique, Annales de la philosophie politique 5 (1965); *zum 200. Todestag*: Ralph A. Leigh (Hg.), Rousseau after 200 years. Proceedings of the Cambridge bicentennial colloquium, Cambridge (U.P.) 1982, Rousseau et Voltaire en 1978, Actes du Colloque international de Nice, Genève 1981 *und* S. Harvey, M. Hobson, D. Kelley, S. Taylor (Hg.), Reappraisals of Rousseau, Manchester (U.P.) 1980 (*will Rousseau gegen die Mißdeutungen als Romantiker und Vorläufer des Totalitarismus verteidigen); neuere Aufsatzsammlungen zum Forschungsstand*: Rousseau und die Folgen. Beitr. von: Iring Fetscher u.a., hrsg. von Rüdiger Bubner, Göttingen 1989; Jean-Jacques Rousseau. Ed. and with an introduction by Harold Bloom, New York u.a. 1988.

„The Federalist"

A. Texte und Quellen

1. Neuere Textausgaben:

The Federalist, Hg. Jacob E. Cooke, Middletown 1961 *(erste kritische Edition mit Textgeschichte)*; The Federalist Papers, Hg. Isaak Kramnik, Harmondsworth 1987 *(mit guter Einleitung)*; The Federalist Papers, Hg. Bernard Bailyn, Washington 1998 *(mit guter Einleitung)*; The Federalist Papers, Hg. Charles R. Resler, New York 1999 *(Neuausgabe der Edition von Clinton Rossiter von 1961 mit neuer Einleitung und Anmerkungen)*.

2. Übersetzungen:

Es liegen zwei neue in den ausführlichen Einleitungen unterschiedlich akzentuierte Übersetzungen vor: Die Federalist Papers, Hg. Barbara Zehnpfennig, Darmstadt 1993 *(Bibliographie und gutes Register)*; Die Federalist Papers. Vollständige Ausgabe. Herausgegeben und übersetzt von Barbara Zehnpfennig, München 2007; Die Federalist-Artikel, Hg. Angela Adams/Paul W. Adams, Paderborn 1994 (UTB, *Bibliographie und Register,* nach dieser Ausgabe wurde im Text zitiert; die Zitate wurden von J. Gebhardt überarbeitet).

3. Konkordanz:

The Federalist Concordance, Hg. Thomas S. Engeman u. a., Chicago 1988.

4. Quellensammlungen zur Verfassungsdiskussion:

The Records of the Federal Convention of 1787, Hg. Max Farrand, 2 Bde. New Haven 1966; The Complete Anti-Federalist, Hg. Herbert J. Storing, 7 Bde., Chicago 1981 *(gute Einleitung)*; The Founders' Constitution, Hg. Philip K. Kurland/R. Klerner, 4 Bde., Chicago 1987 *(umfassende Quellensammlung zur Entstehung der Verfassung)*; The Debate on the Constitution, Hg. Bernard Bailyn, 2 Bde., New York 1993 *(chronologisch angeordnete Edition von Reden, Artikeln und Korrespondenz zur Ratifizierungsdebatte 1787–88 mit umfassenden biographischen Angaben, Anmerkungen und Register)*.

B. Literatur

1. Zum historisch-politischen Kontext:

Hannah Arendt, Über die Revolution, München 1994; William W. Crosskey/William Jeffrey, Politics and the Constitution in the History of the United States, Bd. III: The Political Background of the Federal Convention, Chicago 1981; Louis Hartz, The Liberal Tradition in America; New York 1955; Michael A. Gillespie/Michael Lienesch Hg., Ratifying the Constitution, Lawrence 1989; Forrest McDonald, E Pluribus Unum – The Formation of the American Republic 1776–1790, Indianapolis 1979; Thomas L. Pangle, The Spirit of Modern Republicanism, Chicago 1988; Carl J. Richard, The Founders and the Classics, Cambridge/Mass. 1994; Gordon S. Wood, The Radicalism of the American Revolution, New York 1993.

2. Gesamtdarstellungen:

B. Allen, The Federalist Papers – A Commentary, New York 2000 (*mit Apendix: References to the Federalist in Supreme Court Cases*); Harald von Bose, Republik und Mischverfassung – Zur Staatsformenlehre der Federalist Papers, Frankfurt 1989; George W. Carey, The Federalist, Chicago 1989; George W. Carey Hg., Symposium: The Federalist, in: The Political Science Reviewer 9 (1990), 1–176; Martin Diamond, The Federalist, in: Leo Strauss/ Joseph Cropsey, History of Political Philosophy, Chicago ³1987, 659–79; David F. Epstein, The Political Theory of the Federalist, Chicago 1984; Jürgen Gebhardt, Selbstregulierung und politische Ordnung in der Politischen Wissenschaft der Federalist Papers, in: Gerhard Göhler Hg. u. a., Politische Institutionen im gesellschaftlichen Umbruch, Opladen 1990, 310–334; Alfred Furtwangler, The Authority of Publius, Ithaca 1984; Charles R. Kessler Hg., Saving the Revolution: The Federalist Papers and the American Founding, New York 1987; Wilson C. McWilliams/Michael T. Gibbons Hg., The Federalists, The Antifederalists and the American Political Tradition, New York 1987; George Mace, Locke, Hobbes and the Federalist Papers, Carbondale 1979; Morton G. White, Philosophy, The Federalist and the Constitution, New York 1987; Garry Wills, Explaining America: The Federalist, New York 1981.

3. Zu Einzelaspekten:

Douglas Adair, That Politics May Be Reduced to a Science: David Hume, James Madison and the Tenth Federalist, in: Jack P. Greene Hg., The Reinterpretation of the American Revolution, New York 1969, 504–526; Marc M. Arkin, The ‚Intractable Principle': David Hume, James Madison, Religion and the Tenth Federalist, in: American Journal of Legal History 2 (1995), 148–176; Paul F. Bourke, The Pluralist Reading of James Madison's Tenth Federalist, in: Perspectives in American History 9 (1975), 271–295; James Connif, The Enlightenment and American Political Thought: A Study in the Origins of Madison's Federalist Number Ten, in: Political Theory 8 (1980), 381–402; Daniel W. Howe, The Political Psychology of the Federalist, in: William and Mary Quarterly 44 (1987), 485–509; Edmund S. Morgan, Safety in Numbers: Madison, Hume and the Tenth Federalist, in: The Huntington Library Quarterly 49 (1986), 95–112; Robert J. Morgan, Madison's Analysis of the Sources of Political Authority, in: American Political Science Review 75 (1981), 613–625; Frederick Mosteller/David L. Wallace, Applied Bayesian and Classical Inference: The Case of the Federalist Papers, New York 1984; Sheldon S. Wolin, Montesquieu and Publius: The Crisis of Reason in the Federalist Papers, in: Ders., The Presence of the Past, Baltimore 1989, 100–119; Yean Yarbrough, Rethinking the Federalist's View of Federalism, in: Publius 15 (1985), 31–53.

Immanuel Kant

A. Texte

Gesammelte Schriften, hg. v. d. Akademie der Wissenschaften, Berlin 1900 ff. (*zit. mit:* AA Band, Seitenzahl); *siehe hierzu* Kant-Konkordanz, hg. v. Andreas Roser, Hildesheim 1992–1995.
Studienausgabe: Werke in 6 Bänden, hg. v. Wilhelm Weischedel, Darmstadt 1983 (*zit. mit:* Band,Seitenzahl), *Taschenbuchausgabe:* Werke in 12 Bänden, Frankfurt/M. 1984 *(derzeit beste Werkausgaben) – Zum Seitenvergleich mit anderen Werkausgaben:* Kant-Seitenkonkordanz, hg. v. Wilhelm Weischedel u. Norbert Hinske, Darmstadt 1970. – Briefwechsel, Hamburg [3]1986 *(mit neuen Briefen in d. 3. Aufl.).*
Einzelausgaben in der Philosophischen Bibliothek des Felix Meiner Verlags Hamburg, Einleitungen mit Inhalts- bzw. Problemübersicht und gutes Register, teilweise mit Bibliographie; gute Einzelausgaben auch bei Reclam. – Eine Vorlesung über Ethik, hg. v. Gerd Gerhardt, Frankfurt/M. 1990.
Nachschlagewerke: Rudolf Eisler, Kant-Lexikon, Berlin 1930, Nachdr. Hildesheim [9]1984; Carl Christian Erhard Schmid, Wörterbuch zum leichteren Gebrauch der Kantischen Schriften, Jena 1788, [4]1798; neu hg. v. Norbert Hinske, Darmstadt [2]1980; Norbert Hinske, Kant-Index, Stuttgart 1986 ff.

B. Literatur

1. Bibliographien/Biographien/Monographien

Kant-Bibliographie 1945–1990, begr. v. Rudolf Malter, hg. v. Margit Ruffing, Frankfurt a. M. 1999 *(wird fortgesetzt).* Felix Gross (Hg.), Immanuel Kant. Sein Leben in Darstellungen von Zeitgenossen, Berlin 1912, Nachdruck Darmstadt 1974; Karl Vorländer, Immanuel Kants Leben, neu hg. u. eingel. v. Rudolf Malter, Hamburg [4]1986; Karl Vorländer, Immanuel Kant. Der Mann und das Werk, Hamburg [3]1992 *(mit Werk- u. Briefregister, Verzeichnis der Bibliographien zum Werk Kants, Bibliographie u. Beitrag zu Kants Opus postumum; immer noch umfassendste Kant-Darstellung);* Otfried Höffe, Immanuel Kant, München [7]2007 *(neuere Gesamtdarstellung).*
Philosophisch bedeutsam: Karl Jaspers, Kant, Leben, Werk, Wirkung, München/Zürich [2]1983 (ursprünglich in: ders., Die großen Philosophen, Bd. 1 München/Zürich 1981).

2. Darstellungen und Untersuchungen

Einer der ersten Versuche, Kant primär als politischen Philosophen darzustellen: Kurt Borries, Kant als Politiker, Leipzig 1929 (Nachdruck Aalen 1973); *nach* Lucien Goldmann, Mensch, Gemeinschaft und Welt in der Philosophie Immanuel Kants, Zürich/New York 1945, Neuausg. Frankfurt/M. u. a. 1989, *ist Kant der erste Dialektiker von Vernunft und Gemeinschaft;* Hans Saner, Kants Weg vom Krieg zum Frieden, Bd. 1: Widerstreit und Einheit. Wege zu Kants politischem Denken, München 1967, *Kants politische Gedanken, spät*

und in Nebenwerken veröffentlicht, sind "in seinem ganzen Werk angelegt";
siehe hierzu auch den Sammelband: Kant als politischer Schriftsteller, hg.
v. Theo Stammen, Würzburg 1999; *die Bedeutung von Kants Denken für
zeitgenössische politische Theorien untersucht* Karin Flikschuh, Kant and the
modern political philosophy, Cambridge 2000; *besonders betont wird Kants
Aktualität in der systematischen Rekonstruktion von* Marc Schattenmann,
Wohlgeordnete Welt. Immanuel Kants politische Philosophie in ihren systematischen Grundzügen, München 2006.

Neuerdings wird die Rechtsphilosophie herausgehoben, siehe hierzu Gerd-
Walter Küsters, Kants Rechtsphilosophie, Darmstadt 1988, *wo ein Überblick
versucht wird*; *zur letzten Diskussion:* Recht, Staat und Völkerrecht bei Immanuel Kant. Marburger Tagung zu Kants ‚Metaphysischen Anfangsgründen der
Rechtslehre', hg. v. Dieter Hüning u. Burkhard Tuschling, Berlin 1998; Otfried Höffe (Hg.), Immanuel Kant, Metaphysische Anfangsgründe der
Rechtslehre, Berlin 1999. – *Ein von Kant gebrauchtes Stichwort greift* Uwe Ju-
stus Wenzel *auf:* Anthroponomie. Kants Archäologie der Autonomie, Berlin
1992. – *Zum 200jährigen Jubiläum der Friedensschrift zum Rück- wie Ausblick:* Otfried Höffe (Hg.), Kant, Zum ewigen Frieden, Berlin 1995; Volker
Gerhardt, Immanuel Kants Entwurf „Zum ewigen Frieden". Eine Theorie der
Politik, Darmstadt 1995; Matthias Kaufmann, Kein ewiger Friede für Kant.
Ein Rückblick auf einige Literatur zu 200 Jahren *Zum ewigen Frieden,* Allgemeine Zeitschrift für Philosophie 25 (2000), 271 ff.

Philosophisch wie politisch wichtig: Karl Jaspers, Kants Ideenlehre/Das radikal Böse bei Kant/Kants „Zum ewigen Frieden"/Kants Schrift „Zum ewigen
Frieden"/Immanuel Kant. Zu seinem 150. Todestag, in: Aneignung und Polemik. Gesammelte Reden und Aufsätze zur Geschichte der Philosophie, hg. v.
Hans Saner, München 1968, 159–250; *wegweisend für eine künftige politische
Philosophie:* Hannah Arendt, Das Urteilen: Texte zu Kants politischer Philosophie, hg. v. Ronald Beiner, München u. a. 1985.

Edmund Burke

A. Texte

1. Ausgaben:

The works of the right honourable Edmund Burke, 12 vol., London 1887
(Nachdruck Olms Hildesheim 1975) (zit. als WEB). – Paul Langford (ed.):
The Writings and Speeches of Edmund Burke, Oxford 1981 ff. *Bisher (1999)
sind erschienen*: Bd. 1: The Early Writings (1997), Bd. 2: Party, Parliament and
the American Crisis 1766–1774 (1981), Bd. 3: Party, Parliament and the
American War 1774–1780 (1996), Bd. 5: India, Madras and Bengal 1774–1785
(1981), Bd. 6: India: The Launching of the Hastings Impeachment 1786–1788
(1991), Bd. 7: India: The Hastings Trial 1789–1794 (2000) Bd. 8: The French
Revolution 1790–1794 (1989), Bd. 9: The Revolutionary War 1794–1797; Ire-
land (1991) (zit. als WSEB).

2. Übersetzungen:

Philosophische Untersuchung über den Ursprung unserer Ideen vom Erhabenen und Schönen, Hg. Werner Strube, Hamburg (Meiner) 1980, 1989. – Betrachtungen über die französische Revolution, Übers. Friedrich Gentz, Hg. Lore Iser / Dieter Henrich, Frankfurt (suhrkamp) 1967. – Über die Französische Revolution, Betrachtungen und Abhandlungen, Übers. Friedrich Gentz, Hg. Hermann Klenner, Berlin (Akademie) 1991.

B. Literatur

1. Bibliographien:

C. I. Gandy/P. J. Stanlis, Edmund Burke, A Bibliography of Secondary Studies to 1982, New York 1982; H.G. Schumann, Edmund Burkes Anschauungen vom Gleichgewicht in Staat und Staatensystem. Mit einer Burke-Bibliographie, Meisenheim 1964; L. W. Cowie, Edmund Burke 1729–1797. A Bibliography. London 1994; W. B. Todd, A Bibliography of Edmund Burke. Dury St. Edmunds 1982.

2. Darstellungen und Untersuchungen:

S. Blakemore u. a., Burke and the Fall of Language, Hannover 1988; S. Blakemore (ed), Burke and the French Revolution. Bicentennial Essays, Athens, Georgia 1992; F. P. Canavan, The Political Reason of Edmund Burke, Durham 1960; G.W. Chapman, Edmund Burke. The Practical Imagination, Cambridge, Mass. 1967; C. B. Cone, The Life and Thought of Edmund Burke, 2 Bände, 1959, 1964; C. B. Courtney, Montesquieu and Burke, Oxford 1963; J. Crowe (Hrg.), Edmund Burke. His Life and Legacy, Dublin 1997; D. Doering, Die Wiederkehr der Klugheit. Edmund Burke und das Augustan Age, Würzburg 1990; F. A. Dreyer, Burke's Politics. A Study in Whig Orthodoxy, Waterloo 1979; R. R. Fennessy, Burke, Paine, and the Rights of Man. A Difference of Political Opinion, The Hague 1963; M. Freeman, Edmund Burke and the Critique of Political Radicalism, Oxford 1980; T. Furniss, Edmund Burke's Aesthetic Ideology, Cambridge 1993; D. Hilger, Edmund Burke und seine Kritik der Französischen Revolution, Stuttgart 1960; P. Hindson/T. Gray, Burke's Dramatic Theory of Politics, Arebury 1988; I. Kramnick, The Rage of Edmund Burke. Portrait of an Ambivalent Conservative, N.Y. 1977; I. Kramnick, The Left and Edmund Burke, in: Political Theory, Bd. 11, Nr. 2, Mai 1983, 189 ff.; F. P. Lock, Burke's Reflections on the Revolution in France, London 1985; C. B. MacPherson, Burke, Oxford 1980; J. Morley, Burke: A Critical Study, London 1867; J. Morley, Burke, London 1882; C.C. O'Brien, The Great Melody. A Thematic Biography and Commented Anthology of Edmund Burke, Chicago UP 1992; F. O'Gorman, Edmund Burke. His Political Philosophy, London 1973; K. Otten, Burke, Carlyle und die Französische Revolution, Heidelberg 1992; C. W. Parkin, The Moral Basis of Burke's Political Thought, Cambridge 1956; J. G. A. Pocock, Virtue, Commerce and History, Cambridge UP 1985; C. Reid, Burke's Tragic Muse. Sarah Siddons and the ‚Feminization‘ of the *Reflections*, in: S. Blakemore 1992, 1–27; P. J. Stanlis, Edmund Burke and the Natural Law, Ann Arbor 1959; P.J. Stanlis,

Edmund Burke, New Brunswick 1991; Leo Strauss, Natural Right and History, Chicago 1953; J. Todd (ed), Mary Wollstonecraft. Political Writings, London 1993; E. M. Tschurenev, Kant und Burke, Frankfurt a.M. 1992; R. Wecker, Geschichte und Geschichtsverständnis bei Edmund Burke, Bern 1981; B. T. Wilkins, The Problem of Burke's Political Philosophy, Oxford 1967; D. Winch, The Burke-Smith Problem and late Eighteenth-Century Political and Economic Thought, in: The Historical Journal Bd. 28, Nr. 1 (1985), 231–247; N. Wood, The Aesthetic Dimension of Burke's Political Thought, in: Journal of British Studies 4 (1964), 41–64; W. v. Wyss, Edmund Burke, München 1966; R. Zimmer, Edmund Burke zur Einführung, Hamburg 1995.

Joseph Emmanuel Sieyes

A. Texte

Eine Gesamtausgabe der Sieyes'schen Schriften liegt bisher nicht vor. Eine Aufstellung aller Schriften 1788–1799 findet sich bei Th. Hafen *(s. unten Lit.), S. 338–341. Die ersten drei Essais (siehe Zeittafel) sind in französ. Sprache verschiedentlich nachgedruckt worden, am häufigsten die Schrift* Qu'est-ce que le Tiers-État? *Sie liegt neuerdings in einer vorbildlichen kritischen Ausgabe durch* R. Zapperi (Genève 1970) *vor. Weiter erschien eine zuverlässig bearbeitete Auswahl von S.-Schriften:* Écrits politiques, Ed R. Zapperi. Paris 1985, *sowie eine etwas flüchtige Ausgabe ohne Nennung der Herausgeber:* Oeuvres de Sieyes. Paris 1990.

In deutscher Sprache ist S. stärker rezipiert als in allen sonstigen Sprachen der Welt zusammengenommen. Bereits früh erschienen seine sämtlichen bis dahin bekannten Schriften in einer deutschen Gesamtausgabe: Übers. J. G. Ebel, Hg. K. E. Oelsner: Emmanuel Sieyes Politische Schriften vollständig gesammelt von dem deutschen Übersetzer, 2 Bde. o.O. 1796 *(zit.:* PS*). Häufig wurde daneben der Traktat über den Dritten Stand nachgedruckt (in dtsch: Dresden 1875, Berlin 1924, Frankfurt/M. 1968; in russ. 1906; in span. 1943, in engl. New York/London 1963). Eine deutsche Neuübersetzung der wichtigsten Traktate:* Eb. Schmitt/R. Reichardt (Hg.): Emmanuel Joseph Sieyes: Politische Schriften 1788–1790. [1]Neuwied 1975, [2]München-Wien 1981 *(zit.: S/R).*

Der Ende der sechziger Jahre auf meine Initiative hin ins französ. Nationalarchiv eingelieferte Nachlaß ist bis heute nur teilweise katalogisiert und herausgegeben. Einschlägig noch immer R. Marquant: Les Archives Sieyes. Paris 1970.

B. Literatur

Die wiss. Literatur über S. zählt nach Hunderten von Titeln und ist kaum überschaubar. Die wichtigsten Werke und Essais bis 1981 sind zusammengetragen bei Eb. Schmitt/R. Reichardt (Hg.): Emmanuel Joseph Sieyes: Politische Schriften 1788–1790 *(s.o.). Alle weitere Lit. ist sorgfältig registriert bei* Th. Hafen: Staat, Gesellschaft und Bürger im Denken von Emmanuel Joseph Sieyes. Bern-Stuttgart-Wien 1994.

Georg Wilhelm Friedrich Hegel

A. Texte

Jubiläumsausgabe, H. Glockner (Hg.), 20 Bde, Stuttgart 1927 ff., Bd. 21–22 Monographie, Bd. 23–26 Hegel-Lexikon. Sämtliche Werke, G. LASSON (Hg.), Leipzig 1907 ff., J. Hoffmeister (Hg.) 1932 ff. Gesammelte Werke (*Historisch-Kritische Ausgabe*), Hamburg 1968 ff. Politische Schriften, J. Habermas (Hg.), Frankfurt a. M. 1966. Werke in 20 Bden, E. Moldenhauer/K. M. Michel (Hg.), Frankfurt a. M. 1970. *Ein Faksimile-Druck der* Schrift über das Wadtland *wurde von* W. Wieland *herausgegeben* (Göttingen 1970). *Für die Rechtsphilosophie liegen neben dem von Hegel selbst veröffentlichten Werk Nachschriften von Vorlesungen vor:* K.-H. Ilting (Hg.), Vorlesungen über Rechtsphilosophie 1818–1831, 4 Bde, Stuttgart 1973/74. Vorlesungen über Naturrecht und Staatswissenschaft. Heidelberg 1817/18 mit Nachträgen aus der Vorlesung 1818/19, O. Pöggeler (Hg.), Hamburg 1983. Die Philosophie des Rechts. Die Nachschriften Wannenmann (Heidelberg 1817/18) und Homeyer (Berlin 1818/19), K.-H. Ilting (Hg.), Stuttgart 1983. Philosophie des Rechts. Die Vorlesung von 1819/20 in einer Nachschrift, D. Henrich (Hg.), Frankfurt a. M. 1983. Philosophie des Rechts. Nachschrift der Vorlesung von 1822/23 von K. W. L. Heyse, E. Schilbach (Hg.), Frankfurt/M. 1999. Vorlesungen über Philolophie des Rechts Berlin 1819/20, nachgeschr. v. Johann Rudolf Ringier, E. Angehrn / M. Bondeli / H. N. Seelmann (Hg.), Hamburg 2000.

B. Literatur

1. Bibliographien

K. Steinhauer, Hegel. Bibliographie, München 1980 (*Sekundärliteratur bis 1975*). Ders., Hegel. Bibliographie, Teil II, 2 Bde, München 1988 (*Sekundärliteratur bis 1990*). *Rezensionen von Neuerscheinungen finden sich in den* Hegel-Studien (Bonn 1961 ff.); *Dokumentationen von Kongressen im* Hegel-Jahrbuch (verschiedene Verlagsorte 1961 ff., seit 1993/94 Akademie Verlag Berlin).

2. Sekundärliteratur

K. Marx, Zur Kritik der Hegelschen Rechtsphilosophie. Kritik des Hegelschen Staatsrechts §§ 261–313 (1843), in: Marx-Engels-Werke Ergänzungsband 1, Berlin 1973, 203–333 (*minutiöse, aber auch anspruchsvolle Kritik an Hegels angeblicher Verkehrung des Verhältnisses von „Logik" und Realität*). R. Haym, Hegel und seine Zeit (1857), Darmstadt 1962 (*glänzend formulierte Kritik eines Liberalen an Hegels angeblicher „Akkomodation"*). F. Rosenzweig, Hegel und der Staat, Berlin 1920 (*bestens informierte entwicklungsgeschichtliche Darstellung der politischen Philosophie Hegels*). H. Heller, Hegel und der nationale Machtstaatsgedanke, Berlin 1921 (*Hegel wird mit einem Bismarck-Hegelianer verwechselt*). Th. Haering, Hegel, sein Wollen und sein Werk, Leipzig – Berlin 1938 (*theologisch-politische Deutung des jungen Hegel*). H. Marcuse, Reason and Revolution, London – New York 1941 ff.; dt. Neuwied – Berlin 1962 (*ein Versuch, den dialektisch-revolutionären Hegel gegen den konservativen oder gar „faschistischen" Hegel zu retten*). K. R. Popper, Die offene Gesellschaft und ihre Feinde (1944) 2 Bde, Bern – München 1957 ff. (*wenig kenntnisreiche Kritik Hegels als eines Vorläufers des Nationalsozialismus*). G. Lukács, Der junge Hegel und die Probleme der kapitalistischen Gesellschaft, Wien 1947 (*der junge Hegel politisch-ökonomisch*). E. Weil, Hegel et l'état, Paris 1950 (*ausgezeichnete liberale Deutung des „modernen" Hegelschen Staates*). W. R. Beyer, Zwischen Phänomenologie und Logik. Hegel als Redakteur der Bamberger Zeitung, Frankfurt a.M. 1955. J. Ritter, Hegel und die Französische Revolution, Köln 1957 (*wieder abgedruckt in* ders., Metaphysik und Politik, Frankfurt a.M. 1989; *schulbildende Studie, die Hegels Theorie der Revolution und der bürgerlichen Gesellschaft mit seiner Metaphysik verbindet; die Ritter-Schule*, G. Rohrmoser, R. Maurer u.a., *hat Ritters Deutung später theologisch-politisch modifiziert*). K. Löwith (Hg.), Die Hegelsche Linke, Stuttgart 1962 (*Textsammlung*). H. Lübbe (Hg.), Die Hegelsche Rechte, Stuttgart 1962 (*Textsammlung*). M. Riedel, Studien zur Rechtsphilosophie, Frankfurt a.M. 1969. Ders., Bürgerliche Gesellschaft und Staat bei Hegel, Neuwied 1970 (*beste Darstellung der Umbrüche im Naturrechtsdenken*). H. Ottmann, Individuum und Gemeinschaft bei Hegel, Berlin – New York 1977 (*eine Übersicht über die Hegel-Schulen des 19. und 20. Jahrhunderts*). S. Avineri, Hegels Theorie des modernen Staates, Frankfurt a.M. 1976 (*ausgezeichnete liberale Deutung*). Terry Pinkard, Hegel. A Biography, Cambridge U. P. 2000 (neueste Gesamtdarstellung). M. Henkel (Hg.), Staat, Politik und Recht beim früheren Hegel, Berlin 2002.

Sammelbände zur Rechtsphilosophie:

M. Riedel (Hg.), Materialien zu Hegels Rechtsphilosophie, 2 Bde, Frankfurt a.M. 1975. D. Henrich/R.P. Horstmann (Hg.), Hegels Philosophie des Rechts, Stuttgart 1982. H. C. Lukacs/O. Pöggeler (Hg.), Hegels Rechtsphilosophie im Zusammenhang mit der europäischen Verfassungsgeschichte, Stuttgart 1986. J. Stewart (Hg.), The Hegel Myth and Legends, Evanston/Ill. 1996. G. W. F. Hegel, Grundlinien der Philosophie des Rechts, L. Siep (Hg.), Berlin 1997 (Klassiker Auslegen Bd. 9).

Stand der Editionen

Version	Wann	Wo	Nachschrift	Editor
Rph I	1817/18	Berlin	Wannenmann	Ilting/ Pöggeler
Rph II	1818/19	Berlin	Homeyer	Ilting
Rph III	1819/20	Berlin	Anonymus Ringier	Henrich/Angehrn/Bondeli/ Seelmann
Rph	1821	Berlin		
Rph IV	1821/22	Berlin	Anonymus	Hoppe
Rph V	1822/23	Berlin	Hotho/Heyse	Ilting/Schilbach
Rph VI	1824/25	Berlin	Griesheim	Ilting
Rph VII	1831	Berlin	Strauß	Ilting

Alexis de Tocqueville

A. Texte

1. Ausgaben

Œuvres complètes (= OC), Ed. J. P. Mayer, Paris 1951 ff.: Tome I, vol. 1+2: De la démocratie en Amérique, 1951; Tome II, vol. 1: L'Ancien Régime et la Révolution, 1953; Tome II, vol. 2: Fragments et notes inédites sur la Révolution, 1953; Tomes VI–XVIII, Correspondances, 1954–1983; Œuvres, Bibliothèque de la Pléiade, Ed. André Jardin, Paris 1991ff.: Tome I: Voyages. Écrits politiques et académiques, 1991; Tome II: De la Démocratie en Amérique, 1992.

2. Übersetzungen

Über die Demokratie in Amerika, Übers. Hans Zbinden, Nachwort Theodor Eschenburg, 2 Bde, Zürich 1987; Der alte Staat und die Revolution, Übers. Theodor Oelckers, durchges. Rüdiger Volhard, Nachwort Jacob P. Mayer, München 1978; Erinnerungen, Übers. Dirk Forster, Stuttgart 1954.

B. Literatur

1. Bibliographie

Françoise Mélonio, Tocqueville dans la culture française, thèse microfiche, Paris 1991.

2. Darstellungen und Untersuchungen

Agnes Antoine, L'impensé de la démocratie. Tocqueville, la citoyenneté et la religion, Paris 2003; Raymond Aron, Les Étapes de la pensée sociologique, Paris 1967 (dt. Hauptströmungen des soziologischen Denkens I, Köln 1971) *(klassische Interpretation T.s als Soziologe der demokratischen Institutionen Amerikas)*; Robert N. Bellah u.a., Habits of the Heart. Individualism and Commitment in American Life (dt. Gewohnheiten des Herzens. Individualismus und Gemeinsinn in der amerikanischen Gesellschaft, Köln 1987); Roger Boesche, The Strange Liberalism of Alexis de Tocqueville, Ithaca/London 1987; François Furet, Penser la Révolution française, Paris 1978 (dt. 1789. Vom Ereignis zum Gegenstand der Geschichtsschreibung, Frankfurt am Main u.a. 1980) *(Standardwerk zur Revolutionshistoriographie T.s)*; Robert T. Gannett, Tocqueville Unveiled. The Historian and His Sources for The Old Regime and the Revolution, Chicago/London 2003 *(Akkurate Quellenstudie)*; Marcel Gauchet, Tocqueville, Amerika und wir. Über die Entstehung demokratischer Gesellschaften, in: Ulrich Rödel (Hg.), Autonome Gesellschaft und libertäre Demokratie, Frankfurt am Main 1990, 123–206 *(kritische Auseinandersetzung mit Tocquevilles Demokratietheorie im Kontext der Totalitarismusfrage)*; Karlfriedrich Herb/Oliver Hidalgo, Alexis de Tocqueville, Frankfurt/New York 2005; Laura Janara, Democracy Growing Up. Authority,

Autonomy, and Passion in Tocqueville's Democracy in America, Albany 2002 *(Feministische Lesart T.s);* André Jardin, Alexis de Tocqueville. Leben und Werk, Frankfurt am Main/New York 2005 *(Standardwerk zur Lebens- und Werkgeschichte T.s);* Eric Keslassy, Le libéralisme de Tocqueville à l'épreuve du paupérisme, Paris 2000 *(Analyse von T.s sozialpolitischem Engagement);* Jean-Claude Lamberti, Tocqueville et les deux démocraties, Paris 1983; Pierre Manent, Tocqueville et la nature de la démocratie, Paris 1982, ²1993 *(Standardwerk der französischen T.-Forschung);* Jacob P. Mayer, Alexis de Tocqueville. Analytiker des Massenzeitalters, Stuttgart 1954, München ³1972; Françoise Mélonio, Tocqueville et les Français, Paris 1993 *(subtile Darstellung der Wirkungsgeschichte T.s);* Claus Offe, Selbstbetrachtung aus der Ferne. Tocqueville, Weber und Adorno in den Vereinigten Staaten, Frankfurt am Main 2004; George Wilson Pierson, Tocqueville and Beaumont in America, New York 1938, Reprint 1997 *(Meilenstein für die Renaissance T.s in den USA);* James T. Schleifer, The Making of Tocqueville's Democracy in America, Indianapolis ²2000 (Werkgeschichte von T.s Klassiker); Sheldon S. Wolin, Tocqueville Between Two Worlds. The Making of a Theoretical and Political Life, Princeton/Oxford *(Aktualisierende Lesart vor dem Hintergrund der Postdemokratie);* Marvin Zetterbaum, Tocqueville and the Problem of Democracy, Stanford 1967 *(Interpretation im Anschluss an Leo Strauss).*

3. Sammelbände

Karlfriedrich Herb/Oliver Hidalgo (Hg.), Alter Staat – Neue Politik. Tocquevilles Entdeckung der modernen Demokratie, Baden-Baden 2004; Peter Lawler (Hg.), Tocqueville's Political Science, New York/London 1992; Peter Lawler (Hg.), Democracy and Its Friendly Critics. Tocqueville and Political Life Today, Lanham 2004; Ken Masugi (Hg.), Interpreting Tocqueville's Democracy in America, Savage/Maryland 1991; Eduardo Nolla (Hg.), Liberty, Equality, Democracy, New York/London 1992; Cheryl B. Welch (Hg.), The Cambridge Companion to Tocqueville, Cambridge 2006.

John Stuart Mill

A. Texte

1. Englische Gesamtausgabe und wichtige Einzelausgaben:

Collected Works, 33 vols., ed. by J. M. Robson, Toronto 1965–1991; Utilitarianism, Liberty, Representative Government, ed. by H. B. Acton (Everyman's Library), London 1972; Essays on Politics and Culture, ed. by Gertrude Himmelfarb, New York 1963; Essays on Sex Equality: J. S. Mill and Harriet Taylor, ed. by Alice S. Rossi, Chicago 1970; On Liberty, Representative Government, The Subjection of Women, ed. by R. Wollheim (The World's Classic), Oxford 1984.

2. Deutsche (zeitgenössische) Übersetzungen:

Gesammelte Werke, 12 Bde., hrsg. von Th. Gomperz, Leipzig 1869–1886, Neudruck Aalen 1968; Der Utilitarismus, hrsg. von D. Birnbacher, Stuttgart

1976; Die Freiheit, hrsg. von A. Grabowsky, Zürich 1945; Über Freiheit, hrsg. von A. von Borris, Frankfurt/M. 1969; Über die Freiheit, hrsg. von M. Schlenke, Stuttgart 1974; Betrachtungen über die repräsentative Demokratie, hrsg. von K. L. Shell, Paderborn 1971; J. S. Mill/Harriet Taylor-Mill/Helen Taylor, Die Hörigkeit der Frau und andere Schriften zur Frauenemanzipation, hrsg. von H. Schröder, Frankfurt/M. 1976; Die Hörigkeit der Frau, hrsg. von U. Helmer, Frankfurt/M. 1991.

B. Sekundärliteratur

Bibliographien:

R. Goehlert, John Stuart Mill: A Bibliography, Monticello/Ill. 1982; M. Laine, Bibliography of Works on John Stuart Mill, Toronto 1982.

Biographien und biographische Studien (Grundlegende biographische Publikationen):

M. J. Packe, The Life of John Stuart Mill., London 1954; B. Mazlish, James and J. S. Mill: Father and Son in the Nineteenth Century, New York 1975; F. A. Hayek, J. S. Mill und Harriet Taylor: Their Correspondence and Subsequent Marriage, London 1951; H. O. Pappé, J. S. Mill and the Harriet Taylor Myth, London 1960; E. Halévy, The Growth of Philosophic Radicalism, London 1928; J. Hamburger, Intellectuals in Politics: J. S. Mill and the Philosophic Radicals, New Haven 1965; W. Thomas, The Philosophical Radicals: Nine Studies in Theory and Practice 1817–1841, Oxford 1979; J. Gaulke, John Stuart Mill, Reinbek/Hamburg 1996; N. Capaldi, J. S. Mill: A Biography, Cambridge 2004.

Einführungen und maßstabsetzende Gesamtdarstellungen zu Mills (politischem) Denken:

Ryan, J. S. Mill, London 1974; J. M. Robson, The Improvement of Mankind: The Social and Political Thought of J. S. Mill, Toronto 1968; F. Berger, Happiness, Justice, and Freedom: The Moral and Political Philosophy of J. S. Mill, Berkeley 1984; J. Skorupski, John Stuart Mill, London 1989; The Cambridge Companion to Mill, ed. by J. Skorupski, Cambridge 1998; W. Stafford, John Stuart Mill, New York 1999; P. Rinderle, John Stuart Mill, München 2000; J. S. Mill: Der vergessene politische Ökonom und Philosoph, hrsg. von M. Aßländer und P. Ulrich, Bern 2006; J. S. Mill's Political Thought: A Bicentennial Reassessment, ed. by N. Urbinati and A. Zakaras, Cambridge 2007.

Bedeutende Monographien sowie Aufsatzsammlungen und Textkommentare zu 'On Liberty':

G. Himmelfarb, On Liberty and Liberalism: The Case of J. S. Mill, New York 1974; C. L. Ten, Mill on Liberty, Oxford 1980; J. Gray, Mill on Liberty: A Defence, London 1983; J. C. Rees, J. S. Mill's 'On Liberty', ed. by G. L. Williams, Oxford 1985; P. Radcliff (ed.), Limits of Liberty: Studies on Mill's 'On Liberty', Belmont/Cal. 1966; C. J. Friedrich (ed.), Liberty: Nomos IV, New York 1972; J. S. Mill's 'On Liberty' in Focus, ed. by J. Gray/G. W. Smith, New York 1991; J. S. Mill's Social and Political Thought: Critical Assessments, ed. by G. W.

Smith, London 1998, Vol. II; B. Gräfrath, J. S. Mill: ‚Über die Freiheit': Ein ein-führender Kommentar, Paderborn 1992; G. Dworkin, Mill's „On Liberty": Critical Essays, New York 1997; J. Riley, Mill on Liberty, London 1998; J. Hamburger, J. S. Mill on Liberty and Control, Princeton 1999; B. Baum, Re-reading Power and Freedom in J. S. Mill, Toronto 2000; K. O'Rourke, J. S. Mill and Freedom of Expression: The Genesis of a Theory, London 2001.

Literatur zu ‚Considerations on Representative Government', ‚The Subjection of Women' und anderen (insbes. sozialen) Aspekten:

D.F. Thompson, J. S. Mill and Representative Government, Princeton 1976; J. S. Mill's Social and Political Thought: Critical Assessments, ed. by G. W. Smith, London 1998, Vol. III und IV; G. Claeys (Hrsg.), Der soziale Libera-lismus J. S. Mills, Baden-Baden 1987; N. Urbinati, Mill on Democracy: From the Athenian Polis to Representative Government, Chicago 2002; L. Waas, Repräsentation durch (Massen-)Partizipation und (Eliten-)Kompetenz? J. S. Mills Considerations on Representative Government, in: Inklusion durch Repräsentation, hrsg. von W. Thaa, Baden-Baden 2007.

Dokumente der Rezeptionsgeschichte im 19. Jahrhundert:

J. F. Stephen, Liberty, Equality, Fraternity, London 1873; S. Saenger, John Stuart Mill. Sein Leben und Lebenswerk, Stuttgart 1901; Th. Gomperz, Essays und Erinnerungen, Stuttgart 1905; H. von Treitschke, Die Freiheit, Leipzig 1912; J. S. Mill, Die Freiheit, übertragen und eingeleitet von Else Wentscher, Leipzig 1928; B. E. Lippincott, Victorian Critics of Democracy, London 1938; F. W. Knicker-bocker, Free Minds: John Morely and his Friends, Cambridge/Mass. 1943; J. C. Rees, Mill and his early Critics, Leicester 1956; A. Weinberg, Theodor Gomperz and J. S. Mill, Genève 1963; B. Schwartz, In Search of Wealth and Power: Yen Fu and the West, Cambridge 1964; A. Pyle (ed.), Liberty: Contemporary Responses to J. S. Mill, Bristol 1994; A. Pyle (ed.), The Subjection of Women: Contempo-rary Responses to J. S. Mill, Bristol 1995.

Karl Marx

A. Texte

1. Werkausgaben

Karl Marx/Friedrich Engels, Werke, Schriften, Briefe – Historisch-kritische Gesamtausgabe, *von der 1. Abt. Werke, erschienen 8 Bände, von der 3. Abt., Briefe, 4 Bände,* Frankfurt/M., dann Berlin, zuletzt Moskau 1927–1935) (= MEGA); Karl Marx/Friedrich Engels, Werke, in 39 Bden und 2 Er-gänzungsbden (Frühschriften), Berlin (Ost) 1956 ff., (= MEW); Karl Marx, Werke, Schriften, Briefe (ed. H. J. Lieber u. a.), 7 Bde., Stuttgart/Darmstadt, 1962 ff., *bes. sorgfältige Textgestaltung* (= bloß mit Bd. u. S. zitiert; Hervorhe-bungen teilweise v. Th. Stammen); Karl Marx/Friedrich Engels: Gesamtausga-be, Berlin 1975 ff., *historisch-kritisch, auf über 100 Bände in vier Abteilungen veranschlagt, bisher mehr als 50 Bände erschienen, nach der Wende unterbro-chen, seit 1999 fortgesetzt, noch unabgeschlossen* (= Neue MEGA).

2. Auswahlausgaben

Karl Marx, Die Frühschriften (ed. S. Landshut), Stuttgart 1953, 7. Auflage, neueingerichtet, 2004; Karl Marx, Ausgewählte Schriften (ed. B. Goldenberg), München 1962; Karl Marx/Friedrich Engels, Studienausgabe 4 Bde. (ed. I. Fetscher), Frankfurt: Fischerbücherei 1966 u. ö.

3. Wichtige Einzelausgaben

Karl Marx, Kritik des Hegelschen Staatsrechts (ed. Th. Stammen), Stuttgart: Reclam 1973; Karl Marx, Das Manifest der kommunistischen Partei (ed Th. Stammen) München ²1978; Karl Marx/Friedrich Engels, Über Ludwig Feuerbach, Leipzig: Reclam 1972 (= neuveröffentlichte Fassung des 1. Kap. des I. Teils der *Deutschen Ideologie*); Karl Marx, Grundrisse der Kritik der politischen Ökonomie (Rohentwurf), Frankfurt o. J. (Berlin-Ost 1953); Arnold Ruge/Karl Marx (Hg.), Deutsch-Französische Jahrbücher (Facsimile-Nachdruck), Darmstadt 1967; Karl Marx/Friedrich Engels, Über Kunst und Literatur, 2 Bde. Berlin-Ost 1967; Karl Marx/Friedrich Engels, Staatstheorie, Hg. E. Hennig u. a., Frankfurt-Berlin: Ullstein TB 1974 (*wichtige Quellenedition!*); H. M. Enzensberger (Hg.), Gespräche mit Marx und Engels, 2 Bde., Frankfurt 1981 (*interessante Aussagen von Zeitgenossen*).

B. Literatur

1. Bibliographien

Hans-Joachim Lieber/Peter Ludz, Zur Situation der Marxforschung, in: Kölner Zeitschrift für Soziologie, 10. (1958); Erich Thier, Etappen der Marxinterpretation und Iring Fetscher, Der Marxismus im Spiegel der französischen Philosophie, in: Marxismusstudien, 1. Folge 1954; Jürgen Habermas, Zur philosophischen Diskussion um Marx und den Marxismus, in: J. Habermas, Theorie und Praxis, Neuwied 1963 u. ö. (*besonders wichtig*).

2. Darstellungen und Untersuchungen

a. Biographien und biographische Studien

Isaah Berlin, Karl Marx, München 1959; Werner Blumenberg, Karl Marx, Reinbek-Hamburg 1962 u. ö. (*instruktiv und gut lesbar*); Auguste Cornu, Karl Marx – Friedrich Engels, Leben und Werk, Berlin 1954 ff. (bisher 3 Bde., die bis 1846 reichen) (*umfangreichste und detaillierteste Biographie, von einem orthodox-marxistischen Gesichtspunkt geschrieben, abgebrochen*); Gustav Mayer, Friedrich Engels, 2 Bde. Den Haag 1934, Neuausgabe Köln 1971 (*nach wie vor auch für Marx außerordentlich wichtig*); Franz Mehring, Karl Marx, Geschichte seines Lebens, Leipzig 1911 (viele Neuausgaben und Auflagen) (*nach wie vor lesenswert*); David McLellan, Karl Marx, München 1974.

b. Chroniken zum Leben von K. Marx

Marx-Engels-Lenin-Institut (Moskau), Karl Marx – Chronik seines Lebens in Einzeldaten (Hg. V. Adoratskij), Moskau 1933 (Nachdruck 1972 (*außerordentlich aufschlußreich und wichtig für die gesamte Lebens- und Werkgeschichte*); Maximilien Rubel (Hg.), Marx-Chronik. Daten zu Leben und Werk, München 1968 (*leider ohne Register*).

c. Interpretationen und Untersuchungen

Zum Gesamtwerk: Jean-Yves Calvez, Karl Marx, Darstellung und Kritik seines Denkens (*eingehende Gesamtdarstellung mit Kritik vom katholischen Standort*), Freiburg-Olten 1964; Walter Euchner, Karl Marx, München 1982 (*knappe, aber ausgezeichnete Gesamtdarstellung und Interpretation*); Iring Fetscher, Von Marx zur Sowjetideologie, Frankfurt [17]1972 (*instruktiv*); Helmut Fleischer, Marx und Engels. Die philosophischen Grundlinien ihres Denkens, Freiburg 1970 (*hervorragende interpretative Einführung, umfangreiche Bibliographie*); Klaus Hartmann, Die Marxsche Lehre. Eine philosophische Untersuchung zu den Hauptschriften, Berlin 1970 (*gründliche und umfassende Interpretation des gesamten Werkes, sehr materialreich*); Karl Korsch, Karl Marx (1938) Neudruck Frankfurt 1967 (*bedeutsam als neomarxistische Deutung*); Peter Stadler, Karl Marx, Ideologie und Politik, Göttingen 1966 (*instruktive Einführung in das Gesamtwerk von Marx am Faden der Biographie*); Iring Fetscher, Marx, Freiburg 1999.

Zum Frühwerk: Georg Lukács, Der junge Marx – seine philosophische Entwicklung, 1840–1844, Pfullingen 1965; Heinrich Popitz, Der entfremdete Mensch, Frankfurt [2]1967 (*wichtige Interpretationen zum Frühwerk*).

Zum Spätwerk: Helmut Reichelt, Zur logischen Struktur des Kapitalbegriffs bei Karl Marx, Frankfurt 1970; Roman Rosdolsky, Zur Entstehungsgeschichte des Marxschen „Kapitals", 2 Bde. Frankfurt 1968; Jindrich Zeleny, Die Wissenschaftslogik bei Marx und das „Kapital". Frankfurt 1968 (*außerordentlich bedeutende Studie zur Marxschen Methode*).

Zu Einzelaspekten: Iring Fetscher, Marx und der Marxismus, überarb. erweit. Neuausgabe München 1985 (*wichtige Aufsätze zu allen Epochen und Aspekten des Marxschen Werkes*); Helmut Fleischer, Marxismus und Geschichte, Frankfurt 1969 (*wichtige Darstellung des historischen Materialismus*); Helmut Gollwitzer, Die marxistische Religionskritik und der christliche Glaube, München 1965 (*wichtige Studie*); Jürgen Habermas, Zwischen Philosophie und Wissenschaft. Marxismus als Kritik, in: J. Habermas, Theorie und Praxis, Neuwied 1963 (Neuausgabe Frankfurt 1973) (*wichtig*); Karl Korsch, Marxismus und Philosophie, Frankfurt 1966 (*wichtige Studie*); Kurt Lenk, Ideologie, Neuwied 1964 u. ö. (*wichtige Aufsatzsammlung zum Ideologie-Problem*); Kurt Lenk, Marx in der Wissenssoziologie, Neuwied 1973 (*wichtige Untersuchung zum Ideologie-Problem*); Karl Löwith, Von Hegel zu Nietzsche, Stuttgart [5]1964 (*klassische Darstellung der Geistesgeschichte des 19. Jh.*); Karl Löwith (Hg.), Die Hegelsche Linke, Stuttgart 1962 (*wichtige Einleitung*); Hermann Lübber (Hg.), Die Hegelsche Rechte, Stuttgart 1963; Georg Lukács, Geschichte und Klassenbewußtsein, Berlin 1923; Neuausgabe Neuwied 1968; Herbert Marcuse, Vernunft und Revolution, Neuwied 1963 u. ö.; Alfred Schmidt, Der Begriff der Natur in der Lehre von Marx, Frankfurt 1962, Neuauflage 1971.

Friedrich Nietzsche

A. Texte

Die Texte Nietzsches werden heute gelesen nach: Werke, Kritische Gesamtausgabe (KGW), Hg. Mazzino Montinari/Giorgio Colli, Berlin 1967 ff. *Von denselben Herausgebern auch die Ausgabe der Briefe von und an Nietzsche:* Briefwechsel, Kritische Gesamtausgabe (KGB), Berlin 1975 ff. *Zitiert wird nach der* Kritischen Studienausgabe der Werke (KSA), München/Berlin 1980 *und der Briefe* (KSB), München/Berlin 1986.

B. Literatur

1. Bibliographien

Weimarer Nietzsche-Bibliographie in 5 Bdn., Stuttgart/Weimar 2000 ff.

2. Darstellungen und Untersuchungen

Steven E. Aschheim, The Nietzsche Legacy in Germany 1890–1990, Berkeley 1992 (dt. Nietzsche und die Deutschen. Karriere eines Kults, Stuttgart 1996); Georg Brandes, Aristokratischer Radikalismus, *wieder in:* Ute Guzzoni (Hg.), 90 Jahre Nietzsche-Rezeption, Königstein/Ts 1979, 1–16; Thomas H. Brobjer, The Absence of Political Ideals in Nietzsches Writings, in: Nietzsche-Studien (27) 1998, 300–318; Wendy Brown, Nietzsche for Politics, in: Alan D. Schrift (Ed.), Why Nietzsche Still?, Berkeley 2000, 205–223; Hubert Cancik, Nietzsches Antike, Stuttgart 1995; Giuliani Campioni, Von der Auflösung der Gemeinschaft zur Bejahung des „Freigeistes", in: Nietzsche-Studien (5) 1976, 83–113; Bruce Detwiler, Nietzsche and the Politics of Aristocratic Radicalism, Chicago 1990; Erwin Faul, Der moderne Machiavellismus, Köln/Berlin 1961; Volker Gergardt, Das „Princip des Gleichgewichts". Zum Verhältnis von Recht und Macht bei Nietzsche, *wieder in* Gerhardt, Pathos und Distanz, Stuttgart 1988, 98–132; Gerhardt, „Das Thier, das versprechen darf". Mensch, Gesellschaft und Politik bei Nietzsche, in: Otfried Höffe (Hg.), Der Mensch – ein politisches Tier? Stuttgart 1992, 134–156; Gerhardt, Vom Willen zur Macht, Berlin/New York 1996; J. A. L. J. J. Geijsen, Geschichte und Gerechtigkeit, Berlin/New York 1997; Karl Jaspers, Nietzsche, Einführung in das Verständnis seines Philosophierens, Berlin/Leipzig 1936; Walter Kaufmann, Nietzsche. Philosoph – Psychologe – Antichrist, Darmstadt 1982; Friedrich Kaulbach, Nietzsches Idee einer Experimentalphilosophie, Köln/Wien 1980; Fritz Krökel, Europas Selbstbesinnung durch Nietzsche, München 1929; T. Kunnas, Politik als Prostitution des Geistes. Eine Studie über das Politische in Nietzsches Werken, München 1982; Urs Marti, „Der grosse Pöbel – und der Sklavenaufstand". Nietzsches Auseinandersetzung mit Revolution und Demokratie, Stuttgart 1993; Ernst Nolte, Nietzsche und der Nietzscheanismus, Frankfurt a. M./Berlin 1990; Peter J. Opitz, Eric Voegelins Nietzsche – Eine Forschungsnotiz, in: Nietzsche-Studien (25) 1996, 173–190; Henning Ottmann, Nietzsche und die Politik, Berlin/New York 1987; 2. erw. Aufl.1999; Ottmann, Das Spiel der Masken. Nietzsche im Werk Eric Voegelins, in: Nietzsche-Studien (25) 1996, 191–99; Ottmann (Hg.), Nietzsche-Handbuch, Stuttgart/Weimar 2000; Werner Ross, Der ängstliche Adler. Friedrich Nietzsches Leben, Stuttgart 1980; Rüdiger Safranski, Nietzsche, München/Wien 2000; Ernst Sandvos, Nietzsche und Hitler, Göttingen 1969; Theodor Schieder, Nietzsche und Bismarck, Krefeld 1963; Tracy B. Strong, Nietzsche's Political Misappropriation, in: B. Magnus/ Kathleen M. Higgins (Ed.), The Cambridge Companion to Nietzsche, Cambridge UP 1996, 119–150; Bernhard

Taureck, Nietzsche und der Faschismus. Eine Studien über Nietzsches politische Philosophie und ihre Folgen, Hamburg 1989; Taureck, Nietzsche und der Faschismus, Leipzig 2000; Vivetta Vivarelli, Das Nietzschebild in der Presse der deutschen Sozialdemokratie um die Jahrhundertwende, in: Nietzsche-Studien (13) 1984, 521–570; Gerad Visser, Nietzsches Übermensch. Die Notwendigkeit einer Neubesinnung auf die Frage nach dem Menschen, in: Nietzsche-Studien 28, 1999, 100–124; Karl-Heinz Volkmann-Schluck, Politische Philosophie, Frankfurt a. M. 1974;

Max Weber

A. Texte

Während die wissenschaftliche Arbeit langfristig auf der Max Weber Gesamtausgabe (MWG, 35 Bde., Tübingen 1984 ff.) *beruhen wird, findet man die wichtigen Texte schon jetzt in der Taschenbuchausgabe der* Gesammelten Aufsätze (UTB Band 1488–1494) *und in der Studienausgabe von* Wirtschaft und Gesellschaft. *Aus diesen Ausgaben wurde auch hier zitiert, nämlich aus:* Gesammelte Aufsätze zur Wissenschaftslehre, Tübingen ⁷1988 (WL), Gesammelte Aufsätze zur Religionssoziologie I, Tübingen ⁹1988 (RS), Gesammelte Politische Schriften, Tübingen ⁵1988 (PS), Gesammelte Aufsätze zur Soziologie und Sozialpolitik, Tübingen ²1988 (SuS), Wirtschaft und Gesellschaft. Grundriss der verstehenden Soziologie. Studienausgabe in 2 Bänden, Tübingen ⁵1980 (WG). *Wegen der unterschiedlichen Seitenzählung der verschiedenen Ausgaben von WG wird hier nach Kapitel und Paragraph zitiert (z.B.: I, 5).*

B. Literatur

Aus der umfangreichen Sekundärliteratur nenne ich nur diejenigen Veröffentlichungen, die (1) umfassender informieren, als dies hier möglich war, (2) der Interpretation eine bestimmte Richtung gewiesen oder eine vorgeschlagene Sichtweise ausgearbeitet haben und (3) solche, die wichtige Einzelaspekte verständlicher gemacht, Korrekturen vorgenommen oder eine andere Sichtweise repräsentativ formuliert haben.

(1) Verläßliche Informationen bieten die Arbeiten von Dirk Käsler: MW. Eine Einführung, Frankfurt-New York ²1998 *und:* MW, in: Klassiker des soziologischen Denkens, Bd. 2, München 1978 *(veränderte Neuausgabe:* Klassiker der Soziologie, Bd. 1, München 1999). *Da eine Biographie fehlt, bleibt* Marianne Webers *Darstellung ihres Mannes:* MW. Ein Lebensbild, *zuletzt als* Piper Taschenbuch erschienen, München 1989, *unentbehrlich. Eine interessante Ergänzung (zur politischen Karriere von MWs Vater) bietet* Günter Roth: MW in Erfurt. Vater und Sohn, Via Regia 12 (1994). *Über Webers Wirkung in den USA berichtet* Irving Louis Horowitz: MW and the Spirit of American Sociology, The Sociological Quarterly 5 (1964).

(2) Die Auseinandersetzungen um Webers Werk, besonders um die Protestantische Ethik, begannen bereits zu seinen Lebzeiten (siehe: Arnold Zingerle, MWs historische Soziologie, Darmstadt 1981), *doch erhielten sie erst in den*

achtziger Jahren klarere Konturen, nachdem die Akzente, unter denen Weber zuvor als Klassiker der internationalen Soziologie etabliert worden war, erstmals auf Kritik stießen. Richtungweisend waren einerseits Reinhard Bendix und andererseits Friedrich H. Tenbruck. R. Bendix hatte das Webersche Werk als erster unter einer einheitlichen Fragestellung, nämlich der Rationalisierung, interpretiert: MW. An Intellectual Portrait, New York 1960, dtsch.: München 1964, und damit den Hauptpfad vorgezeichnet, dem die Literatur lange folgte (Wolfgang Schluchter, Die Entwicklung des okzidentalen Rationalismus, Tübingen 1979), bis F. H. Tenbruck die Durchgängigkeit dieses Themas und die zentrale Stellung von Wirtschaft und Gesellschaft bestritt: Das Werk MWs, Kölner Zeitschrift für Soziologie und Sozialpsychologie 27 (1975), und damit Raum für andere abweichende Deutungen schuf. Dies gilt, bei aller sonstigen Unterschiedlichkeit, für Wilhelm Hennis: MWs Werk, Tübingen 1987, und: Er war der Lebende unter den Schatten, FAZ v. 6.10.1998, ebenso wie für Gregor Schöllgen: MW, München 1998 (I), und: Titanisches Bemühen, in: SZ v. 22.8.1998 (II).

(3) Erläuterungen der deutschen Hintergründe finden sich bei Johannes Weiß: MW. Die Entzauberung der Welt, in: Josef Speck (Hg.), Grundprobleme der großen Philosophen, Göttingen 1981, *und ansonsten besonders bei ausländischen Autoren.* Guy Oakes *schildert die erkenntnistheoretischen Diskussionen des 19. Jahrhunderts:* MW und die Südwestdeutsche Schule, in: Wolfgang J. Mommsen und Wolfgang Schwentker (Hg.), MW und seine Zeitgenossen, Göttingen 1988. Franco Ferrarotti *verweist auf die deutsche Suche nach einem Weg zwischen Szientismus und Historismus:* MW and the Crisis of Western Civilization, Millwood-New York-London 1987, *und* Raimondo Cubeddu *hat eine umfassende Darstellung der Österreichischen Schule vorgelegt:* The Philosophy of the Austrian School, London-New York 1993.

Als Beispiele für die Kritik an Weber, besonders an der Protestantischen Ethik, können die Arbeiten von Kolko und Collins dienen. Gabriel Kolko *belegt, daß Webers Hinweise auf die amerikanische Geschichte meist fraglich sind:* MW on America: Theory and Evidence, History and Theory 2 (1961), *und* Randall Collins *sieht die Umlenkung der Askese schon lange vor dem Protestantismus bei den Zisterziensern beginnen:* Weberian Sociological Theory, Cambridge 1986, *zwei Einwände, die auch zeigen, daß Webers These durch solche Korrekturen nicht widerlegt wird – solange sie idealtypisch und nicht universalhistorisch verstanden wird.*

Die Kritik deutscher Autoren hat sich besonders dagegen gerichtet, daß Weber die von ihm geschilderte „Entzauberung" der Welt mit der Unmöglichkeit rationaler Politik gleichsetzt. Stellvertretend für Autoren wie Arnold Bergstraesser, Eric Voegelin oder Leo Strauss sei Hans Maier *genannt, der betont, daß Webers Auffassung des Politischen als eines Machtkampfes keineswegs zwingend ist, sondern „charakteristisch für das deutsche politische Denken seit der Reichsgründung":* MW und die deutsche Politische Wissenschaft, in: Politische Wissenschaft in Deutschland, München 1985, S. 99.

Die Autoren

Arno Baruzzi, geb. 1935 in Singen/Hohentwiel. Promotion in Philosophie, Habilitation in Philosophie und Politische Theorie. Assistent von Max Müller (Philosophie) und Eric Voegelin (Politische Wissenschaft). 1968–2001 Dozent an der Hochschule für Politik München; 1972–1975 Lehrstuhlvertretungen für Politische Wissenschaft an der Universität München; 1975–2003 Ordinarius für Philosophie an der Universität Augsburg.
Veröffentlichungen u. a.: Mensch und Maschine. Das Denken sub specie machinae (1973); Einführung in die politische Philosophie der Neuzeit (1983); Freiheit, Recht und Gemeinwohl. Grundfragen einer Rechtsphilosophie (1990); Die Zukunft der Freiheit (1993); Philosophie der Lüge (1996); Europas Autonomie (1999); Rechtsphilosophische Gegenwart (2006).
Karl Graf Ballestrem, 1939–2007, Studium der Philosophie und Sowjetologie in Fribourg und Rom. 1965 Dr. phil. (Fribourg), 1976 Habilitation (München). Wiss. Assistent in Chicago, Notre Dame, München (1966–76), Lehrstuhlvertretung in München (1977–84), von 1984 bis 2004 o. Prof. f. Politikwissenschaft an der Katholischen Universität Eichstätt. Buchveröffentlichungen: Russian Philosophical Terminology (1964); Die sowjetische Erkenntnismetaphysik und ihr Verhältnis zu Hegel (1968); Macht und Moral (1991); Adam Smith (2001); Hg. von: Politische Philosophie des 20. Jhs. (1990); Naturrecht und Politik (1993), Probleme der internationalen Gerechtigkeit (1993); Sozialethik und Politische Bildung, FS f. Bernhard Sutor (1995); Theorie und Praxis, FS f. Nikolaus Lobkowicz (1996); Hg.: Internationale Gerechtigkeit (2001); Kirche und Erziehung in Europa (2005).
Detlef Döring, Prof. Dr. theol. Dr. phil., geb. 1952, Studium der Theologie in Leipzig und der Bibliothekswissenschaften in Berlin, wissenschaftlicher Mitarbeiter in der UB Leipzig, an der Akademie der Wissenschaften der DDR (Leibniz-Edition) und am Forschungszentrum Europäische Aufklärung, seit 2000 Leiter der Arbeitsstelle „Edition des Briefwechsels von Johann Chistoph Gottsched" bei der Sächsischen Akademie der Wissenschaften, zahlreiche Editionen und Publikationen zu Samuel Pufendorf, Gottfried Wilhelm Leibniz und Johann Christoph Gottsched, Monographien und Aufsätze zur Aufklärung (z.B. Frühaufklärung und obrigkeitliche Zensur in Brandenburg, 1995), zur Leipziger Wissenschaftsgeschichte (z. B. Der junge Leibniz und Leipzig, 1996; Geschichte der Deutschen Gesellschaft in Leipzig, 2002) und zur Erschließung der Handschriftenbestände der Universitätsbibliothek Leipzig (bisher 4 Bände „Katalog der neuzeitlichen Handschriften", 2000–2005).
Walter Euchner, Dr. phil., geb. 1933, studierte Rechtswissenschaften (1. Staatsexamen), Politikwissenschaft, Soziologie und Geschichte in Tübingen, München, Heidelberg und Frankfurt/M. 1963 bis 1971 Wiss. Assistent von Iring Fetscher sowie Lehrbeauftragter für Politikwissenschaft in Frankfurt/M., danach Professor für dieses Fach an der Universität Göttingen. Zahlreiche Arbeiten auf dem Gebiet des politischen Denkens und der deutschen Innenpolitik. Wichtigste Buchveröffentlichungen: Naturrecht und

Politik bei John Locke (1969, 1979, Übers. ins Italienische); Egoismus und Gemeinwohl (1973); Karl Marx (1982, Übers. ins Italienische); mit F. Rigotti und P. Schiera: Die politische Metapher in historischer Perspektive (1993); mit F. Hampel u. Th. Seidl: Länder-Enquete-Kommissionen als Instrumente der Politikberatung (1993). Übersetzung der engl. Version von Hobbes' Leviathan (1966).

Berthold Falk, geb. 1938, ist Apotheker. Er hat in Hamburg, Bordeaux, Freiburg i. Br. und München politische Wissenschaft, Geschichte und Romanistik studiert. Mitglied der Société Montesquieu.

Jürgen Gebhardt, geb. 1934, studierte Geschichte, Germanistik und Politische Wissenschaft in München, Berlin und Wien. Forschungs- und Lehrtätigkeit in Cambridge/Mass., Cleveland/Ohio und München. 1971–1978 ordentlicher Professor für Politische Wissenschaft an der Ruhr Universität Bochum. Seit 1978 Ordinarius für Politische Wissenschaft an der Universität Erlangen-Nürnberg. Buchveröffentlichungen: Politik und Eschatologie (1963); Die Revolution des Geistes (1968); James Harrington, Politische Schriften (1973); Die Krise des Amerikanismus (1976); Americanism (1993); Verfassung und politische Kultur (1999); Mitherausgeber der Collected Works of Eric Voegelin (1990 f.).

Volker Gerhardt, geb. 1944, studierte Philosophie, Psychologie und Rechtswissenschaft in Frankfurt und Münster; dort auch Promotion (1974) und Habilitation (1984). Nach Professuren in Münster (1985), Zürich (1986), Köln (1988), Halle (1992) seit Oktober 1992 Lehrstuhl für Praktische Philosophie (Schwerpunkt: Rechts- und Sozialphilosophie) an der Humboldt-Universität zu Berlin. Mitglied der Berlinisch-Brandenburgischen Akademie der Wissenschaften; Vors. der Kommission Kritische Gesamtausgabe Nietzsche; Vors. Bioethik-Kommission der DFG. Buchveröffentlichungen: Vernunft und Interesse (1976); Immanuel Kant (mit F. Kaulbach, 1980), Pathos und Distanz (1989); Friedrich Nietzsche (1992); Immanuel Kant: Zum ewigen Frieden (1995); Vom Willen zur Macht (1996); Selbstbestimmung. Das Prinzip der Individualität (1999); „Berliner Geist". Zur philosophischen Tradition der Berliner Universität (mit R. Mehring u. J. Rindert, 1999); Individualität. Das Element der Welt (2000). Herausgeber zahlreicher philosophischer Werke, insb. zu Nietzsche und Kant.

Karlfriedrich Herb, geb. 1957, studierte Philosophie, Religionswissenschaft und Psychologie in Bonn. Promotion 1986 in Bonn, Habilitation 1997 in München, dort Privatdozent. Forschungs- und Lehraufenthalte in Paris, Brasília und São Paulo und Ulm. Seit 2001 o. Professor für Politische Philosophie und Ideengeschichte an der Universität Regensburg. Wichtigste Veröffentlichungen: Rousseaus Theorie legitimer Herrschaft (1989); Bürgerliche Freiheit. Politische Philosophie von Hobbes bis Constant (1999); Rousseau, Vom Gesellschaftsvertrag oder Prinzipien des Staatsrechts (2000), Alexis de Tocqueville (2005), Aufsätze zur Praktischen Philosophie und Aufklärung.

Hans Maier, geb. 1931, nach Studien der Geschichte, Germanistik und Romanistik Professor für politische Wissenschaft an der Universität München (1962–1988). Von 1970–1986 Bayerischer Staatsminister für Unterricht und Kultus; von 1988–1999 Prof. für christliche Weltanschauung, Religions- und

Kulturtheorie an der Universität München. Seine wissenschaftlichen Arbeiten gelten vor allem dem Verhältnis von Kirche und Demokratie und den christlichen Spuren im Prozeß der Moderne. Wichtigste Veröffentlichungen: Revolution und Kirche (1959, 62006; engl., frz., tschech.); Die ältere deutsche Staats- und Verwaltungslehre (1966, 31986); Die christliche Zeitrechnung (1991, 52000; jap., ital., estn.).

Henning Ottmann, geb. 1944 in Wien; Studium der Philosophie und Politikwissenschaft an den Universitäten München und Yale; Dr. phil. 1974; Privatdozent 1984; Professor für Philosophie an den Universitäten Augsburg 1986, Basel 1987–1995, für Politische Theorie und Philosophie an der Universität München seit 1995.

Bücher: Das Scheitern einer Einleitung in Hegels Philosophie (1973); Individuum und Gemeinschaft bei Hegel (1977); Philosophie und Politik bei Nietzsche (1987, 2. erw. Aufl. 1999); Politische Philosophie des 20. Jahrhunderts (zus. mit K. Graf Ballestrem) (1990); Nietzsche-Handbuch (2000); Geschichte des politischen Denkens von den Anfängen bei den Griechen bis auf unsere Zeit (2001 ff.), Bd. 1.1 und Bd. 1.2 „Die Griechen"; Bd. 2.1 „Die Römer"; Bd. 2.2 „Das Mittelalter"; Bd. 3.1 „Die Neuzeit".

Eberhard Schmitt, geb. 1939, studierte Geschichte und Politische Wissenschaft in Tübingen, Berlin, München und Paris. 1968 Promotion zum Dr. phil. bei Hans Maier in München. Lehrstuhl für Neuere Geschichte 1972–76 an der Univ. Bochum, seit 1976 an der Univ. Bamberg. 1998 Vorsitzender der Forschungsstiftung für vergleichende europ. Überseegeschichte. Veröffentlichungen zur Geschichte der Französ. Revolution und zur Geschichte der frühen europ. Expansion, u.a.: Repräsentation und Revolution (1969); Emmanuel Joseph Sieyes, Politische Schriften (11975, 21981); Einführung in die Geschichte der Französ. Revolution (11976, 21980); Dokumente zur Geschichte der europäischen Expansion, bisher 5 Bde. (1984–88); Das Gold der Neuen Welt (11996, 21999); Tod am Tocuyo (1999).

Theo Stammen geb. 1933; Studium der Germanistik, Geschichte und Politikwissenschaft in Freiburg/Br., Bonn und Manchester; 1961 Promotion in Freiburg; 1969 Habilitation in München. Seit 1973 o. Prof. für Politikwissenschaft an der Universität Augsburg. *Bücher*: Karl Marx, Kritik des Hegelschen Staatsrechts (1979); Die Weimarer Republik Bd. 1 (1987); Deutschland und die Französische Revolution (1988); Politische Tugendlehre und Regierungskunst (1990); Einführung in die Politikwissenschaft (61995); Programme der politischen Parteien in der Bundesrepublik Deutschland (1996); Fürstenspiegel der frühen Neuzeit (1997); Hauptwerke der Politischen Theorie (1997); Spektrum Politikwissenschaft Bde. 1–7 (1997–99).

Lothar R. Waas, geb. 1952, Studium der Politikwissenschaft, Philosophie und Neuere Geschichte an der Universität München; Dr. phil. 1982; 1984–1990 Akademischer Rat an der Kath. Universität Eichstätt sowie Projektassistent an der Stiftung Wissenschaft und Politik in Ebenhausen/Obb.; 1993 Habilitation (Kath. Universität Eichstätt); 2003 Umhabilitation (Ruhr-Universität Bochum). Seit 1994 zahlreiche Professurvertretungen und Lehraufträge; seit 2007 apl. Professor an der Ruhr-Universität Bochum. Veröffentlichungen u.a.: Ethik und Wissenschaft: Eine logische Untersuchung zum Postulat der Werturteilsfreiheit (1984), Nukleare Abschreckung (Hrsg.,1989), Max Weber und die Folgen: Die Krise der Moderne und der moralisch-politische Dualismus des 20. Jahrhunderts (1995); Politik, Moral und Religion, FS f. K. G. Ballestrem (2003).

Michael Zöller, geb. 1946, studierte, nach einer journalistischen Ausbildung, Soziologie, Politikwissenschaft, Geschichte und Philosophie in Frankfurt, Würzburg und München, wo er 1975 zum Dr. Phil. promoviert wurde. Er lehrt Politische Soziologie an der Universität Bayreuth, leitet die dortige, mit seinem Lehrstuhl verbundene Amerika-Forschungsstelle und wurde wiederholt als Visiting Professor und Visiting Scholar an die University of Chicago, die University of Notre Dame und die Stanford University eingeladen. Veröffentlichungen u. a.: Die Unfähigkeit zur Politik. Politikbegriff und Wissenschaftsverständnis (1975); Das Prokrustes-System. Der organisierte Pluralismus als Gewißheitsillusion (1988); Politiksoziologie, in: Wörterbuch der Soziologie (1989); Washington und Rom (1995, amerikan.: 1999).

Philosophie und Geistesgeschichte

Michael Hauskeller
Mögliche Welten
Neue phantastische Reisen durch die Philosophie
2006. 154 Seiten. Paperback
Beck'sche Reihe Band 1644

Felix Ekardt
Das Prinzip Nachhaltigkeit
Generationengerecht und globale Gerechtigkeit
2005. 238 Seiten. Paperback
Beck'sche Reihe Band 1628

Kurt Bayertz
Warum überhaupt moralisch sein?
2006. 288 Seiten. Paperback
Beck'sche Reihe Band 1696

Vittorio Hösle
Der philosophische Dialog
2006. 494 Seiten. Leinen

Eugen Fischer/Wilhelm Vossenkuhl
Die Fragen der Philosophie
Eine Einführung in Disziplinen und Epochen
2003. 368 Seiten. Paperback
Beck'sche Reihe Band 1556

Julian Nida-Rümelin
Demokratie und Wahrheit
2006. 160 Seiten. Gebunden

Verlag C.H. Beck München

Biographien und Lebenszeugnisse

Hans-Martin Schönherr-Mann
Hannah Arendt
Wahrheit, Macht, Moral
2006. 208 Seiten. Paperback
Beck'sche Reihe Band 1691

Manfred Kühn
Kant
Eine Biographie
5. Auflage. 2004. 639 Seiten mit 27 Abbildungen. Leinen

Eike Christian Hirsch
Der berühmte Herr Leibnitz
Eine Biographie
2007. Etwa 646 Seiten mit 60 Abbildungen. Paperback
Beck'sche Reihe Band 1766

Stefan Rebenich
Theodor Mommsen
Eine Biographie
2007. 272 Seiten. Paperback
Beck'sche Reihe Band 1730

Edmund S. Morgan
Benjamin Franklin
Eine Biographie
Aus dem Amerikanischen von Thorsten Schmidt
2006. 304 Seiten mit 24 Abbildungen. Leinen

Joseph J. Ellis
Seine Exzellenz George Washington
Eine Biographie
Aus dem Amerikanischen von Martin Pfeiffer
2005. 386 Seiten mit 12 Abbildungen und 10 Tafeln. Leinen

Verlag C. H. Beck München